U0147859

中國飲食文化史　黃河下游地區卷

The History of Chinese Dietetic Culture
Volume of the Lower Reaches of the Yellow River

感謝

北京稻香村食品有限責任公司對本書出版的支持
中國農業科學院農業信息研究所對本書出版的支持
浙江工商大學暨旅遊學院對本書出版的支持
黑龍江大學歷史文化旅遊學院對本書出版的支持

飲其流者
懷其源

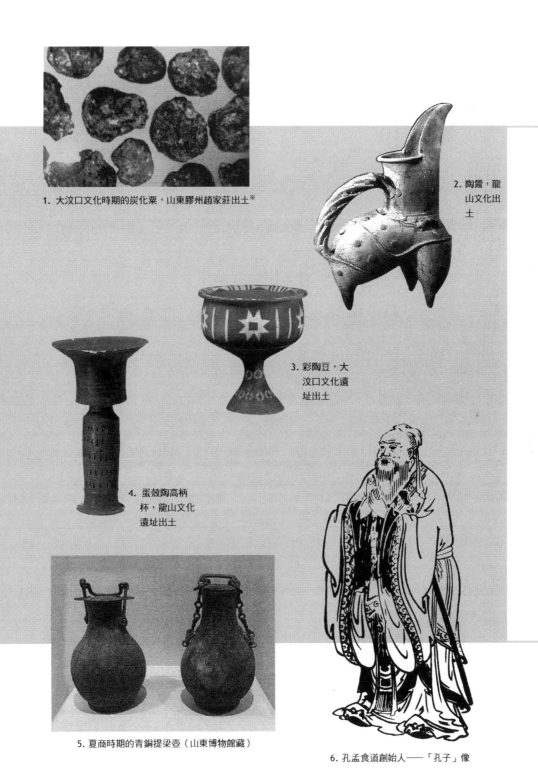

1. 大汶口文化時期的炭化粟，山東膠州趙家莊出土[※]

2. 陶鬶，龍山文化出土

3. 彩陶豆，大汶口文化遺址出土

4. 蛋殼陶高柄杯，龍山文化遺址出土

5. 夏商時期的青銅提梁壺（山東博物館藏）

6. 孔孟食道創始人——「孔子」像

※　編者註：書中圖片來源除有標註者外，其餘均由作者提供。對於作者從網站或其他出版物等途徑獲得的圖片也做了標註。

1. 漢代的陶豬圈模型，黃河下游地區出土

2. 漢代「水榭捕魚」石刻畫，山東日照市出土

The History of Chinese Dietetic Culture

3. 漢代「炊事、食魚圖」，山東省嘉祥宋山出土

4. 東晉時期的黑釉盤口雞首壺

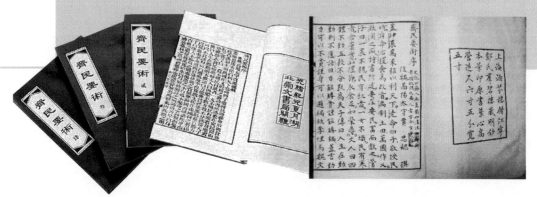

5. 黃河下游地區重要的古農書——《齊民要術》

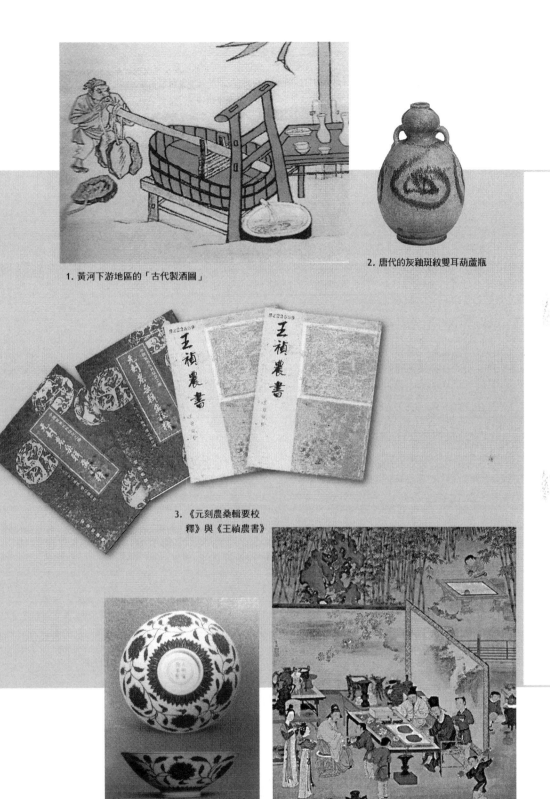

1. 黃河下游地區的「古代製酒圖」

2. 唐代的灰釉斑紋雙耳葫蘆瓶

3. 《元刻農桑輯要校釋》與《王禎農書》

4. 明代宣德年間的青花瓷碗

5. 《金瓶梅詞話》中所反映的明代飲食圖

The History of Chinese Dietetic Culture

1. 《衍聖公府檔案0005168號》，關於雍正朝遣官致祭闕裡孔廟的文檔

2. 孔府所藏有關孔子飲食文化思想的歷史文獻

3. 孔府菜禮食全席食器

4. 民國時期黃河下游地區的小吃

5. 民國時期黃河下游地區大運河沿岸的小吃攤販

序言

鴻篇巨製　繼往開來
——《中國飲食文化史》（十卷本）序

　　中國飲食文化是中國傳統文化的重要組成部分，其內涵博大精深、歷史源遠流長，是中華民族燦爛文明史的生動寫照。她以獨特的生命力佑護著華夏民族的繁衍生息，並以強大的輻射力影響著周邊國家乃至世界的飲食風尚，享有極高的世界聲譽。

　　中國飲食文化是一種廣視野、深層次、多角度、高品位的地域文化，她以農耕文化為基礎，輔之以漁獵及畜牧文化，傳承了中國五千年的飲食文明，為中華民族鑄就了一部輝煌的文化史。

　　但長期以來，中國飲食文化的研究相對滯後，在國際的學術研究領域沒有占領制高點。一是研究隊伍不夠強大，二是學術成果不夠豐碩，尤其缺少全面而系統的大型原創專著，實乃學界的一大憾事。正是在這樣困頓的情勢下，國內學者勵精圖治、奮起直追，發憤用自己的筆撰寫出一部中華民族的飲食文化史。中國輕工業出版社與撰寫本書的專家學者攜手二十餘載，潛心勞作，殫精竭慮，終至完成了這一套數百萬字的大型學術專著——《中國飲食文化史》（十卷本），是一件了不起的事情！

　　《中國飲食文化史》（十卷本）一書，時空跨度廣遠，全書自史前始，一直敘述至現當代，橫跨時空百萬年。全書著重敘述了原始農業和畜牧業出現至今的一萬年左右華夏民族飲食文化的演變，充分展示了中國飲食文化是地域文化這一理論學說。

　　該書將中國飲食文化劃分為黃河中游、黃河下游、長江中游、長江下游、東

1

南、西南、東北、西北、中北、京津等十個子文化區域進行相對獨立的研究。各區域單獨成卷，每卷各章節又按斷代劃分，分代敘述，形成了縱橫分明的脈絡。

全書內容廣泛，資料翔實。每個分卷涵蓋的主要內容包括：地緣、生態、物產、氣候、土地、水源；民族與人口；食政食法、食禮食俗、飲食結構及形成的原因；食物原料種類、分布、加工利用；烹飪技術、器具、文獻典籍、文化藝術等。可以說每一卷都是一部區域飲食文化通史，彰顯出中國飲食文化典型的區域特色。

中國飲食文化學是一門新興的綜合學科，它涉及歷史學、民族學、民俗學、人類學、文化學、烹飪學、考古學、文獻學、食品科技史、中國農業史、中國文化交流史、邊疆史地、地理經濟學、經濟與商業史等學科。多學科的綜合支撐及合理分布，使本書具有頗高的學術含量，也為學科理論建設提供了基礎藍本。

中國飲食文化的產生，源於中國厚重的農耕文化，兼及畜牧與漁獵文化。古語有云：「民以食為天，食以農為本」，清晰地說明了中華飲食文化與中華農耕文化之間不可分割的緊密聯繫，並由此生發出一系列的人文思想，這些人文思想一以貫之地體現在人們的社會活動中。包括：

「五穀為養，五菜為助，五畜為益，五果為充」的飲食結構。這種良好飲食結構的提出，是自兩千多年前的《黃帝內經》始，至今看來還是非常科學的。中國地域廣袤，食物原料多樣，江南地區的「飯稻羹魚」、草原民族的「食肉飲酪」，從而形成中華民族豐富、健康的飲食結構。

「醫食同源」的養生思想。中華民族自古以來並非代代豐衣足食，歷代不乏災荒饑饉，先民歷經了「神農嘗百草」以擴大食物來源的艱苦探索過程，千百年來總結出「醫食同源」的寶貴思想。在西方現代醫學進入中國大地之前的數千年，「醫食同源」的養生思想一直護佑著炎黃子孫的健康繁衍生息。

「天人合一」的生態觀。農耕文化以及漁獵、畜牧文化，都是人與自然間最和諧的文化，在廣袤大地上繁衍生息的中華民族，篤信人與自然是合為一體的，人類的所衣所食，皆來自於大自然的饋贈，因此先民世世代代敬畏自然，愛護生態，尊重生命，重天時，守農時，創造了農家獨有的二十四節氣及節令食俗，「循天道行人事」。這種寶貴的生態觀當引起當代人的反思。

「尚和」的人文情懷。農耕文明本質上是一種善的文明。主張和諧和睦、勤勞耕作、勤和為人，崇尚以和為貴、包容寬仁、質樸淳和的人際關係。中國飲食講

究的「五味調和」也正是這種「尚和」的人文情懷在烹飪技術層面的體現。縱觀中國飲食文化的社會功能，更是對「尚和」精神的極致表達。

「尊老」的人倫傳統。在傳統的農耕文明中，老人是農耕經驗的積累者，是向子孫後代傳承農耕技術與經驗的傳遞者，因此一直受到家庭和社會的尊重。中華民族尊老的傳統是農耕文化的結晶，也是農耕文化得以久遠傳承的社會行為保障。

《中國飲食文化史》（十卷本）的研究方法科學、縝密。作者以大歷史觀、大文化觀統領全局，較好地利用了歷史文獻資料、考古發掘研究成果、民俗民族資料，同時也有效地利用了人類學、文化學及模擬試驗等多種有效的研究方法與手段。對區域文明肇始、族群結構、民族遷徙、人口繁衍、資源開發、生態制約與變異、水源利用、生態保護、食物原料貯存與食品保鮮防腐等一系列相關問題都予以了充分表述，並提出一系列獨到的學術觀點。

如該書提出中國在漢代就已掌握了麵食的發酵技術，從而把這一科技界的定論向前推進了一千年（科技界傳統說法是在宋代）；又如，對黃河流域土地承載力遞減而導致社會政治文化中心逐流而下的分析；對草地民族因食料制約而頻頻南下的原因分析；對生態結構發生變化的深層原因討論；對《齊民要術》《農政全書》《飲膳正要》《天工開物》等經典文獻的識讀解析；以及對筷子的出現及歷史演變的論述等。該書還清晰而準確地敘述了既往研究者已經關注的許多方面的問題，比如農產品加工技術與食品形態問題、關於農作物及畜類的馴化與分布傳播等問題，這些一向是農業史、交流史等學科比較關注而又疑難點較多的領域，該書對此亦有相當的關注與精到的論述。體現出整個作者群體較強的科研能力及科研水平，從而鑄就了這部填補學術空白、出版空白的學術著作，可謂是近年來不可多得的精品力作。

本書是填補空白的原創之作，這也正是它的難度之所在。作者的寫作並無前人成熟的資料可資借鑑，可以想見，作者須進行大量的文獻爬梳整理、甄選淘漉，閱讀量浩繁，其寫作難度絕非一般。在拼湊摘抄、扒網拼盤已成為當今學界一大痼疾的今天，這部原創之作益發顯得可貴。

一套優秀書籍的出版，最少不了的是出版社編輯們默默無聞但又艱辛異常的付出。中國輕工業出版社以文化堅守的高度責任心，苦苦堅守了二十年，為出版這套不能靠市場獲得收益、然而又是填補空白的大型學術著作嘔心瀝血。進入編輯階段以後，編輯部嚴苛細緻，務求嚴謹，精心提煉學術觀點，一遍遍打磨稿

件。對稿件進行字斟句酌的精心加工，並啟動了高規格的審稿程序，如，他們聘請國內頂級的古籍專家對書中所有的古籍以善本為據進行了逐字逐句的核對，並延請史學專家、民族宗教專家、民俗專家等進行多輪審稿，全面把關，還對全書內容做了二十餘項的專項檢查，剷除掉書稿中的許多瑕疵。他們不因卷帙浩繁而存絲毫懈怠之念，日以繼夜，忘我躬耕，使得全書體現出了高質量、高水準的精品風範。在當前浮躁的社會風氣下，能堅守這種職業情操實屬不易！

本書還在高端學術著作科普化方面做出了有益的嘗試，如對書中的生僻字進行注音，對專有名詞進行注釋，對古籍文獻進行串講，對正文配發了許多圖片等。凡此種種，旨在使學術著作更具通俗性、趣味性和可讀性，使一些優秀的學術思想能以通俗化的形式得到展現，從而擴大閱讀的人群，傳播優秀文化，這種努力值得稱道。

這套學術專著是一部具有劃時代意義的鴻篇巨帙，它的出版，填補了中國飲食文化無大型史著的空白，開啟了中國飲食文化研究的新篇章，功在當代，惠及後人。它的出版，是中國學者做的一件與大國地位相稱的大事，是中國對世界文明的一種國際擔當，彰顯了中國文化的軟實力。它的出版，是中華民族五千年飲食文化與改革開放三十多年來最新科研成果的一次大梳理、大總結，是樹得起、站得住的歷史性文化工程，對傳播、振興民族文化，對中國飲食文化學者在國際學術領域重新建立領先地位，將起到重要的推動作用。

作為一名長期從事農業科技文化研究的工作者，對於這部大型學術專著的出版，我感到由衷的欣喜。願《中國飲食文化史》（十卷本）能夠繼往開來，為中國飲食文化的發揚光大，為中國飲食文化學這一學科的崛起做出重大貢獻。

盧良恕

二〇一三年七月

一部填補空白的大書
——《中國飲食文化史》（十卷本）序

　　中國輕工業出版社通過我在中國社會科學院歷史研究所的老同事，送來即將出版的《中國飲食文化史》（十卷本）樣稿，厚厚的一大疊。我仔細披閱之下，心中深深感到驚奇。因為在我的記憶範圍裡，已經有好多年沒有見過系統論述中國飲食文化的學術著作了，況且是由全國眾多專家學者合力完成的一部十卷本長達數百萬字的大書。

　　正如不久前上映的著名電視片《舌尖上的中國》所體現的，中國的飲食文化是悠久而輝煌的中國傳統文化的一個重要組成部分。中國的飲食文化非常發達，在世界上享有崇高的聲譽，然而，或許是受長時期流行的一些偏見的影響，學術界對飲食文化的研究卻十分稀少，值得提到的是國外出版的一些作品。記得二十世紀七〇年代末，我在美國哈佛大學見到張光直先生，他給了我一本剛出版的《中國文化中的食品》（英文），是他主編的美國學者寫的論文集。在日本，則有中山時子教授主編的《中國食文化事典》，其內的「文化篇」曾於一九九二年中譯出版，題目就叫《中國飲食文化》。至於國內學者的專著，我記得的只有上海人民出版社《中國文化史叢書》裡面有林乃燊教授的一本，題目也是《中國飲食文化》，也印行於一九九二年，其書可謂有筚路藍縷之功，只是比較簡略，許多問題未能展開。

　　由趙榮光教授主編、由中國輕工業出版社出版的這部十卷本《中國飲食文化史》規模宏大，內容充實，在許多方面都具有創新意義，從這一點來說，確實是前所未有的。講到這部巨著的特色，我個人意見是不是可以舉出下列幾點：

首先，當然是像書中所標舉的，是充分運用了區域研究的方法。我們中國從來是一個多民族、多地區的國家，五千年的文明歷史是各地區、各民族共同締造的。這種多元一體的文化觀，自「改革開放」以來，已經在歷史學、考古學等領域起了很大的促進作用。《中國飲食文化史》（十卷本）的編寫，貫徹「飲食文化是區域文化」的觀點，把全國劃分為十個文化區域，即黃河中游、黃河下游、長江中游、長江下游、東南、西南、東北、西北、中北和京津，各立一卷。每一卷都可視為區域性的通史，各卷間又互相配合關聯，形成立體結構，便於全面展示中國飲食文化的多彩面貌。

　　其次，是盡可能地發揮了多學科結合的優勢。中國飲食文化的研究，本來與歷史學、考古學及科技史、美術史、民族史、中外關係史等學科都有相當密切的聯繫。《中國飲食文化史》（十卷本）一書的編寫，努力吸取諸多有關學科的資料和成果，這就擴大了研究的視野，提高了工作的質量。例如在參考文物考古的新發現這一方面，書中就表現得比較突出。

　　第三，是將各歷史時期飲食文化的演變過程與當時社會總的發展聯繫起來去考察。大家知道，把研究對象放到整個歷史的大背景中去分析估量，本來是歷史研究的基本要求，對於飲食文化研究自然也不例外。

　　第四，也許是最值得注意的一點，就是這部書把飲食文化的探索提升到理論思想的高度。《中國飲食文化史》（十卷本）一開始就強調「全書貫穿一條鮮明的人文思想主線」，實際上至少包括了這樣一系列觀點，都是從遠古到現代飲食文化的發展趨向中歸結出來的：

　　一、五穀為主兼及其他的飲食結構；

　　二、「醫食同源」的保健養生思想；

　　三、尚「和」的人文觀念；

　　四、「天人合一」的生態觀；

　　五、「尊老」的傳統。

　　這樣，這部《中國飲食文化史》（十卷本）便不同於技術層面的「中國飲食史」，而是富於思想內涵的「中國飲食文化史」了。

　　據了解，這部《中國飲食文化史》（十卷本）的出版，經歷了不少坎坷曲折，前後過程竟長達二十餘年。其間做了多次反覆的修改。為了保證質量，中國輕工業出版社邀請過不少領域的專家閱看審查。現在這部大書即將印行，相信會得到

有關學術界和社會讀者的好評。我對所有參加此書工作的各位專家學者以及中國輕工業出版社同仁能夠如此鍥而不捨深表敬意，希望在飲食文化研究方面能再取得更新更大的成績。

李學勤

二〇一三年九月

於北京清華大學寓所

「飲食文化圈」理論認知中華飲食史的嘗試
——中國飲食文化區域性特徵

　　很長時間以來，本人一直希望海內同道聯袂在食學文獻梳理和「飲食文化區域史」「飲食文化專題史」兩大專項選題研究方面的協作，冀其為原始農業、畜牧業以來的中華民族食生產、食生活的文明做一初步的皦窺勾測，從而為更理性、更深化的研究，為中華食學的堅實確立準備必要的基礎。為此，本人做了一系列先期努力。一九九一年北京召開了「首屆中國飲食文化國際學術研討會」，自此，也開始了迄今為止歷時二十年之久的該套叢書出版的艱苦歷程。其間，本人備嘗了時下中國學術堅持的艱難與苦澀，所幸的是，《中國飲食文化史》（十卷本）終於要出版了，作為主編此時真是悲喜莫名。

　　將人類的食生產、食生活活動置於特定的自然生態與歷史文化系統中審視認知並予以概括表述，是三十多年前本人投諸飲食史、飲食文化領域研習思考伊始所依循的基本方法。這讓我逐漸明確了「飲食文化圈」的理論思維。中國學人對民眾食事文化的關注淵源可謂久遠。在漫長的民族飲食生活史上，這種關注長期依附於本草學、農學而存在，因而形成了中華飲食文化的傳統特色與歷史特徵。初刊於一七九二年的《隨園食單》可以視為這種依附傳統文化轉折的歷史性標誌。著者中國古代食聖袁枚「平生品味似評詩」，潛心戮力半世紀，以開創、標立食學深自期許，然限於歷史時代侷限，終未遂其所願——抱定「皓首窮經」「經國濟世」之理念建立食學，使其成為傳統士子麇集的學林。

　　食學是研究不同時期、各種文化背景下的人群食事事象、行為、性質及其規律的一門綜合性學問。中國大陸食學研究熱潮的興起，文化運氣系接海外學界之

後，二十世紀中葉以來，日、韓、美、歐以及港、臺地區學者批量成果的發表，蔚成了中華食文化研究熱之初潮。社會飲食文化的一個最易為人感知之處，就是都會餐飲業，而其衰旺與否的最終決定因素則是大眾的消費能力與方式。正是餐飲業的持續繁榮和大眾飲食生活水準的整體提高，給了中國大陸食學研究以不懈的助動力。在中國飲食文化熱持續至今的三十多年中，經歷了「熱學」「顯學」兩個階段，而今則處於「食學」漸趨成熟階段。以國人為主體的諸多富有創見性的文著累積，是其漸趨成熟的重要標誌。

人類文化是生態環境的產物，自然環境則是人類生存發展依憑的文化史劇的舞台。文化區域性是一個歷史範疇，一種文化傳統在一定地域內沉澱、累積和承續，便會出現不同的發展形態和高低不同的發展水平，因地而宜，異地不同。飲食文化的存在與發展，主要取決於自然生態環境與文化生態環境兩大系統的因素。就物質層面說，如俗語所說：「一方水土養一方人」，其結果自然是「一方水土一方人」，飲食與飲食文化對自然因素的依賴是不言而喻的。早在距今一萬至六千年，中國便形成了以粟、菽、麥等「五穀」為主要食物原料的黃河流域飲食文化區、以稻為主要食物原料的長江流域飲食文化區、以肉酪為主要食物原料的中北草原地帶的畜牧與狩獵飲食文化區這不同風格的三大飲食文化區域類型。其後西元前二世紀，司馬遷曾按西漢帝國版圖內的物產與人民生活習性作了地域性的表述。山西、山東、江南（彭城以東，與越、楚兩部）、龍門碣石北、關中、巴蜀等地區因自然生態地理的差異而決定了時人公認的食生產、食生活、食文化的區位性差異，與史前形成的中國飲食文化的區位格局相較，已經有了很大的發展變化。而後再歷二十多個世紀至十九世紀末，在今天的中國版圖內，存在著東北、中北、京津、黃河下游、黃河中游、西北、長江下游、長江中游、西南、青藏高原、東南十一個結構性子屬飲食文化區。再以後至今的一個多世紀，儘管食文化基本區位格局依在，但區位飲食文化的諸多結構因素卻處於大變化之中，變化的速度、廣度和深度，都是既往歷史上不可同日而語的。生產力的結構性變化和空前發展；食生產工具與方式的進步；信息傳遞與交通的便利；經濟與商業的發展；人口大規模的持續性流動與城市化進程的快速發展；思想與觀念的更新進化等，這一切都大大超越了食文化物質交換補益的層面，而具有更深刻、更重大的意義。

各飲食文化區位文化形態的發生、發展都是一個動態的歷史過程，「不變中有

變、變中有不變」是飲食文化演變規律的基本特徵。而在封閉的自然經濟狀態下，「靠山吃山靠水吃水」的飲食文化存在方式，是明顯「滯進」和具有「惰性」的。所謂「滯進」和「惰性」是指：在決定傳統餐桌的一切要素幾乎都是在年復一年簡單重複的歷史情態下，飲食文化的演進速度是十分緩慢的，人們的食生活是因循保守的，「周而復始」一詞正是對這種形態的概括。人類的飲食生活對於生息地產原料並因之決定的加工、進食的地域環境有著很強的依賴性，我們稱之為「自然生態與文化生態環境約定性」。生態環境一般呈現為相當長歷史時間內的相對穩定性，食生產方式的改變，一般也要經過很長的歷史時間才能完成。而在「雞犬之聲相聞，民至老死不相往來」的相當封閉隔絕的中世紀，各封閉區域內的人們是高度安適於既有的一切的。一般來說，一個民族或某一聚合人群的飲食文化，都有著較為穩固的空間屬性或區位地域的植根性、依附性，因此各區位地域之間便存在著各自空間環境下和不同時間序列上的差異性與相對獨立性。而從飲食生活的動態與飲食文化流動的屬性觀察，則可以說世界上絕大多數民族（或聚合人群）的飲食文化都是處於內部或外部多元、多渠道、多層面的、持續不斷的傳播、滲透、吸收、整合、流變之中。中華民族共同體今天的飲食文化形態，就是這樣形成的。

　　隨著各民族人口不停地移動或遷徙，一些民族在生存空間上的交叉存在、相互影響（這種狀態和影響自古至今一般呈不斷加速的趨勢），飲食文化的一些早期民族特徵逐漸地表現為區位地域的共同特徵。迄今為止，由於自然生態和經濟地理等諸多因素的決定作用，中國人主副食主要原料的分布，基本上還是在漫長歷史過程中逐漸形成的基本格局。宋應星在談到中國歷史上的「北麥南稻」之說時還認為：「四海之內，燕、秦、晉、豫、齊、魯諸蒸民粒食，小麥居半，而黍、稷、稻、粱僅居半。西極川、雲，東至閩、浙、吳楚腹焉……種小麥者二十分而一……種餘麥者五十分而一，閭閻作苦以充朝膳，而貴介不與焉。」這至少反映了宋明時期麥屬作物分布的大勢。直到今天，東北、華北、西北地區仍是小麥的主要產區，青藏高原是大麥（青稞）及小麥的產區，黑麥、燕麥、蕎麥、葆麥等雜麥也主要分布於這些地區。這些地區除麥屬作物之外，主食原料還有粟、秫、玉米、稷等「雜糧」。而長江流域及以南的平原、盆地和壩區廣大地區，則自古至今都是以稻作物為主，其山區則主要種植玉米、粟、蕎麥、紅薯、小麥、大麥、旱稻等。應當看到，糧食作物今天的品種分布狀態，本身就是不斷演變的歷史性結

果，而這種演變無論表現出怎樣的相對穩定性，它都不可能是最終格局，還將持續地演變下去。

歷史上各民族間飲食文化的交流，除了零星漸進、潛移默化的和平方式之外，在災變、動亂、戰爭等特殊情況下，出現短期內大批移民的方式也具有特別的意義。其間，由物種傳播而引起的食生產格局與食生活方式的改變，尤具重要意義。物種傳播有時並不依循近鄰滋蔓的一般原則，伴隨人們遠距離跋涉的活動，這種傳播往往以跨越地理間隔的童話般方式實現。原產美洲的許多物種集中在明代中葉聯袂登陸中國就是典型的例證。玉米、紅薯自明代中葉以後相繼引入中國，因其高產且對土壤適應性強，於是長江以南廣大山區，魯、晉、豫、陝等大片久耕密植的貧瘠之地便很快迭相效應，迅速推廣開來。山區的瘠地需要玉米、紅薯這樣的耐瘠抗旱作物，傳統農業的平原地區因其地力貧乏和人口稠密，更需要這種耐瘠抗旱而又高產的作物，這就是各民族民眾率相接受玉米、紅薯的根本原因。這一「根本原因」甚至一直深深影響到二十世紀八〇年代以前。中國大陸長期以來一直以提高糧食畝產、單產為壓倒一切的農業生產政策，南方水稻、北方玉米，幾乎成了各級政府限定的大田品種種植的基本模式。

嚴格說來，很少有哪些飲食文化區域是完全不受任何外來因素影響的純粹本土的單質文化。也就是說，每一個飲食文化區域都是或多或少、或顯或隱地包融有異質文化的歷史存在。中華民族飲食文化圈內部，自古以來都是域內各子屬文化區位之間互相通融補益的。而中華民族飲食文化圈的歷史和當今形態，也是不斷吸納外域飲食文化更新進步的結果。一九八二年筆者在新疆歷時半個多月的一次深度考察活動結束之後，曾有一首詩：「海內神廚濟如雲，東西甘脆皆與聞。野駝渾烹標青史，肥羊串炙喜今人。乳酒清冽爽筋骨，奶茶濃郁尤益神。朴勞納仁稱異饌，金特克缺愧寡聞。胡餅西肺欣再睹，葡萄密瓜連筵陳。四千文明源泉水，雲裡白毛無銷痕。晨鐘傳於二三瞽，青眼另看大宛人。」詩中所敘的是維吾爾、哈薩克、柯爾克孜、烏孜別克、塔吉克、塔塔爾等少數民族的部分風味食品，反映了西北地區多民族的獨特飲食風情。中國有十個少數民族信仰伊斯蘭教，他們主要或部分居住在西北地區。因此，伊斯蘭食俗是西北地區最具代表性的飲食文化特徵。而西北地區，眾所周知，自漢代以來直至西元七世紀一直是佛教文化的世界。正是來自阿拉伯地區的影響，使佛教文化在這裡幾乎消失殆盡了。當然，西北地區還有漢、蒙古、錫伯、達斡爾、滿、俄羅斯等民族成分。西

北多民族共聚的事實，就是歷史文化大融匯的結果，這一點，同樣是西北地區飲食文化獨特性的又一鮮明之處。作為通往中亞的必由之路，舉世聞名的絲綢之路的幾條路線都經過這裡。東西交會，絲綢之路飲食文化是該地區的又一獨特之處。中華飲食文化通過絲綢之路吸納域外文化因素，確切的文字記載始自漢代。張騫（？-前114年）於漢武帝建元三年（西元前138年）、元狩四年（西元前119年）的兩次出使西域，使內地與今天的新疆及中亞的文化、經濟交流進入到了一個全新的歷史階段。葡萄、苜蓿、胡麻、胡瓜、蠶豆、核桃、石榴、胡蘿蔔、蔥、蒜等菜蔬瓜果隨之來到了中國，同時進入的還有植瓜、種樹、屠宰、截馬等技術。其後，西漢軍隊為能在西域伊吾長久駐紮，便將中原的挖井技術，尤其是河西走廊等地的坎兒井技術引進了西域，促進了灌溉農業的發展。

至少自有確切的文字記載以來，中華版圖內外的食事交流就一直沒有間斷過，並且呈與時俱進、逐漸頻繁深入的趨勢。漢代時就已經成為黃河流域中原地區的一些主食品種，例如餛飩、包子（籠上牢丸）、餃子（湯中牢丸）、麵條（湯餅）、饅首（有餡與無餡）、餅等，到了唐代時已經成了地無南北東西之分，民族成分無分的、隨處可見的、到處皆食的大眾食品了。今天，在中國大陸的任何一個中等以上的城市，幾乎都能見到以各地區風味或少數民族風情為特色的餐館。而隨著人們消費能力的提高和消費觀念的改變，到異地旅行，感受包括食物與飲食風情在內的異地文化已逐漸成了一種新潮，這正是各地域間食文化交流的新時代特徵。這其中，科技的力量和由科技決定的經濟力量，比單純的文化力量要大得多。事實上，科技往往是文化流變的支配因素。比如，以筷子為食具的箸文化，其起源已有不下六千年的歷史，漢以後逐漸成為漢民族食文化的主要標誌之一；明清時期已普及到絕大多數少數民族地區。而現代化的科技烹調手段則能以很快的速度為各族人民所接受。如電飯煲、微波爐、電烤箱、電冰箱、電熱炊具或氣體燃料新式炊具、排煙具等幾乎在一切可能的地方都能見到。真空包裝食品、方便食品等現代化食品、食料更是無所不至。

黑格爾說過一句至理名言：「方法是決定一切的」。筆者以為，飲食文化區位性認識的具體方法儘管可能很多，儘管研究方法會因人而異，但方法論的原則卻不能不有所規範和遵循。

首先，應當是歷史事實的真實再現，即通過文獻研究、田野與民俗考察、數學與統計學、模擬重複等方法，去盡可能摹繪出曾經存在過的飲食歷史文化構

件、結構、形態、運動。區位性研究，本身就是要在某一具體歷史空間的平臺上，重現其曾經存在過的構建，如同考古學在遺址上的工作一樣，它是具體的，有限定的。這就要求我們對於資料的篩選必須把握客觀、真實、典型的原則，絕不允許研究者的個人好惡影響原始資料的取捨剪裁，客觀、公正是絕對的原則。

其次，是把飲食文化區位中的具體文化事象視為該文化系統中的有機構成來認識，而不是將其孤立於整體系統之外釋讀。割裂、孤立、片面和絕對地認識某一歷史文化，只能遠離事物的本來面目，結論也是不足取的。文化承載者是有思想的、有感情的活生生的社會群體，我們能夠憑藉的任何飲食文化遺存，都曾經是生存著的社會群體的食生產、食生活活動事象的反映，因此要把資料置於相關的結構關係中去解讀，而非孤立地認斷。在歷史領域裡，有時相近甚至相同的文字符號，卻往往反映不同的文化意義，即不同時代、不同條件下的不同信息也可能由同一文字符號來表述；同樣的道理，表面不同的文字符號也可能反映同一或相近的文化內涵。也就是說，我們在使用不同歷史時期各類著述者留下來的文獻時，不能只簡單地停留在文字符號的表面，而應當準確透析識讀，既要儘可能地多參考前人和他人的研究成果，還要考慮到流傳文集記載的版本等因素。

再次，飲食文化的民族性問題。如果說飲食文化的區域性主要取決於區域的自然生態環境因素的話，那麼民族性則多是由文化生態環境因素決定的。而文化生態環境中的最主要因素，應當是生產力。一定的生產力水平與科技程度，是文化生態環境時代特徵中具有決定意義的因素。《詩經》時代黃河流域的漬菹，本來是出於保藏的目的，而後成為特別加工的風味食品。今日東北地區的酸菜、四川的泡菜，甚至朝鮮半島的柯伊姆奇（泡菜）應當都是其餘韻。今日西南許多少數民族的粑粑、餌塊以及東北朝鮮族的打糕等蒸舂的稻穀粉食，是古時杵臼搗制餈餌的流風。蒙古族等草原文化帶上的一些少數民族的手扒肉，無疑是草原放牧生產與生活條件下最簡捷便易的方法，而今竟成草原情調的民族獨特食品。同樣，西南、華中、東南地區許多少數民族習尚的熏臘食品、酸酵食品等，也主要是由於貯存、保藏的需要而形成的風味食品。這也與東北地區人們冬天用雪埋、冰覆，或潑水掛臘（在肉等食料外潑水結成一層冰衣保護）的道理一樣。以至北方冬天吃的凍豆腐，也竟成為一種風味獨特的食料。因為歷史上人們沒有更好的保藏食品的方法。因此可以說，飲食文化的民族性，既是地域自然生態環境因素決定的，也是文化生態因素決定的，因此也是一定生產力水平所決定的。

又次，端正研究心態，在當前中華飲食文化中具有特別重要的意義。冷靜公正、實事求是，是任何學科學術研究的絕對原則。學術與科學研究不同於男女談戀愛和市場交易，它否定研究者個人好惡的感情傾向和局部利益原則，要熱情更要冷靜和理智；反對偏私，堅持公正；「實事求是」是唯一可行的方法論原則。

多年前北京釣魚台國賓館的一次全國性飲食文化會議上，筆者曾強調食學研究應當基於「十三億人口，五千年文明」的「大眾餐桌」基本理念與原則。我們將《中國飲食文化史》（十卷本）的付梓理解為「飲食文化圈」理論的認知與嘗試，不是初步總結，也不是什麼了不起的成就。

儘管飲食文化研究的「圈論」早已經為海內外食學界熟知並逐漸認同，十年前《中國國家地理雜誌》以我提出的「舌尖上的秧歌」為封面標題出了「圈論」專號，次年CCTV-10頻道同樣以我建議的「味蕾的故鄉」為題拍攝了十集區域飲食文化節目，不久前一位歐洲的博士學位論文還在引用和研究。這一切也還都是嘗試。

《中國飲食文化史》（十卷本）工程迄今，出版過程歷經周折，與事同道幾易其人，作古者凡幾，思之唏噓。期間出於出版費用的考慮，作為主編決定撤下叢書核心卷的本人《中國飲食文化》一冊，儘管這是當時本人所在的杭州商學院與旅遊學院出資支持出版的前提。雖然，現在「杭州商學院」與「旅遊學院」這兩個名稱都已經不復存在了，但《中國飲食文化史》（十卷本）畢竟得以付梓。是為記。

趙榮光

夏曆癸巳年初春，西元二〇一三年三月
杭州西湖誠公齋書寓

目錄

Contents

第四章　秦漢時期 **065**

第一章　概述

飲食文化由於地域、民族、習俗乃至宗教等因素的影響，逐漸形成了不同特點和風格的飲食文化區域類型，具體來說主要因素有自然生態、資源儲備、社會政治、人口狀況、生產力水平、政策制定、戰爭以及災荒等。黃河下游地區是中華文化的核心區域之一，黃河下游地區飲食文化史是中國飲食文化史的重要組成部分。悠久的歷史和燦爛的古代文明奠定了黃河下游地區飲食文化的基礎，決定了其具有多樣性的飲食文化特徵。諸如以仰韶文化、大汶口文化、龍山文化等文明曙光為代表的原始飲食文化；以齊地與魯地劃分的齊魯飲食文化；以黃海、渤海沿岸為特點的濱海海洋飲食文化和以大運河為主軸的運河飲食文化，以及魯菜烹飪文化等，其中影響最為深遠的是代表中華飲食禮俗最高標準的孔孟食道與曲阜衍聖公府飲食。這些飲食文化的豐富性和影響力，決定了黃河下游地區飲食文化在中國飲食文化發展史中具有十分重要的意義。

中國飲食文化視野下的黃河下游地區，大致包括今山東地區以及晉、冀、豫、皖、蘇的部分地區，主要依託山東省為圓心的地域範圍。從地理環境上看，本地區主要為黃河下游沖積平原，中部和東部地區分布著山地、丘陵、盆地以及部分島嶼，屬東亞暖帶季風氣候區，夏熱多雨，冬冷乾燥，季節變化明顯，動植物資源和鹽業、礦產資源豐富，擁有眾多食物原料。主要作物有小麥、粟、黍（shǔ）、玉米、大麥、大豆、高粱、水稻、棉花、芝麻、花生、蕃薯（地瓜）等；主要蔬菜有大白菜、蘿蔔、土豆、薹菜、萵苣、圓蔥、香椿、芹菜、小白菜、蔓菁、小茴香、扁豆、金針、芋頭、豌豆、蠶豆、豇豆、扁豆、菜豆、刀豆、地環、冬瓜、黃瓜、南瓜、絲瓜、葫蘆、薑、蔥、蒜等；主要水果有蘋果、桑葚、西瓜、杏子、栗子、李子、山楂、梨、葡萄、核桃、甜瓜、脆瓜、香瓜等；主要食用菌類有傘蓋蘑、木耳、平菇、香菇、黑木耳、銀耳、猴頭菇、雞腿菇、金針菇、口蘑等；主要家畜家禽有豬、牛、羊、雞、鴨、鵝等；主要淡水產品有魚、蝦、蟹、蛤；主要海產品有海參及各類海魚等。食物原料品種十分齊全，風味不一，特色各異。

根據考古研究，黃河下游地區早在40萬年前就有人類活動，現已發現諸如仰韶

文化、大汶口文化、龍山文化等具有代表性的人類文化遺存，出土了許多陶、石、骨製農具、工具和食具，黃河下游地區飲食文化由此開端。先秦時期，該地區飲食文化逐漸脫離了原始風貌，具有了階級性、層次性、地域性的特徵。特別是春秋戰國時期，在齊魯大地上，孔孟食道與中國飲食禮俗的初創對本地區的影響十分重大，奠定了黃河下游地區飲食文化的初步構架，後世魯菜的形成也與此息息相關。

秦漢魏晉南北朝時期是黃河下游地區飲食文化的發展時期，亦是與其他地區飲食文化的大交流時期，體現了多民族融合的飲食文化特徵。「食肉飲酪」的胡族飲食文化和「飯稻羹魚」的南方飲食文化都對黃河下游地區飲食方式和習俗的變遷產生過重大影響。

隋唐五代時期，黃河下游地區飲食文化胡漢融合的趨勢達到頂峰，發展完善了中華飲食文化。這一時期，黃河下游地區的飲食結構從以粟為主食逐漸向以小麥為主食轉化。農業的發展讓我們的關注點從田野進一步轉移到餐桌的變化上來。這一歷史現象，補充了魯菜的飲食內容，推進了魯菜多樣性的特點，為北宋市井飲食文化的繁榮奠定了基礎。

北宋時期，城市商業經濟發展迅速，市井飲食文化特徵明顯。靖康之變後，女真人南下；蒙古人滅金後，進駐黃河下游地區。這兩次歷史事件推動了中國歷史上的第二次民族大融合。東北地區少數民族的飲食文化與漠北蒙古族的飲食文化對該區域產生了重要影響，體現了農耕文明與游牧文明的結合。

明代，隨著新的農作物進入中國，黃河下游地區的飲食結構產生了重大的變化，以玉米的廣泛種植的影響為最大；另外，明朝末期的黃河下游地區災害頻仍，救荒政策下的救荒飲食是這一時期該地區庶民飲食文化的主要內容之一。

清代黃河下游地區的飲食文化逐步成熟，如魯菜形成、孔府宴的出現、大運河兩岸飲食市場的繁榮，以及諸如蕃薯等外來農作物的引進等。特別是山東曲阜衍聖公府獨有的飲食文化之形成，代表了黃河下游地區飲食文化的最高文化象徵；其宏大的食事規模與永不間歇性是古今中外歷史上絕無僅有的，形成了孔氏家族長久、典型、輝煌的飲食文化傳統和飲食生活私家風格突出的文化特徵。

近代以來，黃河下游地區的飲食文化在成熟發展中嬗變，有其歷史繼承性和創新性、同一性兼有地域性的特點，特別是歲時飲食習俗方面尤為明顯，逐步形成了現代黃河下游地區的飲食文化基本風貌，構建了當今社會較為完整的飲食風俗。

綜上所述，黃河下游地區長時間保持著以粟、小麥及麵食為主、以蔬菜及肉食為輔的基本飲食結構。新中國建立初期至二十世紀七〇年代，食物鏈循環和一般民眾食物結構、營養水平總體來說處於非良性狀態。隨著改革開放的深化，二十世紀八〇年代以來，國家的一系列政策對社會經濟和國民飲食生活產生了重大的積極影響。農民的生產積極性和生活水平都明顯高於從前，普通市民的肉食比重較二十世紀五〇年代中葉至七〇年代有了近10倍的增長，禽、蛋、豆製品及青菜、水果等副食的消費水平均有明顯提高。許多市民的日常飲食生活開始從「溫飽型」向「營養型」轉化，城市市民的冬貯菜比重大為下降，更多地依賴市場，飲食生活的物質十分豐富。人們的口味也由過去的偏鹹鮮、厚重粗獷，逐漸變為鮮美適中、精細豐富。家庭電冰箱越來越多地被使用，功能不斷更新的灶具進入千家萬戶；塑料大棚、地膜、早春地產蔬菜在品種、數量及節令諸方面都對農業生產具有重要影響；市場的需求和交通運輸的發展，使全國各地的蔬菜進入了黃河下游地區，本地區特色蔬菜進入其他區域也更加頻繁。這些情況都對本地區以及其他區域居民的飲食結構產生了重大影響。中國餐飲業經歷「工薪、名店、綠色」為主要特徵的「三個十年」階段性發展，使魯菜譽享海內外，全國各地魯菜菜館林立，豐富了人民的日常飲食生活。

總之，黃河下游地區飲食文化是中國飲食文化的重要構成，是中華傳統飲食文化與飲食行為的重要載體，而發端於本地區的孔孟食道是支撐中華民族飲食文化的核心理念。我們現階段需要吸取其優點，大力弘揚正確的飲食觀念，樹立良好的飲食習慣，為進一步發展中華飲食文化做出應有的貢獻。

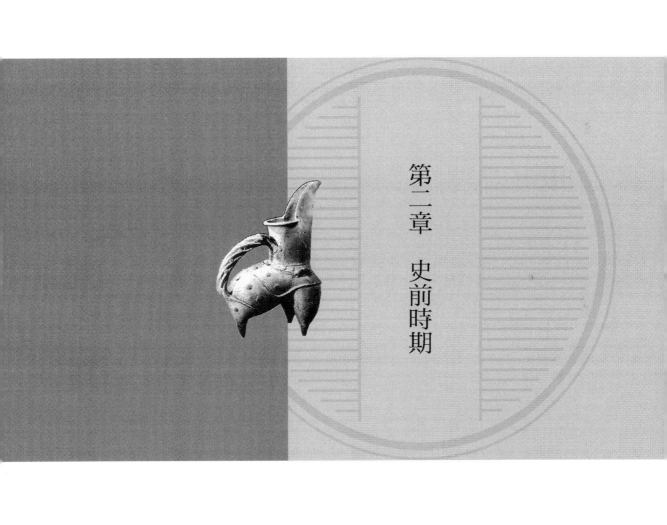

第二章　史前時期

據現今考古發現，黃河下游地區出現人類活動的時間約為四十萬年前，即泰沂山區古人類——沂源人。沂源人以採集植物性食料為主，學會使用簡單的尖狀石器來挖掘植物塊根或切割動物，且存在使用火的痕跡，在沿海地區和島嶼上有貝冢遺跡。食料來源多樣與火的使用，提升了人類的生存能力和身體素質。隨著農業文明在黃河下游地區生根發芽，奠定了黃河下游地區的飲食文化基礎。在黃河下游地區古人類的考古遺址中，發現有炭化穀物（水稻、粟、黍、稷、高粱、大豆等）、動物遺骸（豬、雞、牛、羊、馬、狗、鼠、狐、貉、獐、鹿、麂〈jǐ〉、狼、虎、貓等）、農具以及飲食器具等，向我們展示了黃河下游地區燦爛的史前飲食文化。

第一節　氏族社會時期的飲食風貌

一、開始出現農業的後李文化

一九八二年七月，在山東臨沂鳳凰嶺、臨沭、沂水發現的近百個約一萬年前的細石器文化遺址群，處於從舊石器時代向新石器時代過渡時期。[1]這些遺址大都處於海拔七十米以下的平原和丘陵地區，說明當時的古人類已經從山上遷徙到山下覓食和居住，有利於採集、漁獵以及後來的定居和農業的發展。

一九八八年，在山東淄博齊陵鎮的後李官莊發現了古人類房基、氏族聚落和墓葬遺址，最晚距今七千三百年，屬於後李文化。墓葬中出土了大量骨製和石製工具，諸如錐、鏢、匕、耜（sì）、鏃（zú）等，其中骨耜、石耜是耕種時使用的原始翻土農具，說明黃河下游地區原始農業已經開始產生。此外，還有錘、斧、鏟和礪石、磨盤、磨棒、支架、刮削器、尖狀器、石核等石製工具，多以打製為主，輔以

1　張鎮洪等：《遼寧海城小孤山遺址發掘簡報》，《人類學學報》，1985年2月第4卷第1期；黃慰文等：《海城小孤山的骨製品和裝飾》，《人類學學報》，1986年8月第5卷第3期。

6

◀圖2-1　山東後李文化遺址

琢磨，有些刃部有磨光痕跡，其中磨盤、磨棒可以用來研磨磨碎食物。[1]後李文化中還出土有釜、盆、鉢、罐、盂、瓶、壺、碗等陶器，其中以釜最多，占陶器總量的百分之七十以上，多用自然泥土為原料，製坯工藝原始，但器物造型比較規整，胎薄而勻稱，多用於烹飪飲食和日常生活。這些工具和器物的使用方便了後李人的生產和生活，促進了飲食文化的發展。

二、以鼎進食的北辛文化

經考古研究測定，北辛文化遺址距今約七千三百至六千一百年，分布於山東兗州、泰安、淄博、章丘、青州，以及江蘇大墩子、連雲港二澗村等地。[2]經對出土文物研究發現，北辛文化比後李文化更為進步。首先加工工具更精細，通體打磨過的工具比例更高；其二，食具加工水平和質量都更優於後李時期；其三，在葬制、隨葬品的規格、水平、數量上，都超過了後李時代。[3]

1　郭墨蘭：《齊魯文化》，華藝出版社，1997年6月，第64-66頁。

2　中國社會科學院考古研究所：《山東王因——新石器時代遺址發掘報告》，科學出版社，2000年。

3　《山東紀念城子崖遺址發掘六十週年國際學術討論會》，《走向世界》，1992年第1期。

❶ · 原始農業與漁獵

在三里河北辛文化遺址中，出土有炭化粟殼，並在出土的紅頂陶缽小平底上發現有粟糠殼狀存留的痕跡；在滕州北辛遺址和濟寧張山等遺址中亦有發現粟糠印痕。[1]說明粟是當時主要糧食作物之一。同時，山東棲霞楊家圈、鄒平西南莊等地遺址出土的北辛文化時期的石磨盤、石磨棒等工具，被推斷用於糧食脫殼和磨粉，說明當時有用磨成的粗粉煮粥為食的可能。另外，在出土的工具中，發現有用來收割莊稼或採集野菜的石鏟、鹿角鋤、石斧、石片、石耜，以及大蚌殼製成的鐮刀等農具，生產工具的豐富證明了北辛文化時期的農業水平比後李文化時期先進。[2]例如該時期出土的石耜是由石片磨製成的掘地工具，且有手握的短柄，可以裝在木棒上使用，比起之前的石耜有了顯著進步，提高了耕地時的生產效率。

另外，北辛遺址中還出土了大量的狩獵和漁獵工具，如魚鏢、箭鏃、矛形器等，其性能比舊石器時期顯著進步。從獸骨化石看出，北辛人漁獵的動物有鹿、野豬、野兔和龜、青魚、田螺、貝類等，種類豐富。經研究，其中貝類種類確定為中

◄圖2-2　炭化稻米粒，山東滕州莊裡西出土

1　中國社會科學院考古研究所山東隊等：《山東滕縣北辛遺址發掘報告》，《考古學報》，1984年第2期；
　　濟寧市文物考古研究室：《山東濟寧市張山遺址的發掘》，《考古》，1996年第4期。

2　吳詩遲：《山東新石器時代農業考古概述》，《農業考古》，1983年第2期，第165-171頁；吳汝祚：《試
　　論北辛文化》，《山東史前文化論文集》，齊魯書社，1986年，第201-202頁；中國社會科學院考古研
　　究所山東隊：《山東滕縣北辛遺址發掘報告》，《考古學報》，1984年第2期。

國耳螺、毛蚶、近江牡蠣、文蛤等，同時，北辛人還捕撈淡水圓頂珠蚌與劍狀毛蚌等，食其肉並用蚌殼製造成農具和工具。[1]在北辛遺址出土的一個灰坑中發現堆放著六個豬的下頜骨，在另一灰坑中有兩具完整的豬頭骨，說明北辛人已開始了原始養豬的畜牧業活動，並從側面證明了糧食有了富餘，有能力飼養動物作為食物的補充。[2]同時，豬骨的有意堆放，說明它作為財富而具有了一定的象徵意義。

❷ · 食具與鼎食文化的肇始

家畜飼養、農耕、製陶與磨光石器為新石器時代的四大特徵，是社會生產水平全面發展、提高的主要標誌。[3]製陶技術的提高促使了食具的進步，北辛人的製陶技術代表了黃河下游地區母系氏族時期的最高水平，比如學會使用低速轉輪台來製作陶坯，以及出現了黑色陶器。其出土的飲食類陶器有鼎、陶鉢、陶匙、陶支架、釜、罐等。考古發現，當時的北辛人已能將釜、罐、陶支架組合成原始烹飪器具，置火上進行烹飪。另外，北辛文化遺址還出土了盛食器，有鉢、碗、罐、豆等；盛水器皿有壺、雙耳罐、缸等；餐具有骨匕、陶勺等。其中具有代表性的就是穿孔骨匕，條形，有的彎曲，端部上翹，長度為7-12釐米，攜帶方便，成為北辛人的主要就餐用具，亦可用來切肉、取食固體食物。另外，滕州北辛遺址出土的陶勺，形狀規整，勺身呈現圓形小平底，腹較深，推斷為進食或喝湯之用。[4]

據考證，鼎最早出現在距今7600年的北辛文化初期，這是個半圓球形鼎鍋，三條腿，上有半球形蓋，半環狀把手，是用來燉、煮各種食物的主要炊具，由此推斷黃河下游地區是鼎食文化的最早發祥地之一。[5]直到青銅出現後，陶鼎仍然被廣泛使用。這種由北辛人創造並改進的鼎，經過改進完善，逐漸傳入西北地區和長江流

1 馬洪路：《再論我國新石器時代的穀物加工》，《農業考古》，1986年第2期。
2 中國社會科學院考古研究所山東隊：《山東滕縣北辛遺址發掘報告》，《考古學報》，1984年第2期。
3 安作璋主編：《山東通史·先秦卷》，人民出版社，2009年，第23頁。
4 郭墨蘭：《齊魯文化》，華藝出版社，1997年，第64-66頁。
5 吳汝祚：《北辛文化的幾個問題》，《慶祝蘇秉琦考古五十五週年論文集》，文物出版社，1989年，第155頁。

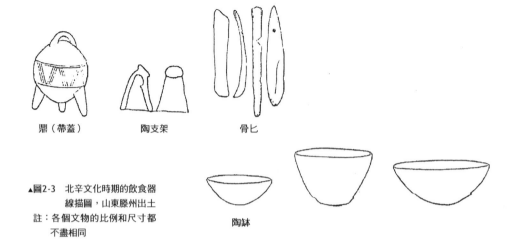

鼎（帶蓋）　　陶支架　　　骨匕

▲圖2-3　北辛文化時期的飲食器
　　　　　線描圖，山東滕州出土
註：各個文物的比例和尺寸都
　　不盡相同

陶缽

域。北辛文化時期的鼎食文化成為史前母系氏族時期黃河下游地區飲食文化的主要

代表，同時推動了我國各地古代鼎食文化的發展。[1]

第二節　大汶口文化的飲食風貌

一、以粟和黍為主要農作物

　　大汶口文化屬於新石器時代晚期文化，在其後期或已進入父系氏族社會。因

一九五九年首先發現於山東泰安大汶口而得名。主要分布在山東半島和魯南，南達蘇

北、西到河南、北至遼東半島的廣大地區，影響深遠。考古學界根據檢測確定，大汶

口文化的起止年代約為西元前四二〇〇至前二四〇〇年，延續約二千年，分成早、

中、晚三個階段：早期為西元前四三〇〇至前三五〇〇年；中期為西元前三五〇〇至

1　范楚玉等：《中華文明史》第一卷，河北教育出版社，1994年，第45頁。

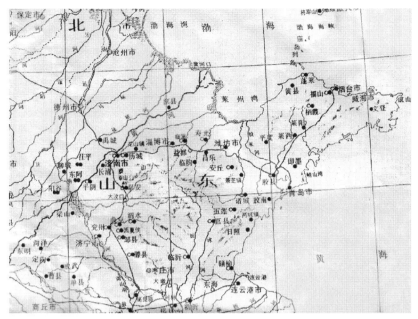

大汶口人生活遺址○　龍山人生活遺址●

▲圖2-4　黃河下游地區新石器時代晚期的人類活動遺址

前二八○○年；晚期為西元前二八○○至前二四○○年，[1]其範圍分散在黃河下游的各個地區。

　　據《竹書紀年》和《後漢書‧東夷傳》記載，在大汶口文化時期，黃河下游地區許多部族組成了部族聯盟，被史學界稱為東夷族。著名部落首領有大皋、蚩尤、少皋、有虞氏舜等，各個部落都有其圖騰，如龍、蛇、鳳、鳥、太陽等。其中，根據《帝王紀事》《左傳‧昭公十七年》文獻所指，大皋族本是東夷族中的部族，以龍為部族圖騰，其大致活動範圍在今魯北、魯西南，及豫東地區，這正是北辛—大汶口文化遺址的發現地域。

　　根據考古出土發現，大汶口文化時期黃河下游地區先民的主食為粟和黍。粟：在黃河下游地區近40處史前遺址曾出土過遠古時的炭化粟米。江蘇邳（pī）州大墩

<hr />

1　山東省文物管理處、濟南市博物館編：《大汶口：新石器時代墓葬發掘報告》，文物出版社，1974年。

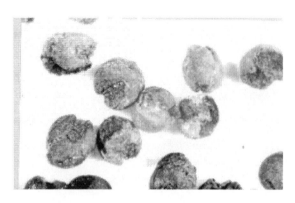

▶圖2-5　炭化粟，大汶口文化遺址出土

子村大汶口文化遺址下層，出土發現距今約7000年的炭化粟米，並在距今4500年的三里河大汶口晚期窖穴中，出土窖藏有體積1.2立方米的糧食，鑑定為炭化了的粟。[1]它們證明了粟已是大汶口文化時期古人類的主要糧食。[2]現代考古研究，經用碳十四檢測大汶口出土的人骨樣品，確定這些本地區先民食譜中，粟類的確是大汶口人當時的主要糧食。[3]其他諸如山東滕縣、膠縣、萊陽、日照等許多地方都有發現。[4]

　　黍：距今7000年的遼南新樂遺址出土黍粒種子碳化物證明，黍起源於中國。[5]在山東長島大汶口文化早期遺址中也出土了黍殼，經碳十四測定約為西元前3500年的遺物。[6]另外，有研究證據表明傳入朝鮮半島和日本的粟與黍就是從黃河下游地區的山東半島傳出的。[7]可以推斷，史前的黃河下游地區已是東亞文化交流的重要通道，並且對朝鮮半島的飲食文化具有一定程度的影響輻射力。

1　王仁湘主編：《中國史前飲食史》，青島出版社，1997年，第60頁。
2　嚴文明：《山東史前考古新收穫》，《史前考古論文集》，科學出版社，1998年，第248-253頁。
3　蔡蓮珍、仇士華：《碳十四測定和古代食譜研究》，《考古》，1984年第10期。
4　游修齡：《中國農業通史（原始社會卷）》，中國農業出版社，2008年，第164-165頁。
5　王仁湘主編：《中國史前飲食史》，青島出版社，1997年，第60頁。
6　蔡蓮珍、仇士華：《碳十四測定和古代食譜研究》，《考古》，1984年第10期。
7　游修齡：《中國農業通史・原始社會卷》，中國農業出版社，2008年，第166頁。

二、生產工具和飲食器具種類豐富

大汶口文化時期的生產和生活工具，無論是種類還是功用，較之前都有了很大的進步。在遺址中出土了許多石器、骨器、角牙器、陶器、紡輪等。如骨器中就有以鹿角、象牙及其他獸牙、骨骼為原料，經加工製成的鹿角鈎形器、小骨鑿、骨鑿形器、骨刮器、牙刮削器、骨針、骨錐等，它們質地堅硬，方便使用，功能多樣。石器主要出土了錛（bēn）、斧、鉞（yuè）、鑿、錘等。這些工具幾乎都經過長時間的仔細磨製而成，做工精緻，可用於挖耕土地、開掘溝渠、加工工具、建造房屋。這些石製工具提高了耕翻土壤的能力，可使耕層更為深厚，整地也更為細緻，促進了農業的發展。石斧、石錛、石鑿、石鉞、石鏟等工具，可用於砍伐樹木、開墾荒地、開挖水窖、挖掘排水溝渠。其中石鏟既可耕翻土地、刨坑點種、修路築堤、建造房屋，也可用於刨挖採集可食用的植物直根和塊莖、塊根等。另外，還出土了狩獵和漁獵的工具有弓箭、石矛、骨矛、骨魚鏢、骨魚鈎、石網墜、陶網墜等，[1]既可

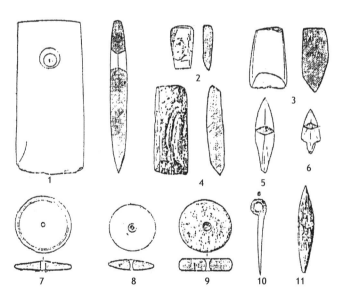

▲圖2-6　石器、骨器、角牙器、陶器的正面及側面線描圖，實物為大汶口文化遺址出土
1 鉞，2、4 鑿，3 錛，5、6、11 箭鏃，7、8 陶紡輪，9 石紡輪，10 骨簪

1　中國社會科學院考古研究所編著：《膠縣三里河》，文物出版社，1988年，第155頁。

以用來捕獵和漁獵，還能作為武器使用。在沿海地區還出土發現了利用大型貝殼製作蚌匙、蚌刀、箭鏃等工具。其中可以用作飲食器具的有蚌匙，它的體積比較大，適合於烹飪、分餐之用，也可以供喝湯之用。蚌刀、蚌箭鏃材質堅硬，輕便而銳利，對於獲取海洋食物的工具來說是一大進步。

同時，從出土的紡輪可知，大汶口先民已能利用野生纖維植物（如亞麻、大麻等）來製作服裝和編織魚網，便於捕撈生產。生產工具的進步，促進了農業的發展，提升了糧食產量，使食物供應量增加，加快了文明進程和飲食文化的發展。

大汶口文化時期，一批成熟的糧食加工工具開始出現。比如在山東滕縣出土的石磨盤（北辛時期）和遼寧長海廣鹿島出土的大汶口時期的石磨盤和石磨棒等，都是糧食加工的簡單工具。日本學者岡村秀典認為，從大汶口居民擁有不便於移動、厚重的石磨盤和體大的陶器用品可證明，大汶口居民已經有長期穩定的定居生活。[1] 在江蘇邳州大墩子的大汶口文化遺址中，曾經發現有三個堅硬的臼形燒土窩──「地臼」。它們排列整齊，間隔各約1米。這些「地臼」與幾個石杵集中地堆放在一起，推斷這是一處集體使用的穀物春搗加工場所。綜合以上兩個遺址中的現象可以分析出，當時大汶口人的糧食加工，已有較大規模。[2] 此外，石磨棒和石杵既是用於加工粟、稷等粒狀糧食的工具，[3] 也是用於敲開堅果殼、取食果仁的工具。

中國飲食文化史　▇　黃河下游地區卷

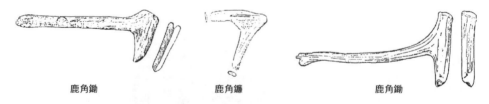

鹿角鋤　　　　　　鹿角鐮　　　　　　鹿角鋤

▲圖2-7　鹿角製作的農具線描圖，實物為大汶口遺址出土

1　范楚玉：《中華文明史》，河北教育出版社，1989年，第131-132頁。
2　馬洪路：《再論我國新石器時代的穀物加工》，《農業考古》，1986年第2期。
3　盧浩泉、周才武：《山東泗水縣尹家城遺址出土動、植物標本鑑定報告──泗水尹家城》，文物出版社，1990年。

大汶口文化時期的製陶技術已經比以前有大幅度的進步，特別是在陶土的配料比例、製坯技術、燒製溫度以及技藝水平等方面都有大幅度的提升，標誌著大汶口文化時期開始進入陶器時代。種類有盆、碗、缽、罐、杯、鼎、豆、尊、鬹（guī）、簋（guǐ）、盉、罍（léi）等，其中以炊器、盛食器、盛水器較為多見。成品色彩豐富、鮮亮且穩定、質地細膩、造型美觀，特別是獸型提梁壺有注水口和壺口，這只小獸的造型似狗非狗，似虎非虎，頭尾四肢俱全，張口做吠狀，造型非常生動、可愛，是黃河下游地區出土的寶貴文化遺產，也是大汶口文化時期黃河下游地區飲食器具製作水平的代表。

出土的隨葬品中發現有用食器作為祭器陪葬的現象，比如陶豆就是主要用做隨葬時的祭器。陶豆大都是高足，盛容杯部大小和深淺相差有限，底部大都比較寬闊，呈現穩定的結構狀態，美觀實用，表明這一時期飲食審美的觀念已經產生。如圖2-10中1、2、3、5號陶豆，在圈足上鏤空雕刻；4號陶豆無圈足，亦無雕刻；雕刻圖案有四方連續圖（2、5號）。這些陶豆的樣式繁多，可見當時製陶工藝的進步，同時可以推測是大汶口文化時期的先民用來盛裝食物的器皿，並且人們已經懂得利用食用者的多寡或是用餐量大小來進行食物盛裝的合理分配。

大汶口文化遺址中還出土了大量且種類豐富的烹飪器具，諸如鼎、缽、罐、

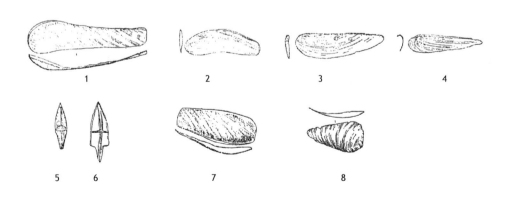

▲圖2-8　蚌匙、蚌刀、箭鏃正面及側面的線描圖，實物為大汶口文化遺址出土
　1、7、8 蚌匙，2 蚌刀，3 蚌器，4 長條蚌形器，5、6 蚌箭鏃

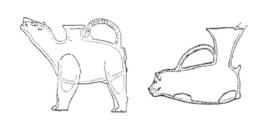

▲圖2-9　獸型提梁壺的線描圖，實物為大汶口文化遺址出土

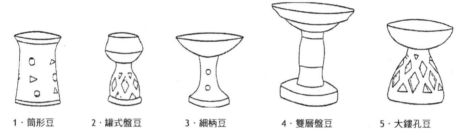

1・筒形豆　　2・罐式盤豆　　3・細柄豆　　4・雙層盤豆　　5・大鏤孔豆

▲圖2-10　各式陶豆的線描圖，實物為大汶口遺址出土

缸、鬹、陶支架等。其中隨葬品中的小鼎數量可觀，樣式多達十餘種，形狀有下腹緊瘦的、下腹闊肥的等諸種，製坯造型較嚴謹、美觀，其中出土於山東寧陽、諸城、曲阜、濰坊、日照、膠州等地的聯體小鼎最為精美。從山東寧陽、諸城、曲阜、三星河等遺址中，還出土有鬹、簋、盉（hé）、壺等種類的陶製盛水器。各種容器分為平底與三足式，三足式又分為實心足、空心足等，樣式豐富。其種類分為陶製盆、罐、背壺、黑陶酒杯等，造型優美，色彩豔麗，顯示出設計者巧妙的美學構思和純熟的製作技藝。另外一些具有複雜水波紋圖案的彩繪圖案的鼎、瓶和盆，圖案設計精巧，繪製工整美觀，可以推斷當時人們生活在水濱，並且也體現出水對飲食的重要

性。出土於江蘇邳州大墩子遺址的彩色八角形紋彩陶盆與山東濰坊姚官莊遺址的白陶鬶，都是大汶口文化時期代表最高陶器技術水平的經典代表作品，雖然已埋藏地下四五千年，依然色彩豔麗如初。從陶盆形狀分析，當時人們已經開始食用湯羹一類，並可推斷水煮的烹飪方式十分盛行。

大汶口文化遺址中出土了許多骨匕[1]進食器。它們數量多，製作精巧，常製成勺形。骨匕是由原始的農耕部落創造出來的、最古老的一種進食具。在黃河流

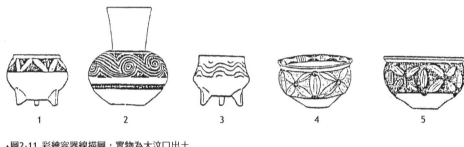

▲圖2-11 彩繪容器線描圖，實物為大汶口出土

2、3 水紋彩繪，1、4、5 植物紋彩繪

▲圖2-12 八角形紋彩陶盆，大汶口出土

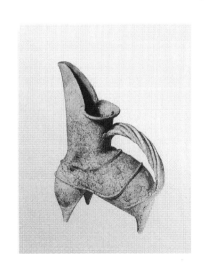

▲圖2-13 白陶鬶，大汶口出土

1　中國社會科學院考古研究所：《山東王因——新石器時代遺址發掘報告》，科學出版社，2000年，第68-69頁。

域，粟的栽培有七八千年以上的歷史，骨匕的起源和發展正好與之相適應。本地區居民以粟、黍為主的粒食飲食習慣，多以粥、飯為主，採用骨匕取食米飯、米粥很是方便的。用骨匕進食的做法普及以後，即使麵食興盛，骨匕也未被拋棄。[1]吃飯時，往往是人手一盆（或缽），以骨匕或餐匙為餐具，佐以羹湯、菜餚（少有肉類）。

大汶口居民普遍採用餐匙進食。在許多大汶口遺址出土的遺物中，都發現有許多骨質餐匙（勺），出土量多，製作精巧，種類繁多，大部分以長條形為主。從墓葬中常見讓死者手中握著餐匙的做法，可見餐匙是當時居民普遍的進食具。在邳州劉林遺址中出土有57件餐匙，皆是隨葬品，其中有幾隻標準的勺形餐匙，呈現出長條形匕——勺形餐匙的過渡形態。在禹城市的邢寨旺、曲阜市東魏莊、姚官莊遺址

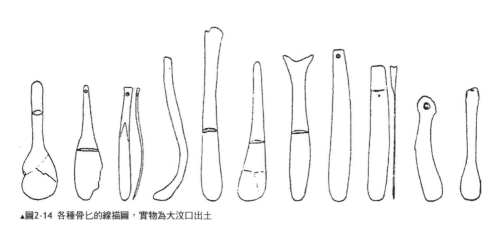

▲圖2-14 各種骨匕的線描圖，實物為大汶口出土

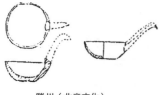 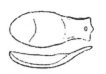 

滕州（北辛文化）　　　　　滕州（大汶口文化）　　　　　姚官莊（龍山文化）

▲圖2-15 新石期各個時代出土的餐匙正面及側面的線描圖

1　嚴文明：《膠東原始文化初論》，《史前考古論文集》，科學出版社，1998年，第227-247頁。

出土龍山時期的勺形骨質餐匙，其形製明顯承襲了大汶口時期的樣式，與大汶口時期的餐匙大體相同。[1]黃河下游地區新石器時期餐匙多以獸骨或蚌片為材料磨製而成，取食端往往還磨出刃口，從而具有切取食物的作用。另外，在膠縣三里河、兗州王因、濱海遺址出土有蚌質餐匙，特別是三里河大汶口墓葬中出土了蚌匙、骨餐匙29件，部分骨製餐匙柄端穿孔，長10-20釐米，說明這些地方的人善於利用濱河或濱海的地理條件，就地取材，利用海產品來製作工具。

三、地域性飲食文化特徵明顯

❶ · 肉食飲食資源豐富

大汶口文化時期，黃河下游地區的動物性肉食資源比較豐富，如在黃河下游地區邳州劉林村的大汶口早期遺址中，發現有大量豬牙床骨，以及豬下頜骨170多件、牛下頜骨50件、狗下頜骨12件、羊下頜骨8件，可見當時飼養畜禽已經有了豬、狗、牛、羊等多種家養動物，且規模較大。至大汶口文化中晚期時，墓葬中多發現有以全豬、豬頭或豬的下頜骨等作為隨葬品的現象，比如在153座大汶口文化中晚期遺址墓葬中，發現43座有隨葬的豬頭，占墓葬數的28.1%。在膠縣三里河大汶口遺址一墓中，發現隨葬豬下頜骨32件。另外，在濰坊前埠下遺址發現有大量動物遺骸，其種類非常多，經鑑定主要有家豬、野豬、雞、中華鼢鼠、狗、狐、貉、狗獾、獐、梅花鹿、鹿、斑鹿、麋、牛、雉、羊、馬、狼、虎、貓、家犬等。其中野生動物的骨骼非常豐富，數量最多的是梅花鹿，大約有2000餘件，至少可以代表158個個體。其次是野豬、狗獾、貉、獐、麋等，狼、虎、狐、貓等屬種則較少。另外，還發現了中華鼢鼠的頭骨。人工飼養的家畜有豬、狗、牛、羊、雞等，其中

1　劉雲主編：《中國箸文化大觀》，科學出版社，1996年，第5-7頁。

以豬數量最多，遺骸約有三千餘件。[1]據泰安大汶口、鄒城野店村、曲阜西夏侯村等地的大汶口晚期文化遺址中的隨葬物件統計，有大約四分之一的墓葬中有隨葬豬。對其出土的豬骨鑑定可知，成年豬所占比例很大，證明它們都經過了較長時間的飼養。[2]可以推斷，這個地區的農業生產較為發達。

覆蓋範圍較廣的大汶口文化、內陸的農耕文化、東部河海地區的漁獵文化共同構築了當時黃河下游地區的飲食文化。經考古研究，在靠近河、海的地區，發現了數量極多的牡蠣、貽貝殼，它們被稱為「貝丘」或「貝塚」。如膠東邱家莊文化遺址已發現有三十八處，多分布在海邊或近河口處，多有貝丘堆積，是先民們採食後貝殼的殘存。[3]這些被西方人稱為「廚房垃圾文化」的先民飲食遺存堆積呈不斷擴大的趨勢，在北方沿海地區有廣泛的分布。[4]膠州三里河遺址距東南海岸線十公里，也曾發掘到不少貝塚（貝丘），其中殘存有陶、石製作的食具。經考古研究，它們是東夷人古老聚落的遺址。一九六二年發現煙台白石村遺址；同年在牟平出土的「蛤

1　山東省文物考古所編《山東濰坊前埠下遺址發掘報告（附錄）》，《山東省高速公路考古報告集（1997年）》，科學出版社，2000年。
2　范楚玉：《中華文明史》，河北教育出版社，1989年，第46-47頁。
3　嚴文明：《史前考古論文集》，科學出版社，1998年，第205-226，227-247頁。
4　趙榮光：《中國飲食史論》，黑龍江科學技術出版社，1990年，第15頁。

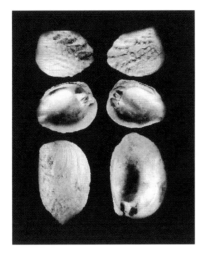

◀圖2-17 軟體動物麗蚌，大汶口文化出土[1]

頂堆遺址」、在廟島群島、遼東半島南部的長山島、廣鹿島等地[1]也都發現有大批貝丘。在山東大汶口早期居民遺址中，還曾發現有青魚、蚌、螺、龜、中華鱘等的骸骨，兗州王因村遺址出土的20多個個體鱘魚骨板及頭骨殘骸，都有被火燒過的痕跡[2]，證明鱘魚在大汶口時期就曾被人用火烤食了。

　　史前本地區近海居民，食用水產比較方便。有各種螺、牡蠣、蛤類生活在淺海、近河口的鹹淡水、泥沙中，它們容易捕獲，其肉均可食用。某些大型蚌殼，也常被古人用來加工成鐮刀等工具。在濱海地區的大汶口文化遺址中，還出土許多圍網、拉網用的陶網墜和用於投擲狩獵用的石球、礪石和石斧等。說明大汶口先民們已能在近海捕魚。在膠州三里河遺址，還出土有海膽、海蟹等遺存物。這些都證明了三里河遺址是具有濱海飲食特色的大汶口文化遺址。有些濱海墓葬遺址中，有將魚作為隨葬品的葬俗。[4]如在膠州三里河遺址出土的墓葬中，用魚隨葬的有11座。他們用魚隨葬時，很注意魚的擺放方向，在可辨別方向的三座墓葬中，隨葬的魚都是

1　趙希濤：《中國東部兩萬年來的海平面變化》，《海洋學報》，1979年第1卷第2期。

2　高廣仁、胡秉華：《山東新石器時代生態環境的研究》，《環境考古》（1），科學出版社，1991年。

3　何德亮、張云：《山東史前居民飲食生活的初步考察》，《東方博物》，2006年第2期，第53頁。

4　成慶泰：《三里河遺址出土的魚骨、魚鱗的鑑定報告》，《膠縣三里河》，文物出版社，1988年。

按頭東而尾西的位置擺放，這可能是當地的古老葬俗之一。時至今日，膠東宴席在上整魚菜餚時，仍有講究擺放魚頭朝向的食俗。從民俗學以及人類學的角度分析，可能當時的人們崇尚食物的來源地，希望獲得更多的食物，而食物的來源地恰好是東方。

❷ · 飲酒風尚的開端

隨著農業的發展，剩餘糧食的出現，大汶口人已經開始使用糧食來釀酒。在大汶口遺址中，出土了大量的盛酒容器。這些盛酒的容器雖然大小各異，但是形態基本相似。說明當時釀酒之風盛行。這些盛酒容器實際上是用來儲藏酒類的大陶缸。這些陶缸有口大、腹深、胎體厚重的特點，它們造型生動、美觀，多刻有紋飾。從出土陶缸中的沉積物看，可能是長期用來盛放酒類液體的。[1]李漢昌教授就曾於二〇〇一年六月在山東莒（jǔ）縣博物館考察過出土的酒器，仔細觀察了出土容器中沉澱的白色粉末。根據現代釀酒和酒類儲藏實踐經驗判斷，缸中的沉積物是酒在長期儲藏的過程中，所含酒石酸鈣鎂鹽類雜質逐漸沉積附著於缸壁和缸底而造成的，這可能寓示著釀酒前期蒸製穀物的幾個重要過程。當時可能主要採取將新酒儲滿酒罈等容器中，加蓋後以泥團嚴密封閉，使新酒與外界空氣隔絕，長期儲藏，以完成新酒的陳釀過程。

我們還可以從陵陽河墓葬中出土的成套盛酒陶缸上的陶文符號考釋出當時較為原始的釀酒過程。陶缸上的符號（圖2-21左上角）反映的是釀酒前蒸熟糧食的過程，符號下面是爐灶中的熊熊火焰，火焰上是一個大陶鍋，鍋內放一圓甑，甑內盛有糧食。這也似乎可以解釋為陶缸內蒸熟糧食的發酵過程。[2]在酒釀好之後，用篩網濾酒入盛酒器（圖2-21右上角），下面的圖形表示盛酒的罈子，中間是鋪上寬大樹葉所形成的篩網層，還有從缸裡舀酒的勺子或小罐（圖2-21右下角）。而接下來的圖形（圖2-21左

1 王仁湘：《中國史前飲食史》，青島出版社，1997年，第175頁。
2 王樹明：《談陵陽河與大朱村出土的陶尊文字》，《山東史前文化論文集》，齊魯書社，1986年，第269頁。

中國飲食文化史 ■ 黃河下游地區卷

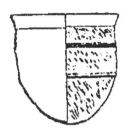

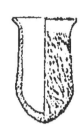

▲圖2-18 盛酒容器剖面的線描圖圖示，實物為山東大汶口遺址出土

下角）有點像小手鋤，與農業有關，可能意味著飲酒慶豐收的含義。[1] 釀酒的技術過程可以反映出大汶口時代的農業生產力已有顯著的進步。飲食生活的進步，也說明大汶口文化時期的社會已開始具有組織性。

　　另外，在大汶口墓葬出土了許多酒具，僅高柄杯就有93件，占杯類器的55%；在莒縣陵陽河大汶口遺址發掘出45組墓葬，其中出土酒器多達663件，約占隨葬品總數的45%，反映出當時釀酒業的興旺。大批酒器隨葬的現象，反映出當時崇尚飲酒，

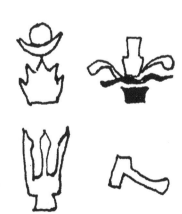

▲圖2-19 刻紋大陶缸，莒縣出土　　▲圖2-20 大陶缸上的刻紋，莒縣出土　　▲圖2-21 盛酒陶缸上四種陶文的描摹圖，陵陽河墓葬出土

1　謝忠禮：《中國史前飲食史》，青島出版社，1997年，第178-179頁。

◀圖2-22 黑陶杯，大汶口墓葬遺址中出土

故以酒器隨葬。[1]其中黑陶酒杯是大汶口出土酒具中的佳品，它距今4000多年，高27.5釐米，口徑11.2釐米，輪製，造型規整，器壁薄如蛋殼，且厚薄均勻。盆沿部也仔細繪製有美觀大方的圖案。口沿部向外探出，方便雙手端盆無慮滑脫。其結構、造型獨特而美觀：下部的杯柄增粗，加大了杯體的穩定性；杯身與杯柄中部，有一部分做成了細腰形態，此以上的部分是盛容酒的杯體容積部分；最上面是一個高而粗大的杯蓋，雖然表面上它顯得峨冠高聳，但不重，杯柄下部也設計得直徑較大、外形敦拙，實際配重很穩定，杯子中即使盛滿了酒液，仍然可放置穩當。典型的黑陶杯傳世不多，黑陶杯是大汶口文化陶器製作技術和酒文化發展的集中體現。

❸ · 膳食分配方式的變化

在大汶口文化初期母系氏族社會時，由氏族首領——老祖母來主持勞動成果（食物等）的公平分配，至大汶口文化的中晚期，從大汶口墓地可以看出已經「沒發現男女分別多人集體埋葬的現象，有的只是男女分別單獨埋葬，或成對男女合

1　山東考古研究所：《山東莒縣陵陽河大汶口文化墓葬發掘簡報》，《史前研究》，1987年第3期。

葬。」[1]說明當時母系氏族的葬俗已經完全消失，父權制開始確立。並且，在族群中已開始出現貧富差別。男性在生產勞動、狩獵以及在戰爭中逐漸居於主導地位，在氏族中的地位漸次提高，因此獲取的食物比女子多一些。氏族的領導權最終發生了變化，男性取代了女性對氏族公社的領導地位，從而使膳食的分配方式隨之變化。

父權制和私有制產生、一夫一妻制的小家庭確立，使大汶口文化中期以後的膳食制度由集體共食變成以家庭為單位的膳食。為了提高家庭生活水平，大汶口的先民對改善家庭飲食狀況有了更強烈的願望，這有利於促進生產和飲食文化的發展。考古發現，大汶口文化早期至中晚期的飲食逐漸豐富、數量增多，而且出現了剩餘食物。

在王因大汶口墓葬中發現，當時參與掩埋遺體的人們有意在掩埋用的黃土中摻入一定比例的紅燒土細渣，此為當時的一個突出特點。有極少數墓葬主人身下有植物根莖或葉片鋪墊，或身上覆蓋，此為少見的特殊葬俗。[2]從人類學的角度分析，很有可能是當時的人們已開始將植物性食料作為他用，比如用作遮體的衣服等。此外，我們還可以看出，在一夫一妻（或多妻）的家庭中，男女的飲食和生活習慣逐漸產生變化：形成男尊女卑的觀念，丈夫成為家庭的主人，妻妾成為丈夫的附屬物。因而在家庭的食物分配中，也肯定存在著不平等現象。在美洲民族志的資料中曾介紹易洛魁人不平等的食俗。在他們父權制的家庭中：「女人們必須尊敬地對待自己的丈夫，她們必須把丈夫看成是地位高尚的人。因此，妻子不能在丈夫面前吃飯；男人有獨自吃飯的特權，他吃剩下的，再由女人和小孩吃。」[3]※根據出土墓葬的資料判斷，在本地區大汶口文化晚期，以家庭為單位的飲食習俗中，可能也出現了與美洲易洛魁人相似的飲食習俗。

1　安作璋主編：《山東通史・先秦卷》，山東人民出版社，1993年，第32-35頁。

2　中國社會科學院考古研究所編著：《山東王因——新石器時代遺址發掘報告》，科學出版社，2000年，第294-305頁。

3　《美洲史》，第178頁。轉引自王仁湘：《中國史前飲食史》，青島出版社，1997年，第132-133頁。

第三節　龍山文化的飲食風貌

一、農作物種類增多

一九二八年，首次在山東濟南歷城縣（今屬章丘）龍山鎮的城子崖村發現了一批古文化遺址，後經兩次挖掘，共發掘面積一點五萬平方米。由於出土的陶器群以精美的磨光黑陶為其顯著特徵，與已知的陝西仰韶文化彩陶的特徵是全然不同的嶄新文化形態，故被命名為「黑陶文化」，以區別於黃河中游的仰韶文化（即「彩陶文化」）。因「黑陶文化」最早發現於龍山鎮，按照對古文化命名的原則，亦名為「龍山文化」。年代約相當於西元前二五〇〇年至西元前二千年。之後的七十多年，在黃河下游地區發現的龍山文化遺址多達幾百處，其遺址分布很廣，遍及山東省及淮北、蘇北地區，[1]諸如章丘城子崖、壽光邊線王、濰坊姚官莊、諸城呈子、膠州三

▲圖2-23 龍山文化炭化葡萄種子，滕州莊里西出土[2]

1　安作璋主編：《山東通史‧史前卷》，山東人民出版社，1994年，第61-62頁。

里河、棲霞楊家圈、日照兩城鎮、東海峪、堯王城、泗水尹家城、兗州西吳寺、茌平尚莊等。據考古發現，龍山文化的陶器所刻鳥形圖案與大汶口晚期遺址陶器相似，證明龍山文化與大汶口文化存在著繼承性和一致性。龍山文化時期，黃河下游地區的手工業有所發展，銅器開始出現，陶器製造業中多使用轉輪製坯，製陶工藝更加精細。另外，在長島縣出土的「蛋殼」黑陶與幾百公里外的濰坊姚官莊黑陶幾乎一樣，可見當時已經出現了地區之間的商品交換，經濟和文化交流有所加強。

農業方面有很大的發展，其重要標誌是農作物的種類增多。考古發現當時的農作物有：黍、稷、粟、稻、麻等。當時大麻也是糧食作物之一，水稻在龍山文化時期已成為本地區重要的栽培作物[2]，考古工作者先後在山東棲霞楊家圈、日照堯王城、滕州莊裡西等龍山文化遺址中，都發現了炭化的稻米或稻殼的印痕。[3]山東棲霞楊家圈為北緯37度15分，是已知史前栽培稻的最北界線。以上發現，證明新石器時代在黃河下游已有稻的栽培。[4]一九九七年七月，在山東臨淄田旺村龍山文化遺址發掘的龍山文化灰坑中，發現了水稻植物的硅酸體，其中可鑒定為稻屬的硅酸體有三種類型，從而確定該出土遺址為一處稻穀加工場所。[5]該發現是我國史前農業考古成果中又一重大突破。另外，還從各個遺址當中發現了許多水果的果核遺存，比如黃河下游地區史前遺址中發現了葡萄屬的種子遺存，其種類可能是野葡萄，其出土地區為山東日照市兩城鎮遺址。隨之出土的陶器內壁上發現有酒的殘留物，通過檢測是蜂蠟碳氫化合物，說明當時人們懂得用稻米、蜂蜜和野葡萄為原料釀造混合酒。[6]根據最新的植物考古學發現，中國除新疆和青海等地尚未發現野生葡萄外，其他各省都有野生葡萄的遺跡。

1　何德亮、張雲：《山東史前居民飲食生活的初步考察》，《東方博物》，2006年第2期，第56頁。

2　山東社科院考古所：《山東棲霞楊家圈遺址的發掘簡報》，《史前研究》，1984年第3期。

3　中國社科院考古所：《堯王城遺址第二次發掘有重要發現》，《中國文物報》，1994年1月23日第1版。

4　劉延長：《滕州莊裡西遺址考古發掘獲重要成果》，《中國文物報》，1996年2月28日第1版。

5　靳桂雲、呂厚遠、魏成敏：《山東臨淄田旺龍山文化遺址植物硅酸體研究》，《考古》，1999年第2期，第178-183頁。

6　泰永州：《山東社會風俗史》，山東人民出版社，2011年，第68頁。

二、生產工具和飲食器具製作更為精細

龍山文化與大汶口文化之間有著承接的關係。在這個時期農具種類更多，功能更強，加工也更為精細。在膠州三里河龍山文化遺址出土的石製農具有斧、錛、鏟、刀、鉞等共107件[1]，而石製農具中有扁平穿孔石斧、雙孔半月形或長條形石刀、石鐮等器型，均經仔細的通體打磨；此外，出土有許多蚌鏟、蚌刀、帶齒的蚌鐮、骨製鏟等農具，以及大量的木製農具。農具製作材料和類型的增多說明當時農作物栽培面積的擴大。為收穫更多的糧食，農業生產工具的細化得到了進一步的促進，飲食文化亦得到了進一步的發展。

龍山文化出土的隨葬品，其製作風格、技藝水平，都明顯高於大汶口文化時期的同類物品，有些物品已達到相當高的藝術水平。出土的許多精細的石錛、石鑿、石鉞、石紡輪、陶紡輪，大量的石鏃，以及大型獸骨製成的帶有鋒利倒鉤的魚鏢、燒製成的陶網墜等，說明當時人們已學會了用野生植物的纖維來紡線、織布做衣穿，能夠用紡線搓繩，編製漁網用來捕魚。反映了當時的漁獵業的水平和規模都達到了較高水平。

龍山文化時期的製陶工藝，已經發展到史前製陶文化的最高階段。出土的飲食

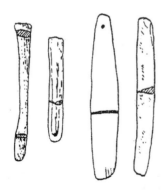

◀圖2-24 石鐮刀的線描圖，實物為
龍山文化出土

1　中國社會科學院考古研究所編著：《膠縣三里河》，文物出版社，1988年，第83-85頁。

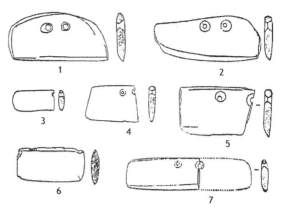

▲圖2-25 龍山文化中各種石鐮刀的正面及側面線描圖，實物為
　　　　山東膠縣出土

器類型有鼎、豆、壺、罐、甕、杯、盂、盆、盒、盤、碗等，其中以罐、鼎、碗、杯的數量最多。造型比大汶口文化時期更為雅緻美觀，薄胎高柄杯的器壁厚度多數不到1毫米，與蛋殼相似，是名副其實的蛋殼陶。其色彩有黑、灰、褐、紅、橘黃、白灰等陶色，非常精美。製陶工藝的過程首先是事先設計陶坯形態、尺寸，然後製坯型，經過仔細透雕並由工匠加以精細鑿磨，其雕坯工藝中的鏤刻技術與磨光工藝技術水平比前代大為提高。後人讚譽蛋殼陶杯為代表的龍山黑陶文化產品為：「黑如漆，明如鏡，薄如紙，堅如瓷。」[1]比如黑陶杯中被稱為「蛋殼陶」的酒杯，即是龍山文化時期高水平的陶製品。

　　龍山文化具有典型代表性的食器有鬹、甗、盂、杯、甑等。

　　鬹，溫酒器。由於史前的酒多是酒精含量較低的釀造酒，混有酒糟，飲用前需現濾，溫熱後方能飲用。這種鬹就是溫酒的專用器具，其口沿上有一個突出的流。流行於龍山文化中晚期的鬹大多是筒腹大袋足，整體造型給人以線條流暢舒緩的感覺。

　　盉，溫酒器。盉的造型與鬹近似，只在於盉的流是管狀的，而鬹的流是不封口的，是敞開式的。當代對於鬹和盉的用途，尚有不同認識。有學者認為用特殊材料

1　安作璋主編：《山東通史・史前卷》，山東人民出版社，1994年，第61-62頁。

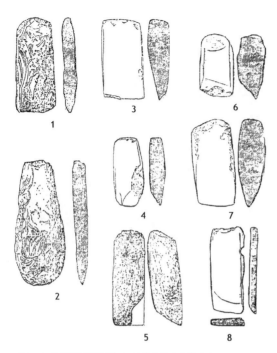

▲圖2-26 各種石器的線描圖，實物為龍山文化出土

1、2 鏟，3、4、5、6 錛，7 斧，8 鉞

燒製的白陶鬹、盉皆是一種用來盛水的容器。

罍，盛酒器。是一種帶蓋的陶器，造型美觀，線條流暢，在肩部安有兩組對稱的貫耳，可用來穿繩以備人提用。

杯，飲用器。出土數量較多，造型多樣。在山東諸城龍山文化遺址出土的酒器，有帶柄的圓筒杯，平底，單側耳。

甗，這是一種大口圓筒容器，造型美觀，高圓筒狀，有兩節，中部束腰，具有三個袋足。

在龍山文化時期大量流行的黑陶酒杯（又名高柄蛋殼杯）即是其中最典型的代表。

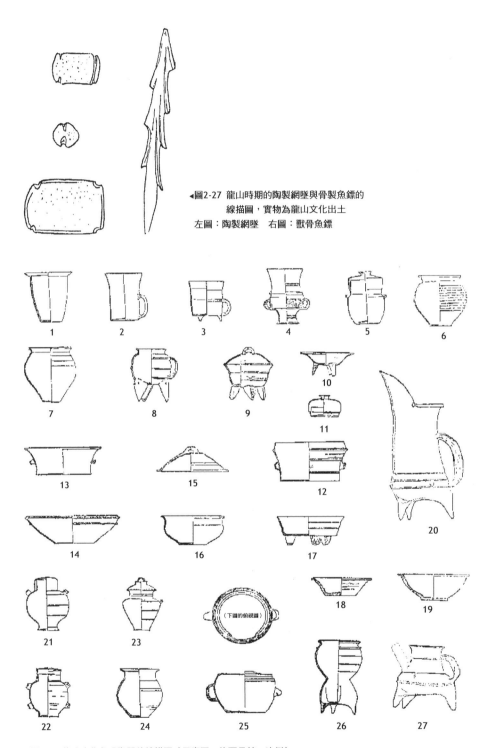

◀圖2-27 龍山時期的陶製網墜與骨製魚鏢的
　　　　線描圖，實物為龍山文化出土
　　左圖：陶製網墜　右圖：獸骨魚鏢

▲圖2-28 龍山文化各式陶器的線描圖（示意圖，均不是統一比例）
1 小缸，2、3 單耳杯，4 雙耳杯，5、6 罐，7 甕，8、9、10 鼎，11、12 盒，
13、14 盆，15 蓋，16 盂，17 三足盤，18 盤，19 碗，20 鬶，21、22、23 罍，
24 尊形罐，25 盆型器皿，26 甑，27 盉

三、禽畜飼養數量增加

考古發掘證明，龍山文化時期家畜飼養有了很大的發展，主要有豬、狗、牛、羊、雞等。飼養數量顯著增加，其中以豬為最。在膠州三里河遺址出土的豬圈中掩埋有五頭完整的幼豬骨架，此外還出土了龍山時期的陶製畜舍模型，長14釐米，高11.5釐米，呈臥式圓倉形，正面有一長方形門，上下有兩個插關，頂部有兩個氣眼，短錐形尾部有一個孔，頂後部也有一個孔，這是一種既能擋風避雨，又能通氣排臭味、還可積肥的豬舍結構。說明人工飼養技術的進步。龍山人圈養豬的技術已脫離了露天柵欄式圈養的原始形式，這種飼養形式能夠更好地保護飼養動物，並獲得更好的飼養回報。[1]

從出土的家養動物遺骸統計數來看：當時狗的遺骸占出土獸骨總數的2.6%，在出土動物遺骸中所占比例較少。似可說明龍山文化時期的人們可能吃狗肉，但在食用飼養動物中的食用量則比較少。在尹家城龍山文化遺存中，曾出土過一件家雞的遺骸，占出土動物總數的0.5%，說明龍山人已經開始飼養家雞。在兗州西吳寺龍山文化遺址和尹家城龍山文化遺址中各發現過黃牛遺骸一具，占該遺址獸骨總數的0.5%到1.5%；僅發現一隻羊的遺骨，占總數的0.5%。

在距今7000年的龍山文化遺址中發現的野生動物主要是鹿科動物，但家豬的個體數與之相比則多很多。山東西吳寺龍山文化層中出土的鹿科動物（麋鹿、梅花鹿、獐子）占動物遺骨數量的34%，而家豬骨數占發現獸骨總數的43%。[2] 也就是說，當時龍山文化食用的肉類以家畜為主，野生動物為輔。說明當時的人們過著定居的生活，農業生產也較發達，顯露出農耕飲食文化的特徵。古人類走過了由流動生活到定居生活的漫長旅程，只有當農業出現並發展後，才能有剩餘糧食，以滿足飼養的需要。

綜上所述，根據現有的考古發現，史前黃河下游地區的人們以植物性穀類食物為主食，前期以粟、黍為主，到了龍山文化時期水稻開始出現，其他諸如小麥、高

1　何德亮：《論山東地區新石器時代的養豬業》，《農業考古》，1986年第1期。
2　盧浩泉：《西吳寺遺址獸骨鑑定報告》，《兗州西吳寺》，文物出版社，1990年。

粱、大豆等也是經常食用的。當時的肉食性來源比較豐富，諸如豬、狗、牛、羊、兔等家畜，輔之以鹿等野生動物，也零星食用野生的蔬菜、水果，但當時是否已形成種植業還有待商榷。同時，由於臨近大海，所以海產類動物諸如魚、蚌、蝦、貝等也能常見於餐桌，可以說，史前黃河下游地區的人們是農業和漁獵並重，該地區飲食文化的雛形逐漸顯露。

第三章　先秦時期

《釋名・釋飲食》曰：「食，殖也，所以自生殖也。」一些地區居民的飲食習慣，除具有民族、階級、時代的差異和生理、心理特徵外，重要的是它們的歷史性和區域性差別，以及社會傳承性、變異性等外因的影響。[1]黃河下游地區的飲食文化在先秦（夏、商、西周、春秋戰國）時期開始形成，並逐漸建立了具有嚴格階層區別的飲食文化，它包括飲食質量、飲食內涵、烹飪方式、飲食器具、飲食理論和膳食禮樂等。這一時期，食物生產模式以農業為主，畜牧業與採集漁獵為輔；食物類型則以糧食、野菜等植物性食物為主，輔以肉、蛋和漁獵產品；同時，逐步形成了以齊國為中心和魯國為中心的兩個飲食文化子區域，食禮與食政的社會功能和價值體系開始盛行，形成了中國古代飲食禮俗標準和代表中華民族飲食文化的孔孟食道。

第一節　飲食原料生產的發展

一、糧食作物的種類和產量有所增加

根據考古發掘證明，夏代東夷族處於龍山文化晚期，承繼了龍山文化時期的飲食風俗，主食為粟、黍以及水稻，[2]大麥與大豆的種植面積比起史前時期範圍擴大，所以先秦時期黃河下游地區依然以粟、黍、稻、菽等糧食作物為主，基本上沿襲了史前時期，不過從品種和產量上來說比史前有所進步。根據《管子・地員篇》記載，當時的黃河下游地區有12個粟品種、12個水稻品種、6個黍品種、2個大豆品種和4個屬類不清的穀品種。[3]可見農業已經十分發達。這是由於先秦時期農業技術水平的提高與農時曆法的合理運用，加之經過堯、舜、禹三個時期的長期治理，黃河水患得以控制，黃河下游地區才獲得長期穩定的農業發展環境。《春秋・

1　趙榮光：《中國飲食史論》，黑龍江科學技術出版社，1990年，第124頁。
2　逄振鎬：《東夷及其史前文化試論》，《歷史研究》，1987年第3期。
3　汪子春、范楚玉：《農學與生物學志》，上海人民出版社，1998年，第67頁。

莊公二十八年》：「大無麥、禾，臧孫辰（文仲）告糴（dí）於齊。」魯國的汶陽田一帶春耕夏收，以種植麥（大、小麥），禾（黍、稷、稻、粱）為生，一年兩熟。

❶ · 粟和黍

粟，早在史前北辛文化時期已經成為黃河下游地區的主要糧食作物，到了先秦時期，由於其產量大，並且適應於黃河下游地區丘陵地帶旱作農業的環境，所以一直為黃河下游地區最主要的食物。不過，根據文獻來看，在先秦時期這樣的變化還是有一個過程的。在夏商時期，從出土的甲骨文上發現粟被稱為「禾」[1]，近代有些古文字學者將甲骨文「禾」字加點或圓圈的字隸為「稷」字，然後從甲骨文中統計出關於「黍」的有106條，而「稷」有36條，於是古文字學家於省吾先生認為，黍、稷在商代（商人為東夷人後裔，其發祥地為今黃河下游地區）為一般人的主食。[2]至於西周時期，我們通過對《詩經》的研究發現，其中涉及「黍」的有19篇、「稷」的有18篇，兩者共出現76次，而《詩經》中所記載的「稷」一般被認為是粟。[3]可見，在這一歷史時期，粟的地位尚不及黍。然而，到了春秋戰國時期，粟的地位就提升了許多，《管子·重令》：「菽粟不足，末生不禁，民必有飢餓之色。」《孟子·盡心章句上》：「聖人治天下，使有菽粟如水火。菽粟如水火，而民焉有不仁者乎？」管子和孟子都是黃河下游地區人士，其文章中將粟與百姓的飢餓聯繫在一起，足見在這一歷史時期粟的重要性。

黍，同樣是先秦時期黃河下游地區重要的糧食作物之一，前面我們已經介紹過甲骨卜辭與先秦文獻中有很多關於黍的記載，故不再贅述。商周時期，飲酒之風十分興盛，黍由於其柔糯、適口性好等特性，經常被作為釀酒的原料，其口味比粟酒更為甘醇。至今，現代社會還有用其來釀酒的傳統工藝。

❷ · 菽

1　陳文華：《中國農業通史·夏商西周春秋卷》，中國農業出版社，2007年，第25頁。

2　於省吾：《商代的穀類作物》，《吉林大學社會科學學報》，1957年第1期。

3　游修齡：《論黍與稷》，《農史研究文集》，中國農業出版社，1999年，第9-28頁。

菽，為豆類總稱，今多稱為大豆。根據考古發現大豆的原產地為我國東北地區，而黃河中下游地區已發現最早的大豆是河南洛陽皂角樹二里頭文化遺址中出土的。《管子‧戒》稱：「（齊桓公）北伐山戎，出冬蔥與戎菽，布之天下。」而《逸周書》中曾提到山戎曾向周成王進貢「戎菽」，那麼我們可以推測，黃河下游地區出現大豆的時期應該不會晚於西周早期；另外，《詩經‧魯頌》中記載「黍稷重穋，植稚菽麥」，而「魯頌」歌頌的是在位於西元前六五九至前六二七年的魯僖公，魯僖公與齊桓公（西元前六八五至前六四三年在位）是差不多同時期的人，那麼我們至少可以推斷大豆差不多是在西周早期傳入黃河下游地區的，而到了齊桓公時期，大豆即已經被推廣種植，而且因其耐旱、高產的特點，到了戰國時期就成為黃河下游地區的主要食物。且《管子‧重令》中曰：「菽粟不足，末生不禁，民必有飢餓之色。」說明了菽與粟是百姓日常所需的食物，故《戰國策‧齊策》中說齊人「無不被繡衣而食菽粟者」，說明先秦時期菽已經成為黃河下游地區的重要食物，且為作為戰略儲備物資進行儲存，以備荒年。

❸ ‧ 麥與稻

麥類是我國最古老的栽培穀物之一。甲骨文和金文中，「麥（麥）」、「來（來）」等字不斷出現，至少可以判斷商周時期，黃河下游地區已經出現了麥類的種植。到了春秋戰國時期，《春秋‧莊公二十八年》記載：「大無麥、禾，臧孫辰告糴於齊。」這就說明當時在黃河下游地區，特別是魯國境內已經有種麥，且麥的產量直接關係到魯國百姓的生計。《十三經注疏》引《周禮‧夏官‧職方氏》曰：「正東曰青州……其畜宜雞狗，其穀宜稻麥。河東曰兗州……其穀宜四種。」這裡的「四種」就是指黍、稷、稻、麥；《漢書‧食貨志》記載：「《春秋》他穀不書，至於麥禾不成，則書之。以此見聖人於五穀最重麥與禾也。」這就充分說明了黃河下游地區的條件非常適宜種麥，且在日常飲食中占有重要地位。

先秦時期，水稻在黃河下游地區亦有所分布，《周禮》當中亦記載了兗州、青州都適合種植水稻，《詩經‧魯頌》亦有「有稷有黍，有稻有秬」。然而因其特性，

其產量顯然有限，所以有《論語》所提及的「食乎稻，衣乎錦，於汝為安乎」一說，則能推斷當時食用稻者為貴族以上的王公大臣，並且食用稻是一種奢侈的享受。

二、蔬果作物的種類很多

先秦時本地區的蔬菜種類很多。諸如水生芹菜，《詩經・魯頌・泮水》有云：「思樂泮水，薄采其芹」；食用瓜類，《左傳・莊公八年》記有：「齊侯使連稱、管至父戍葵丘。瓜時而往，曰：『及瓜而代』。」葵菜，《列女傳・魯漆室女》中曰：「昔晉客舍吾家，繫馬園中。馬佚馳走，踐吾葵，使我終歲不食葵。」另外，《管子・輕重甲》載：「去市三百步者不得樹葵菜」。其中所提及的是管仲為了禁止穀物收穫多的家庭經營菜園，所以禁止離市三百步的近距離種植葵菜，而保證蔬菜的價格。此條史料從一個側面反映出了葵菜的普及性。

與此同時，黃河下游地區已經出現了專門的菜園，被稱為「圃」，《詩經・豳（bīn）風》云：「九月築場圃，十月納禾稼。」到了春秋戰國時期，已經出現了專事種蔬菜的農人和專營水果的果農，《論語・子路》記載：「樊遲請學稼，子曰：『吾不如老農。』請學為圃，曰：『吾不如老圃』。」另外，果品亦廣泛得到重視，

▲圖3-1　「二桃殺三士」畫像磚，山東省嘉祥宋山出土

《管子‧立政》：「六畜育於家，瓜瓠葷菜百果具備，國之富也。」將果品作為國家富有的象徵。這個時期種植的果品有桃、梅、杏、李、海棠、棗、榛子、杜梨、郁梨、山葡萄、木瓜、桑椹、銀杏等。比如「二桃殺三士」[1]、「橘生淮南則為橘，生於淮北則為枳，葉徒相似，其實味不同」等記載皆能佐證。果蔬的豐富在一定程度上推進了黃河下游地區食料品種的多元化，為飲食文化的發展奠定了物質基礎。

三、畜牧與海洋漁獵業趨於成熟

先秦時期，畜牧業已經有了長足的發展。《管子‧輕重戊》中就有夏代時商朝祖先王亥被後人稱頌的記載：「立皂牢，服牛馬，以為民利」。而且他也因進行牛馬交易而被他國國君殺害。這說明了黃河下游地區在先秦時期畜牧業已經非常發達，因為只有在牛馬的數量遠遠超過自身所需的情況下才能進行商品貿易。另外，根據甲骨文的記載可以看到在商代時期先民們已經在馴養馬、牛、羊、犬、兔等動物。

到了春秋戰國時期，畜牧業的發展更加受到重視，管仲在當時的齊國不僅重視糧食的生產，而且還特別注重發展畜牧業。《管子‧立政》：「六畜育於家，瓜瓠葷菜百果具備，國之富也。」大力提倡百姓經營畜牧業。「六畜」是指馬、牛、羊、犬、雞、豬，而這六畜當中，牛羊雞豬為肉食的來源，至於馬與犬，文獻當中並未直接涉及黃河下游地區，故不敢輕易下結論。不過，在黃河下游地區北境的燕國卻有「荊軻食狗肉」的記載，至於是否傳入齊國，在沒有直接的文獻或考古資料證據的情況下則不宜擅斷。另外，當時管仲為了促進畜牧業的發展，還制定了一系列的獎勵辦法，這在《管子‧山權數》中記載得非常詳細，規定齊國對善於養殖牲畜的牧人，給予黃金一斤的獎賞，值糧八石，這種激勵措施無疑在當

---

1 「二桃殺三士」，典出《晏子春秋‧諫下》，其中記春秋時齊景公將兩個桃子賜給三個壯士，讓他們論功而食，導致三人相爭，最終三人都棄桃自殺。本處引此典故，意在說明「桃」是該地的物產。

中國飲食文化史　黃河下游地區卷

40

時產生了極其重要的影響。管仲還針對當時官吏、貴族隨意徵用老百姓牲畜的現象，制定了保護老百姓飼養牲畜的政策。他說：「犧牲不勞，則牛羊育。」其意思是要禁止官吏、貴族隨意徵用牲畜做祭品，以使牛羊等能夠得到迅速生長繁殖。這些利民政策促進了畜牧業的發展，保障了肉食的來源。不過，我們還應注意到的一點是，《左傳》當中記載了諸如「肉食者謀之」「肉食者鄙，未能遠謀」等內容，說明肉食在當時亦只能為上層社會所食用，普通百姓是較少或沒有條件吃到的。

先秦時期，黃河下游地區的漁獵業已初具規模，大部分是野外捕撈，也有海洋漁獵。《管子·禁藏》：「漁人之入海，海深萬仞，就彼逆流，乘危百里，宿夜不出者，利在水也。」戰國時期的《荀子·王制》當中亦提及：「東海則有紫紶、魚鹽焉，然而中國得而衣食之」。此外，還有池塘養魚，《晏子春秋·外篇》中即有晏子治河東時，將「陂池之魚，以利貧民」的記載。

同時，食魚之風也較為興盛。《韓非子·外儲說右下》描寫了社會上層「公孫儀相魯而嗜魚，一國盡爭買魚而獻之」的情形。為保護魚類資源，魯宣公親自下令在魚類繁殖的季節禁捕魚。[1]另外，《國語·魯語》載：「公父文伯飲南宮敬叔酒，以露睹父為客。羞鱉焉，小。睹父怒，相延食鱉，辭曰：『將使鱉長而後食之。』遂出。文伯之母聞之，怒曰：『吾聞之先子曰：「祭養屍，饗養上賓。」鱉於何有？而使夫人怒也！』遂逐之。五日，魯大夫辭而復之。」說明鱉已成為奢侈飲食而出現在士大夫的飲筵中。

先秦時期黃河下游地區的沿海飲食文化，在承襲史前社會時期的特點上繼續鞏固和發展，並且逐漸形成了其獨有的飲食特色。先秦文獻在記述黃河下游地區沿海飲食總是以「海」來標明其不同之處，如《尚書·禹貢》說：「海岱惟青州⋯⋯厥貢鹽絺，海物惟錯。」《內經素問·異法方宜論》認為東方之地「其民食魚而嗜鹹」，《屍子》記述夏桀、商紂尋求天下美食的「珍怪遠味」，必「南海之

---

1 丁守和等主編：《中國歷代奏議大典·先秦卷》，哈爾濱出版社，1994年，第203頁。

薑、北海之鹽、西海之菁、東海之鯨」，《呂氏春秋‧本味篇》記載了「魚之美者」是「東海之鮞」。這些資料都證明沿海飲食文化已較為成熟，並為其他區域所熟識，成為黃河下游地區的飲食特點，是黃河下游地區社會生活層面的重要特徵之一。

第二節　食物加工技術的進步

一、主食形態增多

先秦時期，隨著食物加工技術的進步，石磨盤、磨棒雖然得以發展，但是穀物脫殼用杵臼舂搗的加工方法使脫殼率和出米率還是比較低。所謂出米率低，主要是指脫出的完整米粒比重小，加工出的米時常伴有未脫盡殼的穀。這一歷史時期還出現了「耞（jiā）」一類的加工工具，《國語‧齊語》記載：「今農夫群萃而州處，察其四時，權節其用，耒耜耞芟（shān）。」耞者，就是在長木棍的一端繫上一根短木棍，利用短木棍的回轉連續撲打穀穗使之脫粒。[1] 這樣的一種方式能提高穀穗的脫穀率。產量的增加提升了食料來源的數量，推動了不同的主食加工形態的出現。

先秦時期，主食的形態主要有四種。《周禮‧天官‧籩（biān）人》：「羞籩之實：糗（qiǔ）、餌、粉、餈。」鄭玄云：「糗，熬大豆與米也。粉，豆屑也。餈，謂乾餌餅之也。」鄭玄謂：餌與餈「此二物皆粉稻米、黍米所為也，合蒸為餌，餅之曰餈。糗者，搗粉熬大豆，為餌餈之黏著，以粉之耳。餌言糗，餈言粉，互相足」。《詩經‧大雅‧公劉》中「糗」被稱作「乃裹餱（hóu）糧」，就是由穀物炒成的乾糧，通常作為商人或是行軍打仗的方便食糧。其製作方法為：「糗，搗熬穀也。

1　俞為潔：《中國食料史》，上海古籍出版社，2011年，第76頁。

中國飲食文化史　黃河下游地區卷

謂米麥使熟，又擣之以粉也。」[1] 即將其成飯之後磨成粉，便於攜帶和久貯，口感亦可，食用時用開水沖調。可見當時在黃河下游地區，粉食已較為普遍。

「餌」與「糍」都是由穀物蒸製成的一種糕點，其原料為稻米或黍米，根據《周禮・天官・籩人》鄭玄《注》，餌與糍是兩種麵點。然而，揚雄《方言》卻記載：「餌謂之為糕，或謂之糍。」東漢劉熙《釋名》稱：「餌。而也，相黏而也。」這兩則文獻又說明餌和糍是一類食物。通過兩種不同解釋來判斷，鄭玄是根據其烹飪的樣式來判斷其為同一種食物，只是以蒸熟大豆擣粉曬乾，裹在糍的外表；而揚雄和劉熙是根據其是否黏來判斷。兩個解釋的共同點就是在這一歷史時期，黃河下游地區對糧食作物經過浸泡、熬煮、舂擣後，都可以蒸製成糕餅狀的主食。

先秦時期，黃河下游地區對所有的麵食有一種泛稱，就是「餅」。《墨子・耕柱》有「見人之作餅」之句，餅食，亦是穀物經磨粉製成的，這段文字可以說是麵粉製餅食的最早文字記載。另外，根據考古發掘，在山東滕州薛城的春秋遺址墓葬中發現了包餡麵食。在出土的銅製容器中，盛放著個體為三角形的食物，邊長四至五釐米，內包有屑狀的餡料。有學者認為這些食物應是餃子或餛飩類的包餡麵製食品，[2] 也是迄今發現的最早包餡麵食。

酏（yǐ）食和糝（sǎn）食在西周時期的黃河下游地區就已出現，《周禮・天官・醢人》中記載：「羞豆之實，酏食、糝食」。其中，東漢鄭玄《注》：「酏食，以酒酏為餅。」唐代賈公彥進一步解釋說：「以酒酏為餅，若今起膠餅。」酏，一是指用黍米作原料釀製的酒或甜酒，二是指清粥。那麼，「酏食」應該是粥或是脫水後的乾飯這兩種主食形式，其原料應為黍米或稻米。然而，鄭玄所解釋的「以酒酏為餅」的「餅」，是他所在的東漢時期已出現的以酒酵而成的麵食，並非西周時期的「酏食」。而賈公彥的進一步解釋更是對鄭玄誤解的解釋，認為「膠餅」即是「酒酏」

1　「峙乃糗糧，無敢不逮。」詳見《尚書・費誓》孔穎達疏引與鄭玄注，上海古籍出版社，2004年。
2　邱龐同：《中國麵點史》，青島出版社，1995年，第9-10頁。

之餅。因為在唐代，酏食是以酒酏發麵蒸熟成餅的麵食，有如現今「餅」的樣式。綜上所述，我們可知「酏食」在西周時期是以稻米或是黍米為原料的粥食，並非發酵的麵餅。「糝食」是用肉丁和米粉合製成的坯料，經過油煎熟製而成的一種特別味美的油煎麵製食品。成書於西元六世紀初的《齊民要術》中對其進行了詳細的記載，可見其歷史悠久。

二、醬文化特點的形成

先秦時期，黃河下游地區的醬並非是用大豆作為原料的，而是用魚、肉類經過醃製、發酵的調味食品，被稱為醢（xī）和醢。醯是用粥和酒兩種原料製作的調料，而醢則是用小型的罈子類器皿盛裝的發酵的肉醬。《晏子春秋》中就有明確記載：「和如羹焉，水、火、醢、醢、鹽梅，以烹魚肉，燀之以薪，宰夫和之，齊之以味。」充分證明了當時在黃河下游地區已經用醯、醢來作為調味料，而這兩者都離不開鹽，這與黃河下游地區具有較為悠久的製鹽歷史有關。《管子‧地數》有云：「齊有渠展之鹽，燕有遼東之煮。」地處濱海之地的黃河下游地區，商周時期「煮海為鹽」已漸成規模，如在東營市南望參遺址發現有東周時期的鹽以及製鹽器物遺址群，廣饒東北部有東北塢與南河崖商周鹽業遺址群，其中有包括滷水溝、刮鹵灘場、淋鹵坑、灶等製鹽遺址及工具。另外，《尚書‧禹貢》《史記‧齊太公世家》中都有關於黃河下游地區製鹽歷史的記載。

醯，一般是指酸味調料，亦指少鹽的醬。《周禮‧天官‧醯人》：「醯人，掌共五齊七菹（zū）凡醯物。以供祭祀之齊菹。凡醯醬之物，賓客，亦如之。王舉，則共齊菹醯物六十甕，共後及世子之醬齊菹，賓客之禮，共醯五十甕。凡事，共醯。」可見，醯在先秦時期是非常重要的調味品。另外，《儀禮‧公食大夫禮》：「宰夫自東方授醯醬。」亦可說明黃河下游地區的醯是士大夫以上階層的重要調味品。醢經

過不斷演化，最遲到了漢朝時期就成了現今的醋。[1]據此推斷，在先秦時期的黃河下游地區除重鹹味外，還流行著酸味調味品，並且在人們日常生活中的地位更重於醬。

醯，是醃製發酵的調味料，口味偏鹹。《周禮‧天官‧醯人》：「醯人掌四豆之實，朝事之豆。其實韭菹、醓（tǎn）醢、昌本、麋臡（ní）、茆（máo）菹、麋臡。饋食之豆，其實葵菹、蠃（luǒ）醢、脾析、蠯（pí）醢、蜃、蚔（chí）醢、豚拍、魚醢。加豆之食，芹菹、兔醢、深蒲、醓醢、箈菹、雁醢、筍菹、魚醢。羞豆之食，酏食、糝食。凡祭祀，共薦羞之豆實。賓客喪紀，亦如之。為王及後世子，共其內羞。王舉，則共醢六十甕，以五齊、七醢、七菹、三臡實之。賓客之禮，共醢五十甕，凡事共醢。」對此，作為北海高密人的經學大師鄭玄有比較明確的解釋：「醢，肉汁也；昌本，菖蒲根切之四寸為菹。三臡，亦醢也。」上述各種醢，都是以主料得名。比如「醓醢」是味鹹而略酸的肉汁醬、「蠃醢」是一種細腰蜂製成的醬、「蠯醢」是一種狹長形蚌肉製成的醬、「蚔醢」是利用蟻卵製成的醬、「魚醢」即魚肉醬、「兔醢」即兔肉醬、「雁醢」即雁肉醬。另外，還有以植物為原料製成鹹而呈酸的醢，比如菖蒲根（昌本）、韭菜、茆（一種可食性茅草）、葵、芹、嫩香蒲、嫩筍（箈，tái）等。這些主料分別加上米飯（助酵、生味、口感柔潤）、麴（助酵、生味）、鹽（抑制發酵、生味）、酒（控制發酵、生味、增香）等輔料，適當處理、合理儲存之後，就可以得到風味不相同的理想的醢了。正如鄭玄所說的：「作醢及臡者，必先膊乾其肉乃後莝之，雜以粱、麴及鹽，漬以美酒，塗置瓶中百日則成矣。」[2]

醬，在這一歷史時期被看作祭祀的重要祭品，《論語‧鄉黨》中即認為祭祀等鄭重的禮食場合應該「不得其醬不食」，從歷史文化的角度來說，這句話包含有如下四個不同層面的意義：

1　俞為潔：《中國食料史》，上海古籍出版社，2011年，第85頁。
2　趙榮光：《中國醬的起源、品種、工藝與醬文化流變考述》，《飲食文化研究》（香港），2004年第4期。

第一，「不得其醬不食」是孔子時代祭祀食禮的制度要求；

第二，「不得其醬不食」的祭祀食禮制度是三代時期慣制禮俗，至少是周代祭祀食禮的規範禮俗；

第三，這一規範禮俗以三代時期人們普遍的生活常識為社會基礎；

第四，孔子所處的時代是「禮崩樂壞」的新舊制度更替之時，強調祭祀禮俗制度具有堅持傳統禮俗的必要性。

於是，我們可以證明黃河下游地區至少在春秋時期，已經形成了具有文化特點的醬文化，這樣的醬文化深深影響到了後世黃河下游地區對於醬的使用，通過魏晉時期的《齊民要術》對醬的廣泛記載而得以證實。

三、「周八珍」中體現的烹飪技術

周代八珍歷來有多種說法。珍，指食物珍用八物也，數字「八」是泛指概念，而非只有八種食物類型。《周禮·天官·膳夫》中記載，周代八珍有：淳熬、淳母、炮豚、炮牂（zāng）、搗珍、漬、熬、肝膋（liáo）。《禮記》中的八珍是養老之物，屬於中上層社會的飲食生活內容，其中固然會包括王室的飲食。另外，從「八珍」的記載中，我們可以判斷出當時已經出現了煎、炮、燉、烹、醃、烘、烤等烹飪技術。

黃河下游地區的魯國是有週一代宗周和洛邑以外保存周文化最多的文化中心[1]，《禮記》《春秋左傳》中都有「周禮盡在魯」的記載，可以推斷魯國公室的飲食與食禮幾乎為周王室的翻版。所以，有理由相信「八珍」在先秦時期魯國的中上層社會中有存在的社會基礎，茲將相傳的八珍記錄於下：

淳熬，《禮記·內則》解釋：「淳熬，煎醢加於陸稻上，沃之以膏。」醢就是肉

---

1 孟祥才、胡新生著：《齊魯思想文化——從地域文化到主流文化》，山東大學出版社，2002年，第88頁。

中國飲食文化史　■　黃河下游地區卷

46

醬。把肉醬蓋在糯米做的飯上，澆入動物脂油。

淳母，《禮記‧內則》解釋：「淳母，煎醢加於黍食上，沃之以膏。」同淳熬類似，只是淳母是把肉醬澆於穀米飯上。

炮豚、泡牂（羊），就是在火上烘烤渾豬、渾羊。《禮記‧內則》解說：「炮，取豚若將（應該為牂——母羊），刲之刳之，實棗於腹中，編萑（huán）以苴（jū）之，涂之以謹涂。炮之，涂皆乾，擘之。濯（zhuó）手以摩之，卻其皽（zhāo），為稻粉糔（xiǔ）溲之以為酏，以付豚。煎諸膏，膏必滅之。巨鑊湯，以小鼎薌鋪於其中，使其湯毋滅鼎，三日三夜毋絕火，而後調之以醯醢。」《禮記》中所記炮法，就是宰殺小豬與肥羊後，去臟器，填棗於肚中，用草繩捆紮，塗以黏泥在火中燒烤。烤乾黏泥後，掰去乾泥，將表皮一層薄膜揭去。再用稻米粉調成糊狀，敷在豬羊身上。然後，在小鼎內放油沒豬羊煎熬，鼎內放香草，小鼎又放在裝湯水的大鼎之中。大鼎內的湯不能沸進小鼎。如此三天三夜不斷火，大鼎內的湯與小鼎內的油同沸。三天后，鼎內豬羊酥透，蘸以醋和肉醬。

搗珍，就是取牛、羊、豬、鹿、獐等食草類動物的裡脊肉，反覆捶打，去其筋腱，搗成肉茸。《禮記‧內則》曰：「搗珍，取牛羊麋鹿麇（jūn）之肉，必脄（méi），每物與牛若一，捶，反側之，去其餌，熟，出之，去其皽，柔其肉。」意思是將這些動物的裡脊肉反覆搗捶，烹熟之後再除去筋膜，加醋和肉醬調和。

漬，《禮記‧內則》曰：「漬，取牛肉必新殺者，薄切之，必絕其理，湛諸美酒，期朝而食之，以醢著醷、醢。」新鮮牛肉，橫向紋切成薄片，在好酒中浸泡一天，用肉醬、梅漿、醋調和後食用。醷即梅漿。

熬，《禮記‧內則》曰：「捶之去其皽，編萑，布牛肉焉。屑桂與薑，以灑諸上而鹽之，乾而食之。施羊亦如之。施麇、施鹿、施麋，皆如牛羊。欲濡肉，則釋而煎之以醢。欲乾肉，則捶而食之。」意思是：將生肉搗捶，除去筋膜，攤放在蘆草編的蓆子上，把薑和桂皮撒在上面，用鹽醃後曬乾了就可以吃。想吃帶汁的，就用水把它潤開，加肉醬煎。想吃乾肉，就搗捶軟後再吃。

肝膋，《禮記‧內則》曰：「取狗肝一，幪之以其膋，濡炙之，舉燋其膋，不蓼

（liǎo）。」取一個狗肝，用狗網油覆蓋，架在火上燒烤。等濕油烤乾，吃時不蓼。蓼就是水蓼，當時用以佐食。「取稻米舉糔溲之，小切狼臅膏，以與稻米為酏。」以水調和稻米粉，加小塊狼脯脂油，熬成稠粥。

除此八珍之外，另有一種烹飪方法——糝。《禮記・內則》曰：「糝，取牛羊豕之肉，三如一，小切之，與稻米。稻米二肉一，合以為餌，煎之。」將牛、羊、豬肉三等分。兩份稻米粉一份肉合成餅，入油煎。另外，還有一種是膾，即指將肉切後生食的肴。為使生肉儘可能除葷腥，須將肉切得薄、細些，以便於調味和咀嚼消化。

從以上這些豐富的烹飪方法中，我們看到先秦時期黃河下游地區烹飪技術的長足發展。

四、飲食器具的社會象徵

飲食器具在一定程度上是某一地區或文化圈的飲食禮俗、飲食習慣等飲食文化現象的重要體現。先秦時期，黃河下游地區飲食器具是從陶器時代轉換為陶器與青銅器並用的時代，不過值得注意的是青銅食器大部分只有貴族階層才能使用。從考古發掘來看，黃河下游地區青銅食器的使用是從商代開始，山東長清縣就多次發現諸如鼎、爵、豆、斗等青銅器。[1] 從中我們可以推斷，青銅食器的出現說明了食生產和食生活中的階級差異性開始顯現。特別是春秋戰國時期齊國與魯國的陪葬墓，諸如臨朐（qú）揚善春秋墓、山東莒南縣大店鎮春秋晚期大墓、煙台紀國墓等都出土了青銅鼎，以及壺、罐、簋、豆等。其中大多數青銅炊具都是用來蒸煮使用的，而且多用作陪葬，說明鼎的數量多少關乎墓主人的身分，也說明鼎從飲食器演變成為政治象徵或是社會地位的象徵。《左傳・成公二年》曰：「信以守器，器以藏禮。」亦說明了青銅飲食器已經從商代時期的普通食器變成了春秋戰國時期禮樂制度中的

1　山東省博物館：《山東長清出土的青銅器》，《文物》，1964年第4期。

▲圖3-2 商代青銅甗，山東高堯遺址出土　　　▲圖3-3 西周晚期青銅簋（山東博物館藏）

重要器具，是貴族與權勢的象徵。

　　此時，陶器依然廣泛使用。在山東魯故城遺址發掘中，即發現製陶作坊三處、古墓葬多處，出土隨葬陶器165件。器物種類有鬲、簋、平底罐、圓底罐、罍、豆、蓋豆、平底壺、鉢、尊、盂、鼎、甗、厄等，多以轉輪製作，不少器件造型優美規整。到了春秋晚期，陶器多彩繪，又增添了許多膳食與祭祀用的種類，這些飲食器具大部分都是用於蒸的炊具。

第三節　進食方式的演進

一、手食方式的遺存

　　手抓食物進食是原始時代遺留下來的傳統，先秦時期，黃河下游地區的人們仍有沿襲。《禮記・典禮上》云：「共食不飽，共飯不澤手，毋摶飯，毋放飯。」鄭玄《注》：「為汗手不潔也。澤，謂挼莎也。」孔穎達《疏》云：「共飯不澤手者，亦是共器盛飯也。澤謂光澤也。古之禮，飯不用箸，但用手，既與人共飯，手宜潔淨，不得臨食挼始莎手乃食，恐為人穢也。」所謂「挼莎」，就是揉搓雙手，這樣容易引

起手上出汗，然後抓取飯食是不衛生的。可見，當時黃河下游地區流行大家在一起進食，此時不可只顧自己吃飯。如果和大家一起吃飯，就要注意手的清潔，不要用手搓飯糰，不要把多餘的飯放進盛飯的器具中。這說明當時還存在著以手抓取食物的進食方式，並注意飲食衛生。

二、餐匙進食的普及

先秦時期，雖然存在手食方式，但已不再是主要進食方式，餐匙、餐叉作為進食方式開始普及。餐匙的出現是為了與黃河下游地區的農耕和定居生活相適應而產生的進食方式。

黃河下游地區的餐匙在承襲史前文明形態的基礎上，開始在形狀和質料方面起了變化，匕形餐匙開始退出餐桌，勺形餐匙逐漸大量流行起來。商周時期，匕的製作材料主要是青銅、木材、獸骨等。匕的用途在古文獻中多有記載，它可以用來舀飯，也可以用來舀羹、舀湯、舀牲體、舀糧食等。《儀禮‧少牢饋食禮》鄭玄《注》：「匕所以匕黍稷。」由於匕的功用不同，其大小、長短也不一樣。王仁湘先生對此曾作過專門考證，他認為周代的匕有飯匕、挑匕、牲匕、疏匕四種，形狀相類，大小有別。對於這些匕的作用，容庚先生以為可分為三種，即載鼎實、別出牲體、匕黍稷；陳夢家先生則歸納為兩種，即牲匕和飯匕。所謂挑匕、牲匕和疏匕，都屬大匕，是祭祀或賓客時，由鼎中鑊中出肉於俎所用。這些匕較大，它們都鑄成尖勺狀，主要是為了匕肉方便。飯匕是較小的匕，是直接用於進食的。大約從戰國中晚期開始，隨著周代禮制的崩潰，大匕漸漸消失。直接進食的小匕也向著更加輕便實用的方向發展。

西周以後，黃河下游地區的匕逐漸向圓勺形發展，可舀流質食物，古人也用它從盛酒器中挹取酒，然後注入飲酒器中。但這種用於挹取酒水的匕，比一般的飯匕容量要大，有些可容一升，如《考工記》云：「梓人為飲器，勺一升。」考古發現，西周以來的匕也常與鼎、鬲和酒器同出。

三、箸食的出現

先秦時期，黃河下游地區開始出現箸食的方式。按照現今的理解，箸就是筷子，然而筷子之名始於明代。明代李豫亨《推篷寤語》中說：「世有誤惡字而呼為美字者，如立箸諱滯，呼為快子，今因流傳之久，至有士大夫間，亦呼箸為快子者，忘其始也。」這都是因為箸字音接近「滯」「住」字，所以反其意而稱之「快」，後來又因快子多為竹製，又加上竹頭。不過在當時還是以「箸」為名。《韓非子・喻老》記載：「昔者，紂為象箸而箕子怖。以為象箸必不加於土，必將犀玉之杯，象箸玉杯必不羹菽藿。」根據考古發現，最早的銅箸出土於殷墟的一座墓葬之中，而殷商的祖先即為黃河下游地區的東夷人。不過根據陳夢家先生考證認為「箸」是一種烹調用具，而類似於如今的筷子應該是在春秋時期出現的。若以此說，先秦時期箸的使用反而不如匕普遍，不過箸食的出現說明黃河下游地區是中華飲食文明早期的發源地，而且對於中華飲食文明起著至關重要的作用。

四、席地而食

一定生態環境下的文化創造和發展決定著人們飲食方式的狀況，飲食方式的狀況又與其創造力和生產水平有關。先秦時期，黃河下游地區的人們習慣於席地而坐、席地而食，或憑俎案而食的方式就符合當時生產力發展的水平。甲骨文中有𗀞[1]字即「饗」字，像二人相對跪坐就食形，二人中間𗀞的形狀就像簋中滿盛食物，還有𗀞字即「即」字，像一人跪坐就食形。在新石器時代，所謂席地而坐，實際上就是坐在地上。當時人們建造住房時，為了室內乾燥舒適，就把泥土的地面先用火焙烤，或是鋪築堅硬的「白灰面」，同時在上面鋪墊獸皮或植物枝葉的編織物。這些鋪墊的東西，就是「席」的前身，當時人們飲食生活中常用的陶製器具都是放在地

1　羅振玉：《殷虛書契前編》肆（二一），1913年。

進入殷商時期以後，隨著生產力的發展，工藝技術水平的提高，人們日常生活面貌發生了一些變化。在室內用具上，席的使用已十分普及，並成為古代禮制的一個規範。當時無論是王府還是貧苦人家，室內都鋪席，但席的種類卻有區別。貴族之家除用竹、葦織席外，還有的鋪蘭席、桂席、蘇熏席等，王公之家則鋪用更華貴的象牙席，工藝技巧已十分高超。鋪席多少也有講究。西周禮制規定天子用席五重，諸侯三重，大夫兩重。且這些席的種類、花紋色彩均不相同，《周禮·春官·司幾筵》云：「掌五幾、五席之名物，辨其用與其位。凡大朝覲、大饗射，凡封國、命諸侯，王位設黼依，依前南鄉，設莞筵、紛純，加繅席、畫純，加次席、黼純。左右玉幾，祀先王，昨席亦如之。諸侯祭祀席，蒲筵，繢純，加莞席、紛純。右雕幾。昨席，莞筵紛純，加繅席畫純。筵國賓於牖前，亦如之，右彤幾。」這就告訴我們，司幾筵之職，掌管五幾、五席的名稱和種類，辨明它們的用途和陳放的位置。凡有大朝覲禮、大饗射禮、封建邦國、策命諸侯的時候，王者的席位必須擺設繡有黑白斧形的屏風。在屏風前，面向南方鋪設用莞草編織的蓆子，用白組縫作邊緣。上面再鋪以云氣紋飾為邊緣的五彩蒲蓆，之上再鋪邊緣為黑白相間的桃枝竹蓆。屏風左右擺設玉幾。祭祀先王的醉席也是如此。諸侯祭祀的席位是，下面鋪設以赤組為邊、用薄草編織的蓆子，上面加上以白組為邊緣的莞草蓆，右面擺設雕幾。醉席的席位是下面鋪設以白組為邊緣、莞草編織的蓆子，上面加上繪有雲氣紋飾為邊緣的五彩蒲蓆。宴享賓客也是如此，右面設紅色几案。後來，有關用席的等級意識逐漸淡化，住房內只鋪席一重，稍講究一點的，再在席上鋪一重，謂之「重席」。下面的一塊尺寸較大，稱為「筵」，上面的一塊略小，稱為「席」，合稱為「筵席」。《周禮·春官·司幾筵》鄭玄《注》云：「鋪陳曰筵，籍之曰席。」賈公彥《疏》曰：「凡敷席之法，初在地者一重即謂之筵，重在上者即謂之席。」筵鋪滿整個房間，一塊筵周長為一丈六尺，房間大小用多少筵來計算。席因為鋪在筵上，一般質料比筵也要細些。

黃河下游地區的人們無論是平時進食還是舉行宴會，食品、菜餚都是放在席上

或席前的案上，如一些留存下來的禮器，俎、豆、簋、爵等飲食器，都是直接擺在席上的。另外，蓆子要鋪得有規有矩，所以孔子《論語·鄉黨》則云：「席不正，不坐。」「君賜食，必正席先嘗之。」另外，《墨子·非儒》：「哀公迎孔子，席不端，弗坐。」《晏子春秋·內篇雜上》說：「客退晏子直席而坐。」由此看來，所謂「席不正」，就是蓆子鋪的不端正，不直，歪歪斜斜，或坐席擺的方向不合禮制。席地而食也有一定的禮節。首先，坐席要講席次，即座位的順序，主人或貴賓坐首席，稱「席尊」「席首」，餘者按身分、等級依次而坐，不得錯亂。其次，坐席要有坐姿，要求雙膝著地，臀部壓在後足跟上。若坐席雙方彼此敬仰，就把腰伸直，是謂跪，或謂踞。坐席最忌隨隨便便，《禮記·曲禮上》曰：「坐毋箕。」也就是說，坐時不要兩腿分開平伸向前，上身與腿成直角，形如簸箕，這是一種不拘禮節、很不禮貌的坐姿。

正因為席地而食的飲食習俗，所以先秦時期，黃河下游地區的人們採用的是分食制。

第四節　孔孟食道與飲食禮俗的建立

一、孔孟食道的建立

所謂孔孟食道就是春秋戰國時期，孔子（西元前551-前479年）和孟子（約西元前372-約前289年）兩人的飲食觀點、思想、理論及其食生活實踐所體現的基本風格與原則性傾向。他們在飲食方面都追求以淡泊簡素、勵志標操為特點，以此達到養生並提高人生品位的目標。他們對飲食生活的態度是「君子食無求飽，居無求安」和「君子謀道不謀食」「憂道不憂貧」。孔子認為「養口腹而失道德」的人是「飲食之人」，這種人「則人賤之矣，為其養小以失大也」。孟子堅持正大清白之食與符合禮儀進食的原則。他曾指出：「一簞食，一豆羹，得之

則生，弗得則死，呼爾而與之，行道之人弗受；蹴而與之，乞人不屑也。」孔孟「食德」之主張，反映出當時進步的飲食思想。孔孟食道代代傳流於民間，形成了幾千年來華夏民族所傳承的勤勞節儉、反對浪費、節糧備荒等優良傳統，對我國周邊地區和後代的民食民風產生了深刻影響，成為我國各族人民的寶貴精神財富。

孔子的飲食思想和原則，集中地體現在「食不厭精，膾不厭細。食饐（yì）而餲（ài），魚餒而肉敗不食；色惡不食；臭惡不食；失飪不食；不時不食；割不正不食；不得其醬不食；肉雖多，不使勝食氣；唯酒無量，不及亂；沽酒市脯不食，不撤薑食，不多食；祭於公，不宿肉；祭肉，不出三日，出三日，不食之矣。」[1]這段話的意思是說獻祭的飯要儘可能選用顆粒完整的米來燒，羊豬等牲肉解割得不符祭禮或分配得不合尊卑身分是不能用的，膾要切割得儘可能細些。米飯受潮、魚肉

1　《論語‧鄉黨第十》，阮元：《十三經注疏》，中華書局，1980年。

腐敗、食物色澤異樣、食物出現異味、食物烹飪夾生或過熟皆不能食用，並且不是進餐的正常時間是不可以吃的。在進食祭祀食物時候，如果沒有配置應有的醯醢等醬物，是不能吃的；肉雖多，也不應進食過量，仍應以飯食為主；酒可以不劃一限量，但也要把握住不失禮度的原則；僅釀一夜的酒及市場上買的酒和乾肉都不可以用（慮其不醇正不精潔）；薑雖屬於齋祭進食時的辛而不葷之物，也不應吃得太多；助祭所分得的肉，應不留過夜而於當天頒賜；祭肉不能超過三天（祭日天亮殺牲至賓客持歸於家，肉已經放置了三天），過了三天就不能再吃了（很可能變質）。這則文獻集中體現了孔子對於飲食追求加工、烹製恰到好處，具有適口性的目標，並且講究依時節飲食，強調飲食的衛生與營養，恪守祭禮食規，特別是食不過飽的理論至今具有啟示作用。

與此同時，孔子對於祭祀的食物強調「食不厭精，膾不厭細」，這是與「祭者，薦其時也，薦其敬也，薦其美也，非享味也」[1]相對應的。孔子主張祭祀之食，一要「潔」，二要「美」（美沒有固定標準，應視獻祭者條件而論）；祭祀之心要「誠」；有了潔和誠，才符合祭義的「敬」字。所以他非常讚賞大禹「菲飲食而致孝乎鬼神」[2]的模範榜樣，主張「雖蔬食菜羹瓜祭必齊如也」[3]。這樣就說明了孔子要求人們在準備獻祭食品也要保有溫和恭順的心態，從而更加強調祭祀食物追求的是聖潔之心而不是奢華。《孔子家語》中記錄了孔子「周遊列國」的一段故事。一行人「厄於陳蔡告糴於野人，得米一石」。顏回於破敗的屋下煮飯，「有埃墨墮飯中，顏回取而食之。子貢自井望見之，不悅，以為竊食。」告知孔子。孔子召顏回，說將用此飯進祀先人，顏回忙回答說：「向有埃墨墮飯中，欲置之，則不潔；欲棄之，則可惜。回取而食之，不可祭也。」故事是讚美顏回的品德，也恰好證明了祭品必須潔淨這一要點。

然而，祭祀的食物是一種特殊的飲食文化狀態，它體現的是飲食與祭祀、飲食

1　《春秋穀梁傳・成公十七年》，阮元：《十三經注疏》，中華書局，**1980**年。
2　《論語・泰伯第八》，阮元：《十三經注疏》，中華書局，**1980**年。
3　《論語・鄉黨第十》，阮元：《十三經注疏》，中華書局，**1980**年。

與禮儀之間的關係已經達到了一種高級的飲食文化狀態。就孔子當時所處的生活時代來說，這樣的標準無疑是無法普及的，即便是貴族階層亦無法全部達到。於是，「民之質矣，日用飲食」[1]卻能真正反映先秦時期人們一般食生活和食生產的水準和飲食文化特徵。孔子亦然，而且孔子的一生基本上對飲食是崇尚節儉，「吾少也賤，故多能鄙事。」[2]「飯蔬食飲水，曲肱而枕之。」[3]同時，他信守「君子謀道不謀食」，「憂道不憂貧」[4]的準則，並且做到「君子食無求飽，居無求安」[5]。可見，孔子不貪圖口腹之慾，而追求仁與道的實現。孔子的飲食思想是植根於他對人生意義的深切理解之中的，其飲食生活則嚴格受制於他自我約束修養的規範之中。

孟子在承襲孔子飲食理念的基礎上，系統建立了以「食志—食功—食德」為核心的孔孟食道理論。他主張「非其道，則一簞食不可受於人；如其道，則舜受堯之天下，不以為泰」[6]的「食志」原則，以自己的勞動來換取食物的基本人生準則；同時，又進一步提出「梓匠輪輿，其志將以求食也；君子之為道也，其志亦將以求食與」的「食功」理念，並且在這兩者基礎上提出了吃清白之食與遵循禮儀進食的「食德」。孟子認為飲食禮俗是食德的基本要求，已達到「以禮食，則飢而死；不以禮食，則得食」的要求。

「孔孟食道」是中國飲食文化集大成者，是黃河下游地區飲食文化的重要內涵，是秦漢以降中國飲食思想的指引，至今還深深影響著中國人的食生產和食生活。

1　《毛詩正義・小雅・天保》，阮元：《十三經注疏》，中華書局，1980年。
2　《論語・子罕第九》，阮元：《十三經注疏》，中華書局，1980年。
3　《論語・雍也第六》，阮元：《十三經注疏》，中華書局，1980年。
4　《論語・衛靈公第十五》，阮元：《十三經注疏》，中華書局，1980年。
5　《論語・學而第一》，阮元：《十三經注疏》，中華書局，1980年。
6　《孟子・滕文公章句下》，阮元：《十三經注疏》，中華書局，1980年。

二、中國飲食禮俗的建立

眾所周知，「禮」是我國數千年歷史文化的重要思想內容，具有我國一切文化現象的特徵，禮的內容十分廣泛，凡是有關中國社會的生活習慣、個人的行為規範等都包含在內。我國古代飲食禮俗主要是指飲食活動中成文的制度禮數，它是以人們的飲食習俗為基礎的。中國飲食禮俗從先秦時期即已建立，是在被稱為「周禮盡在魯」的魯國文化為核心的地區建立起來的，輔之以奉行「四維不張，國乃滅亡」[1]的齊國文化，並通過以孔子為代表的儒家思想的指導臻於完善。從一定意義上來說，春秋戰國時期，唯有黃河下游地區的魯國保有了周王室較為完整的禮俗。

❶ · 禮俗產生於飲食

禮以俗為基礎，俗寓於禮之中。飲食是人類生存的基礎，可以說，最早的禮俗是從人們的飲食生活中產生的。《禮記·禮運篇》：「夫禮之初，始諸飲食。其燔黍捭豚，汙尊而抔飲，蕢桴而土鼓，猶若可以致其敬於鬼神。」這是說最原始的禮儀是從飲食行為開始的。《周易·序卦傳》也說：「物畜然後有禮。」

《禮記》中關於「禮」是從人們的飲食習俗中產生的觀點，得到後世許多學者的贊同。近人劉師培在《古政原論》中就認為：「上古之時，禮原於俗。典禮變遷，可以考民風之同異。」李安宅在《儀禮與禮記之社會學的研究》一書中的意見更為明確，他認為：「中國的『禮』字，包括『民風』『民儀』『制度』『儀式』和『政令』等等。根據社會學的研究，一切民風都是起源於人群應付生活條件的努力。某種應付方法顯得有效，即被大夥所自然無意識地採用，變成群眾現象，也就變成民風。等到民風得到群眾自覺地以為那是有關全體之福利的時候，它就變成民儀。直到民儀這東西再加上具體的結構和間架，它就變成制度。」李安宅考查了禮俗產生的過程，得出了禮俗的產生必須要以生活狀況作為依據，這種觀點與《禮記》中關於禮俗產生的觀點基本上是一致的。這些材料也說明：俗先於禮，禮來源於俗。以

1　「四維」出自《管子·牧民》，簡稱為「禮、義、廉、恥」。

禮為俗，則為禮俗。禮俗的產生是以一定的物質條件為基礎的，作為春秋戰國時期黃河下游地區齊文化代表的《管子》中就有「倉稟實而知禮節，衣食足而知榮辱」之句。可見知禮節或禮節較多的民族，都是經濟較為發達，特別是飲食文化較為發達的民族。

❷ · 等級森嚴的飲食禮俗

中國古代人們的飲食，是在一定禮儀規範下的生活事象。因為飲食是禮最外在的表現形式，如同《荀子》所說：「禮者，養也。芻豢（huàn）稻粱，五味調香，所以養口也；椒蘭芬芳，所以養鼻也。」[1]禮主要是通過飲食活動來區別君臣、尊卑、長幼，以實現「講禮於等」（《藝文類聚》）的基本精神，否則就會出現「無禮以定其位之患」。那麼，在飲食上怎樣實現禮所規定的等級區別呢？《周禮·天官·食醫》：「食醫掌和王之六食，六飲、六膳、百羞、百醬、八珍之齊。凡食齊眂（shì）春時，羹齊眂夏時，醬齊眂秋時，飲齊眂冬時。凡和，春多酸，夏多苦，秋多辛，冬多鹹，調以滑甘，凡會膳食之宜，牛宜稌（tú），羊宜黍，豕宜稷，犬宜粱，雁宜麥，魚宜苽，凡君子之食恆放焉。」這段話說明了王侯考究的膳食禮儀，即講究食物的溫熱寒涼，又講究時令所宜，還講究食品搭配。可見當時人們已知曉人體與自然的關係、天人合一的道理。而貧民的日常飯食，則是以豆飯藿羹為主，正如《戰國策·韓策》：「民之所食，大抵豆飯藿（豆葉）羹，一歲不收，民不厭糟糠。」可見，兩個階級在飯食上的區別是很明顯的。

在菜餚的食用上，這種等級區別更為顯著。近年來，考古工作者用碳十三來測定古代墓葬中出土的人體骨骼，發現不同階層的人由於飲食不同，骨骼中的成分也不同，證明了貴族菜餚是以肉類為主，平民菜餚則以蔬菜為主，不同階層的食譜分割極為明顯。這和文獻的記載是相符的，《禮記·禮器》說：「禮有以多為貴者，天子七廟，諸侯五，大夫三，士一。天子之豆二十有六，諸公十有六，諸

1　轉引自宋鎮豪：《夏商社會生活史》，中國社會科學出版社，1994年，第14-18頁。

侯十有二，上大夫八，下大夫六。」我們再比較一下平民的飲食之禮，《禮記‧鄉飲酒義》說：「鄉飲酒之禮，六十者坐，五十者立侍，以聽政役，所以明尊長也。六十者三豆，七十者四豆，八十者五豆，九十者六豆，所以明養老也。民知尊長養老，而後乃能入孝弟。」鄉飲酒是鄉人以時會聚飲酒之禮，在這種宴會上，最為恭敬的長者也只能享受六盤菜的禮，只相當於一個下大夫平日的生活水平，而且平民所享受的這種禮也只是一種表面文章。《史記‧孟嘗君列傳》就曾經記載孟嘗君曾夜食門客，食客中有人誤以為飯菜不等，竟然不食而離，直到孟嘗君追上去端著自己的飯菜讓其驗證，竟然導致這位食客羞愧而自盡。這則材料一則說明當時是分餐制的，另一方面說明黃河下游地區普遍存在著分等級、定尊卑的食禮。

陳設菜餚，也要遵循禮儀的規則。《禮記‧曲禮》中指出，凡是陳設餐食，帶骨的菜餚須放在左邊，切的純肉放在右邊。飲食靠著人的左手方，羹湯放在右手方。細切和燒烤的肉類放遠點，醋和醬類放在近處。蔥等伴料放在旁邊。酒和漿湯放在同一方向。如果另要陳設乾肉、牛脯等物，則彎曲的在左，直的在右。這套程序在《禮記‧少儀》中有詳細的記載，如上魚肴時，如果是燒魚，則以魚尾向著賓客；冬天要將魚肚向著賓客的右方，夏天魚脊向著賓客的右方。凡是用五味調和的菜餚，上菜時要用右手握持，而托捧於左手上。

在用飯過程中，也有一套繁文縟禮，《禮記‧曲禮上》：「侍食於長者，主人親饋，則拜而食；主人不親饋，則不拜而食。共食不飽，共飯不澤手，毋摶飯，毋揚飯，毋流歠，毋吒食，毋齧骨，毋反魚肉，毋投與狗骨。毋固獲，毋揚飯，飯黍毋以箸，毋嚃（tà，大口吞食）羹，毋刺齒，毋歠（chuò）醢，客絮羹，主人辭不能亨。客歠醢，主人辭以窶。濡肉齒決，乾肉不齒決。毋嘬炙。卒食，客自前跪，徹飯齊以授相者，主人興辭於客，然後客坐。」如果是和長者在一起吃飯，更要注意規矩，《禮記‧少儀》云：「燕侍食於君子，則先飯而後已。毋放飯，毋流歠。小飯而亟之，數噍（咀嚼）毋為口容。」與尊長一起吃便飯時，要先奉尊長食，同時要等尊長吃完了才停止；不要落得滿桌是飯，流得滿桌是湯，要小口地吃，快點吞

下，咀嚼要快，不要把飯留在頰間咀嚼。

　　食禮中最為講究的要屬與國君一同進食的揖讓周旋之禮，《禮儀‧玉藻》載：「若賜之食而君客之，則命之祭然後祭；先飯辯嘗羞，飲而俟。若有嘗羞者，則俟君之食，然後食，飯飲而俟。君命之羞，羞近者，命之品嚐之，然後唯所欲。凡嘗遠食，必順近食。」這說明與國君一同進食，通常按共食的禮節由主人先祭，客人後祭，如果君賜臣食，臣可以不祭。君以客禮待臣，臣就要祭了，但也得先奉君命，然後才敢祭，上菜以後，侍食的臣子要代膳宰遍嘗各味，然後停下來喝飲料，等國君先開始後臣子才能吃。要是有膳宰代嘗飲食，就不必品嚐了，等國君開始吃就可以吃。國君請用菜的時候，要先吃近處的菜。請品嚐菜餚的時候，就得一一嘗一點，然後才能依自己的愛好來選食。凡是想吃遠處的東西，必須先由近處的開始，然後才漸及遠處的，這樣可以避免貪多的嫌疑。《禮記‧玉藻》又說：「君未覆手，不敢飧。君既食，又飯飧，飯飧者，三飯也。君既徹，執飯與醬，乃出授從者。凡侑食，不盡食，食於人不飽。」國君還沒有吃飽，侍食的臣子不敢先飽。國君吃飽了以後，臣下還要對國君勸食，但也只以三次為度。國君吃完宴席之後，就把吃剩的飯醬拿出來分給隨從的人吃，凡是陪侍尊者進食，都不得放肆，不得吃飽。同時，古代帝王進食時一般都要用音樂來調和氣氛，吃完後，也要奏樂。如同《周禮‧天官‧膳夫》所言：「王日一舉，鼎十有二物，皆有俎，以樂侑食……卒食，以樂徹於造。」我們可以想到魯國公室的飲食生活亦是比較奢侈的。

　　食禮所表現出來的是一整套繁瑣複雜的過程，其目的是培養人們「尊讓契敬」的精神，這與奉行宗周禮儀的魯王室是相符合的，並且也符合代表齊文化的《管子》所體現的禮義廉恥「四維」的等級觀念。可見，齊地飲食文化與魯地飲食文化在追尋食禮上的尊卑觀念是殊途同歸的，這為中國早期食禮建立了典型的階級性、等級性的基調。要求社會不同階層的人們都得遵照禮規定的秩序從事飲食活動，從而達到「貴賤不相逾」的政治目的。這套飲食禮俗對後世產生極大的影響，由於日常生活和交際的需要，飲食生活中的禮俗進一步固定下來，例如，《禮記‧

曲禮》：「凡進食之禮，左肴（帶骨的熟肉）右胾（zì，切成大塊的肉），食居人之左，羹居人之右……」從漢代畫像石、畫像磚、帛畫、壁畫中常見的宴飲圖來看，這套飲食禮俗在漢代似普遍在遵循著。有些禮俗至今仍在沿襲，如「長者舉，未釂（jiào，飲盡杯中酒），少者不敢飲。」「凡嘗遠食，必順近食（從近處開始）」等等。綜上所述，我們認為中國食禮的建立可追溯到關中地區的周王室，但是將其完善下來卻是在黃河下游地區的魯國和齊國。

三、諸子飲食思想

❶·晏子飲食思想

齊相晏嬰（約西元前590-前550年），他為政力倡節約，主張「足食節用」的原則，堅持身體力行，反映了當時大眾的理想和飲食節儉的原則。《史記·管晏列傳》曰：晏子「以節儉力行重於齊。既相齊，食不重肉，妾不衣帛。」《晏子春秋·內篇·雜下》：「晏子相齊，衣十升之布，脫粟之食，五卵、苔菜而已。」晏子曾規勸君主說：「今公之牛馬，老於欄牢，不勝服也；車蠹（dù）於巨戶，不勝乘也；衣裘襦褲，朽弊於藏，不勝衣也；醯醢腐（臭），不勝沽也；酒醴酸，不勝飲也；府粟鬱積，不勝食也；又厚藉斂於百姓，而不以分餒民。夫藏財而不用，凶也……委而不以分人者，百姓必進自分也。」晏子把國君的日常飲食享受與國家的安危、社稷存亡的因果聯繫起來，誠懇地規勸君王要節慾奉儉，體恤民力，他是最早主張「稱身而食」的政治家。

❷·管仲飲食思想

管仲是齊桓公時期的名相，幫助齊桓公成為春秋時期的五霸之一，「飲食有度」是其核心飲食思想。他在《管子·水地》中說：「水者，地之血氣，如筋脈之通流者也。故曰：水，具材也。」「淡也者，五味之中也。是以水者，萬物之準也，諸生之淡也。」他認為自然環境與飲食之間有聯繫，要保持自然環境的良

好存在。不要過度攫取自然資源。此外,他還有諸如「夫齊之水,道躁而復,故其民貪粗而好勇;楚之水淖弱而清,故其民輕果而賊。越之水濁重而泊,故其民愚疾而垢。」這樣的論述,表達了由於水質不同而影響不同地區人們性情的觀點,以及由此所帶來不同地域之間的不同飲食文化。

「倉稟實而知禮節,衣食足則知榮辱」是《管子》中的名句。說明溫飽是禮儀的物質基礎,人們需要知榮辱、懂禮儀。從中我們可以說明後人託名管仲而撰寫的《管子》當中,透露了管仲希望建立奉行後世如同孔子一樣的儒家的食禮制度,這包括飲食等級、飲食養老、筵席禮俗、節日食俗等方面。《管子·弟子職》:「至於食時,先生將食,弟子饌饋。攝衽(rèn)盥漱,跪坐而饋。置醬錯食,陳膳毋悖。凡置彼食,鳥獸魚鱉,必先菜羹。羹獻中別,獻在醬前,其設要方。飯是為卒,左酒右醬。告具而退,捧手而立。三飯二斗,左執虛豆,右執挾匕,周還而貳,唯嗛之視。同嗛以齒,周則有始。柄尺不跪,是謂貳紀。先生已食,弟子乃徹。趨走進漱,拼前斂祭。先生有命,弟子乃食。」這段文獻較為完整地論述了師生之間吃飯時的禮儀規範,如菜餚的遞送順序、飲食禮儀、飲食規範等,並且透露出通過飲食禮儀來表達對長者、老師的尊敬。

這種食禮制度,首先通過餐桌教育,培養學生尊敬師長和孝敬長輩的基本禮節;其次,通過餐桌上食物擺放的秩序與規範,培養學生遵紀守法、良好生活習慣與健康的人生觀;最後,以侍師之道擴大到鄉飲酒禮、宴饗賓客,就成了一種具有社會意義的禮教行為。《史記·貨殖列傳》曰:「冠帶衣履天下,海岱之間斂袂而往朝焉。」這是說,當時齊國富饒,天下士子會聚於齊。其實從中我們可以看到黃河下游地區的飲食文化不僅在於食用,還在於寓教於食的教育方法,其食禮對中華飲食文化乃至道德規範有巨大影響。

四、飲酒禮俗的建立

黃河下游地區承襲了大汶口文化晚期和龍山文化時期發達的釀酒技術。《尚書·

說命下》：「若作酒醴，爾惟麴蘖。」《傳》：「酒醴湏麴蘖以成。」「麴蘖」就是製酒的酒麴，明代宋應星的《天工開物·下篇》第十七中有詳細的記述。商人是黃河下游地區東夷人的主體，其飲酒之風十分盛行。到了春秋戰國時期，甚至有「魯酒薄而邯鄲圍」的典故，這都充分說明黃河下游地區善於釀酒、盛行飲酒之風，這就為飲酒禮俗奠定了基礎。

❶·飲酒之風盛行，提倡適度飲酒

春秋戰國時期，針對興盛的飲酒之風，孔子、晏子等人都做出過要適度飲酒的諫言。《論語·鄉黨》：「唯酒無量，不及亂。」據《晏子春秋·內篇·諫上》記載，晏子為齊國名相，主張禁酒，並曾經因為齊景公嗜酒而勸諫道：「古之飲酒也，足以通氣合好而已矣。故男不群樂以妨事，女不群樂以妨功。男女群樂者，周觴五獻，過之者誅。君身服之，故外無怨治，內無亂行。今一日飲酒而三日寢之，國治怒乎外，左右亂乎內。以刑罰自防者，勸乎為非；以賞譽自勸者，惰乎為善。上離德行，民輕賞罰，失所以為國矣。願君節之也。」《史記·滑稽列傳》：「酒極則亂，樂極則悲」，這些話都說明應該適度飲酒，以防止出現因酒誤事之狀，也從側面反映了春秋時期齊國的飲酒之風十分興盛，聚眾飲酒的現象較為普遍。

❷·酒禮建立

《禮記·玉藻》曰：「君若賜之爵，則越席，再拜稽首受，登席祭之，飲卒爵而

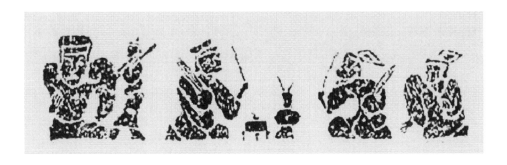

▲圖3-5　「投壺行酒令」石刻畫，河南南陽出土

侯，君卒爵，然後授虛爵。君子之飲酒也，受一爵而色灑如也；二爵而言言斯；禮已三爵而油油以退。」這則文獻記載了君與臣喝酒之間的禮儀規範，臣必須在君喝完酒後方能喝，同時第一杯的時候要面色肅敬為「灑」，第二杯要言和敬貌，到了第三杯喝完之後一定要停下來了，以防醉酒亂君臣之禮。晏子就曾經勸諫齊景公喝酒「禮不可無」的道理，這就說明在先秦時期，至少可以追溯到春秋晚期，飲酒的禮儀規範開始逐步建立，並且形成「酒不過三」的規則，這一規則可以說一直延續到現今。

❸·投壺遊戲

投壺是先秦時期宴會上不可缺少的遊戲，它是以酒壺為箭靶，用棘木代箭，利用手的投擲，從一定距離上擊中壺口，進入壺體。先秦時期，特別是春秋戰國以後，此項遊戲風靡各個諸侯國。《左傳·昭公十二年》就記載了晉昭公與齊景公投壺禮的歷史事件，此番歷史事件已經不僅僅是一種宴會上的遊戲，還被更多地賦予了國與國之間較量的政治含義。投壺採取三局兩勝制，[1]之後負者要被罰酒，場面極為熱烈，飲酒之人要恭敬跪奉一飲而盡，勝利者亦要跪在一邊表示敬請飲酒，表現了參與者的教養與風貌。

❹·酒官、酒令的出現

除以上幾點以外，先秦時期已經形成了較為完整的監督飲酒禮儀的酒官，「酒正掌酒之政令」。而酒官和政令逐步地變成了喝酒時候的行令，魯文公賦《嘉樂》可謂是黃河下游地區歷史上最早的飲酒詩令，這一行酒令的禮俗一直影響後世，並為後世所承繼，成為酒桌上不可缺少的一項娛樂項目。除了酒令以外，春秋戰國時候已經出現歌舞助酒興的情況，比如絲竹管弦等，這都是影響到後世的飲酒禮俗。

1　趙丕傑：《中國古代禮俗》，語文出版社，1996年，第35-36頁。

第四章　秦漢時期

秦漢時期是中國封建社會歷史上的第一個大一統時期，亦是黃河下游地區飲食文化初步完備之時。秦漢時期，宮廷飲食階層建立了完備的食物管理系統與官吏職責，分工明確，形成了人員龐大的官吏系統，並且將這一系統延伸至地方。黃河下游地區作為秦漢時期的經濟中心之一，勢必以中央為模板，配以黃河下游地區獨特的物產、民風來制定地方的飲食系統。與此同時，張騫「鑿空」西域與民族融合逐顯端倪，這些都給黃河下游地區的飲食文化帶來了新鮮的氣息，這為魏晉時期胡漢融合的飲食風貌奠定了基礎。

第一節　食物種類豐富

一、主要農作物品種以及小麥成為主食

秦漢時期，鐵農具的廣泛使用和牛耕的普及，推進了黃河下游地區農業的發展，提升了糧食的產量。現代考古發掘證明了這一點，比如臨淄出土的漢代冶鐵遺址，面積約有40萬平方米，比春秋戰國時期齊國的冶鐵遺址面積大8-10倍[1]；除了面積以外，出土的鐵製農具數量也是比較多的，一九七二年在萊蕪發現漢代製作農具時翻砂用的鐵范就有24件。與此同時，朝廷積極推廣牛耕鐵犁以發展農業、改進民食，取得顯著成效，山東滕州東漢墓葬出土的牛耕畫像石刻就充分說明了牛耕的普及。另外，從《齊民要術》當中輯錄出來由漢代山東氾水人氾勝之所著的《氾勝之書》，系統地總結了我國北方（包括黃河下游地區）的農業生產經驗，並且較為直觀地反映了黃河下游地區在秦漢時期糧食作物的種類主要有粟、黍、大豆、麻，以及大、小麥，且小麥已經開始上升為黃河下游地區的主要糧食作物之一。

1　逢振鎬：《兩漢時期山東冶鐵手工業的發展》，《東嶽論叢》，1983年第3期。

▲圖4-1 漢代石刻畫《耕耡圖》，山東滕州黃家嶺墓葬出土

❶·粟、黍、菽

秦漢時期，粟已成為黃河下游地區重要的糧食作物，銀雀山西漢墓葬M28出土有粟的遺跡，多以粟粥為主，災年缺糧，則常向粥內加菜，煮為「菜粥」。[1]然而，在先秦時期與粟具有同等地位的黍卻逐漸被菽所取代，《戰國策·齊策》：「無不備繡衣而食菽粟者。」可見，這一現像其實從戰國時期就已開始，到了秦漢時期，菽就變成僅次於粟的重要糧食作物。菽比較耐乾旱，易於種植推廣，且食用之後比較耐飢餓，亦可作備荒作物。《氾勝之書》：「大豆保歲，易為宜，古之所以備凶年也。」據此說明菽是災荒時期的必備糧食作物。從另一個側面也反映了菽在黃河下游地區的產量大，根據萬國鼎先生對《氾勝之書》中「謹計家口數種大豆，率人五畝，此田之本也」的分析，一畝地可產16石，約合今市畝畝產693斤，[2]足以達到將其作為主食的產量。另外，崔寔（shí）在《四民月令》中提及用大豆「可作諸醬」，能製作成豆醬、豆豉等副食品。可見大豆在本地區飲食歷史中，發揮著越來越重要的作用。

1　黎虎：《漢唐飲食文化史》，北京師範大學出版社，**1998**年，第**66-69**頁。
2　萬國鼎輯釋：《氾勝之書輯釋》，農業出版社，**1963**年，第**134**頁。

❷ · 麥

秦漢時期，黃河下游地區的麥作種植，特別是小麥的種植開始被廣泛推廣。其實早在先秦時期黃河下游地區就將其作為主要的糧食作物，《管子·輕重篇》就提及：「麥者，穀之始也。」秦漢時期因其能與粟進行輪作種植，解決了青黃不接時的口糧問題，加之農業精耕細作水平與防旱保墒能力的提升，於是對小麥的種植就特別重視。一九九六年在黃河下游地區的江蘇東海縣尹灣村西漢墓中出土的簡牘，就記載了這裡種植宿麥（冬麥）的面積曾達十點七三萬餘頃，約合今七四〇萬畝，按照東海郡當時約一四五萬人計算，人平均種植五點二畝，這是我國迄今所見最早的宿麥面積資料，[1]可見當時麥的重要性。加之，石磨技術的進步與推廣，為麵粉加工的普及提供了原料與技術的基礎，促進了該地區主要糧食作物的轉變。

❸ · 水稻

水稻一直以來在南方廣為種植，而秦漢時期的黃河下游地區也有水稻分布，並且一直是貴族階層的重要糧食作物，被人們視為珍貴的糧食。《後漢書·秦彭傳》載：東漢初，由陽（郡名，治昌邑，今山東金鄉西北）太守秦彭「興起稻田數千頃」。《三國志·魏志·夏侯惇傳》亦載：漢末，夏侯惇在陳留、濟陰間，「斷太壽水作陂，身自負土，率將士勸種稻，民賴其利。」同時《漢書·溝洫志》有「若有渠溉，則鹽鹵下濕，填淤加肥：故種禾麥，更為粳稻，高田五倍，低田十倍」的描述，文獻當中的鹽鹵地恰恰是黃河下游地區主要的土地類型，這就印證了當時有種水稻的情況，另外說明水稻一旦種植成功，其產量非常可觀，甚至有學者認為正是因為秦漢時期水稻的種植，使得魏至北朝前黃河流域的水稻面積和稻米總產量超過了長江流域。[2]不過這個觀點尚待商榷，畢竟根據自然條件來分析，在黃河下游地區乃至北方種植水稻應是很小的一部分。不過，秦漢時期黃河下游地區水稻種植的技術在當時可謂處於領先地位，《四民月令》當中記載：「五月，可別稻及藍，盡夏至

1　張波、樊志民：《中國農業通史·戰國秦漢卷》，中國農業出版社，2007年，第163頁。

2　黎虎：《漢唐飲食文化史》，北京師範大學出版社，1998年，第66-69頁。

後二十日止。」文獻中的「別稻」就是現今的水稻移栽技術，雖然文獻當中僅僅提到農曆五月可以進行移栽，沒有詳細敘述主要的方法，卻能說明此項技術在當時已經非常成熟，被廣泛運用。

二、蔬果作物資源豐富

❶ · 蔬菜

秦漢時期，黃河下游地區的蔬菜種類有瓜、葵、蕪菁、瓠（hù）、芥、芋、薑、韭菜、薤、蓼、蘇、大蔥、小蔥、胡蔥、大蒜、小蒜、雜蒜、豌豆、花椒等十幾種，[1]而且多為旱地蔬菜。這比起先秦時期從數量上已有了長足的發展，而且葵、韭、薤、蔥、藿已經成為當時最常見的五種蔬菜，《靈樞經·五味》稱其為五菜，認為葵甘、韭酸、藿鹹、薤苦、蔥辛。[2]另外《漢書·循吏傳》記有渤海太守龔遂「勸民務農桑，令口種一樹榆、百本薤、五十本蔥、一畦韭、家二母彘（zhì）、五雞。」鼓勵農家積極發展菜園生產，改善飲食生活。

其中，葵菜是秦漢時期黃河下游地區的主要蔬菜，歷史非常悠久，古時叫作「滑菜」，燒湯、炒製皆可，口感黏滑、可口；韭菜，承襲了先秦時期的園圃經營，並且採用專門軟化培植技術，培育出了韭黃；薤，一般用作醃漬菜，別稱山蒜，味道辣而香，多作為醃菹菜日常下飯食用；蓼菜，在《四民月令》中將其列於蔬菜中，以醃漬鹹菜用以佐餐；蕪菁，又名蔓菁，產量高，口味好，可用作備荒蔬菜；芋，亦稱芋艿，有抗飢、救荒之效；小蒜，也就是一類多瓣小洋蔥，曾經在黃河下游地區廣泛栽培，辛而帶甘者；榆錢，可以作為菜餡，亦可溲和麵粉或者小米粉蒸食，味佳美，另外生鮮可做菜餡和醬，乾儲可用以釀酒。

1　梁家勉：《中國農業科學技術史稿》，農業出版社，1989年，第75、214頁。
2　河北醫學院校釋：《靈樞經校釋》，人民衛生出版社，1982年，第137頁。

❷ · 果品

黃河下游地區處於溫帶，在秦漢時期果樹資源豐富，是我國北方的果樹發源地之一。據《廣志》記載，當時栽培的水果有桃、李、栗、梨、棗、柿、杏、櫻桃、山楂等。當時桃、李、栗、棗、杏被稱為「五果」，其口味為：棗甘、李酸、栗鹹、杏苦、桃辛。黃河下游地區是棗的故鄉，因其儲存和運輸方便，營養豐富，甘甜可口，遂被普遍栽培。在山東臨沂銀雀山漢墓中就出土了大量的棗子遺存。山楂在黃河下游地區為大果山楂；核桃，又稱胡桃，據說是西漢張騫「出使西域，始得（核桃）種還，先植於陝西關中，漸及東土，故名之。」其營養豐富，乾果仁入藥且為保健食品，黃河下游地區是其重點產區之一。

三、肉類來源穩定

秦漢時期，黃河下游地區以養殖豬、羊、雞為主，輔之以牛、狗、魚、馬等。牛主要用於農耕，漢代法律規定不許宰殺耕牛，故市場上牛肉價錢很貴，在《九章算術》裡，一頭牛的價格在1800錢左右，羊約250錢，豬在300錢至900錢之間。當時也只有王公貴族和富豪之家才能宰得起牛。近年從山東省鄒城、滕州出土的漢畫像石上，都有「椎（宰殺）牛」的場面，出土於黃河下游地區山東諸城前涼台的《庖廚釀酒圖》全景畫像亦有此場面。庖廚釀酒圖由一組組簡潔的畫面，分別生動地描繪出莊園裡圍繞宴會而展開的各種食材準備、烹飪過程和釀製美酒等單元畫面。諸如椎牛、宰羊、殺豬、屠狗、剖魚、雞鴨拔毛；製作運送食物、陳放懸掛畜禽肉、釀酒、製醋並陳列家釀美酒罈罐，以及迎接賓客等熱鬧而生動的場面。該圖景真實地反映了秦漢時期黃河下游地區的社會中上層人士的奢華生活，同時也表現出廚房裡開始出現了明確的分工。

但是，漢代農民的多數人家，即便年節也往往沒有能力宰殺大牲畜。逢年過節必須吃肉時，也只有乘社祭之機，全家族合資共買豬羊，宰殺分肉而已。在漢代畫像石刻《祠堂圖》中，同樣也能看到為祭祀而殺豬，宰雞、鴨、鵝，掛肉的情景。

另外，還有迎來送往、賓客盈門的場面和祠堂庭院中祭祀的情景。根據當時的禮儀，祭祀後的三牲果品等可能由族內按戶分配。

❶ · 家豬飼養普遍

秦漢時期黃河下游地區家豬飼養廣泛，山東棗莊、濟寧考古發掘出土了陶豬圈，可以發現當時一般是圈養和放牧兩種形式，但是以圈養為主，圖4-4中的廁所與

◀圖4-2　漢代畫像石刻《庖
　　　廚釀酒圖》，山東
　　　諸城出土

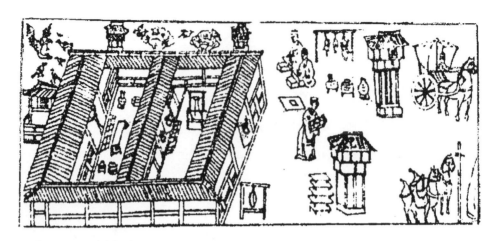

▲圖4-3　漢代石刻《祠堂圖》

豬圈連在一起就是證明；廁所與豬圈由一堵牆壁相隔開，廁所和豬圈的上面有單斜面式的屋蓋，上有瓦隴分布，起到遮雨排水作用，[1]既方便養豬又有益積肥。另外，又說明在秦漢時期已經開始將家畜糞便作為農作物有機化肥的原料，巧妙地將農業與畜養結合起來，不但解決了糞便的處理問題，還提升了農作物的產量，改進了糧食、果菜的品質。

因養豬業發展快，故豬肉成為主要的肉類來源。《鹽鐵論》載：「阡陌屠沽，無故烹殺，相聚野外。」漢代的黃河下游地區已經培育出華北豬、大倫莊豬等五個類型的優良豬種。天津武清漢墓中發現的陶豬，形似青瓦豬及其仔豬，外形頭長而直，耳大下垂，體型較大，具有今華北大耳型豬的特徵；大倫莊豬分布在蘇北的泰州、姜堰等地，也是漢代優良種豬之一；泰州新莊漢墓出土的滑石豬，頭嘴短小，頸短，腿短小，背寬微凹，腹部下垂，臀部發達，似現代大倫莊豬特徵。

放牧養豬主要是利用黃河下游地區的沿海灘塗，於水草豐茂處放牧豬群，是成本低、飼料資源豐富的飼養方式。《漢書・公孫弘傳》：「公孫弘，菑川薛人也。少時為獄吏，有罪，免。家貧，牧豚海上。」從《鹽鐵論・取下》中可以看到，因限於

1　楊愛國：《不為觀賞的畫作》，四川教育出版社，1998年，第23-24頁。

▲圖4-4　漢代陶豬圈模型

財力，並非農戶都養得起豬，「無孤豚瘠犢」的農戶也不少。當時在黃河下游地區積極倡導農家餵豬、雞且有成績的官吏，常被列為「循吏」而彪炳於史冊。可見養豬對當時本地區經濟的發展、小農經濟家庭生活的改善有著重要意義。

❷·羊與狗的飼養

養羊業在秦漢時期的黃河中下游地區處於發展時期，在王公貴族家庭中，羊肉在肉食中占有重要地位。《後漢書·第五倫傳》記載，東漢越騎校尉馬光，冬日臘祭需用「羊三百頭」「肉五千斤」。從考古學角度來看，黃河下游地區的確是養羊的重點區域，山東洛莊漢墓第34號動物陪葬坑中出土有60餘隻羊的遺骸。[1]

秦漢時期，黃河下游地區的人們喜食犬，與羊、豕同，並且很早就出現了屠狗業。《史記·刺客列傳》中記，戰國初期，著名大俠聶政避仇於齊，「客遊以為狗屠」。時人以屠狗為業，可見食狗之風甚盛。山東諸城前涼台出土「庖廚圖」漢畫像石上有殺狗的場面，可說明《鹽鐵論·散不足》所言民間生活富裕的百姓「屠羊殺狗」並非虛誇。漢代文獻關於養狗的記載幾乎全見於北方，可見當時肉食狗主要產區在北方，其中有三處在今山東境內。在漢代對狗肉的食法有「雞寒狗熱」之說，狗要趁熱吃起來才香美。當時通常的烹製方法是煮，然後用刀切碎食用，熟食

1　房道國：《山東濟南洛莊漢墓發現大型動物陪葬坑》，《農業考古》，2002年第2期。

▲圖4-5　漢代「水榭捕魚」石刻畫，山東日照市出土

市場中常有切好的狗肉薄片供應。

❸·養雞業發達，養兔業出現

　　秦漢時期的養雞多為放養，耗費人力和糧食較少。投入小產出大，因此漢代養雞業比較發達，飼養量大，雞肉的食用也最為普遍。雞的普遍飼養成為漢代農家重要的家庭副業和改善年節待客、孝敬長輩，祭祀宗先之常用食物。考古發現，山東洛莊漢墓第3號動物陪葬坑中出土過一批雞蛋，其中一枚保存非常完整。漢代雞的品種比較多，其中產於山東菏澤的鬥雞品種鵾（kūn）雞為山東名雞。《後漢書·東夷傳》記載，從朝鮮半島引入的觀賞品種——馬尾雞，漢代在黃河下游地區也有飼養。

　　中國是家兔的起源地之一，而秦漢時期的黃河下游地區可能已經出現了養兔業，山東洛莊漢墓第34號動物陪葬坑中就出土了30餘隻兔遺骸，而且還發現了兔籠

▲圖4-6　東漢水榭莊園豪族人家《宴飲圖》磚像，山東微山出土

的遺跡。

❹·漁業捕撈不斷擴展

秦漢時期的漁業已與馬、牛、羊、彘（zhì）等養殖業相提並論。漢代魚類捕撈規模已經有了很大的擴展。漁具和捕魚法，除釣、叉魚外，各種網具齊全，如有罾（zēng）、罟（gǔ）、罩及撒網等。黃河下游地區各地湖泊河川廣布，比如山東微山的兩城、臨沂的白莊、滕州的黃家嶺等地出土的漢代畫像石中都有罩魚活動的場面，鸕鷀捕魚法逐漸形成。徐州邳州和山東微山均曾出土過鸕鷀捕魚的漢畫像石，大規模陂池養魚也在此時出現，養魚技術也更臻完善。另外，近海捕魚在黃河下游地區的齊國故地最為發達，出現了「江湖之魚，萊黃之鮐，不可勝食」的盛況。近海捕魚和內陸漁業兩者的發展，對於黃河下游地區飲食文化的豐富起到重要的作用。

第二節　食物加工技術的改進

一、旋轉磨開始出現

　　黃河下游地區的糧食加工，經歷了由石碾盤到臼杵再到石磨盤（也就是使用旋轉式研磨法）來完成稻麥等糧食加工的發展階段。石碾盤、臼杵、石磨盤是糧食加工進步各個階段的歷史性標誌物。至秦漢時期，石磨已經較為先進，磨粉技術已臻於成熟。大約在西漢晚期還出現了對水稻、穀子、黍等糧食進行脫殼的工具——碓，使用非常方便。自漢代有上述糧食加工工具後，黃河下游地區農家麥麵糧食的加工延續使用了約兩千餘年，其影響十分深遠。直到二十世紀中後期，尚有不少農村及邊遠地區仍然用旋轉式研磨磨來加工麵粉。

　　漢代糧食加工工具的進步標誌，是旋轉磨方式的出現。有學者指出旋轉磨的產生和發展，經歷過「幼稚期」「發展期」和「成熟期」三個階段。它們的時限及特徵不同在於：戰國—秦—西漢為旋轉磨的幼稚階段。該階段的磨齒以凹坑為主流，麵粉不能迅速外流，磨眼易被堵塞；東漢至三國時期為發展階段，當時磨

▲圖4-7　漢代旋轉磨圖
左圖－棗莊－台兒莊出土　中圖：山東高唐出土　右圖：濟南出土

齒處於萌芽態的輻射形，分區斜線形磨齒進一步得到推廣；西晉至隋唐時期為旋轉磨的成熟階段，磨齒已是整齊的八區斜線紋形了。糧食經過旋轉磨的磨製加工，會成為細粉狀，再經籮篩，就可以分出不同細度的麵粉。精細的麵粉可用於加工優質品種的麵粉食品。所以旋轉磨的產生和發展，是黃河下游地區糧食加工技術的重大進步。

秦漢時期，石磨加工技術與小麥製粉密不可分。有人對山東台兒莊出土的漢代陶磨模型和出土的漢代石磨進行了深入研究，證明這些漢代石磨的工作面已經鏨（zàn）製得十分精細，從而可以說明漢代糧食的磨粉加工水平因磨具設備的進步而明顯提高，並且麵粉的質量亦同步提高，諸如色澤、口感、形態、質地、滋味、氣味等，這為提升主食的質量打下了基礎。[1]

漢代先民已認識到米飯的好壞與品種、肥水、土壤、產地、糧穀加工等因素有關。東漢崔駰（yīn）在《七依》中云：「玄山之糧，不周之稻，萬鏨百淘，精細如蟻。」來說明用各地所產優質稻穀經過精細的加工才能成為上好的大米。

二、主食以麵食為主、粒食為輔

漢代由於冬小麥的大力推廣，小麥加工製粉的工具和技術迅速改進，以及黃河下游地區水稻面積的擴大，使居民主食結構出現了很大的變化，由以粒食為主變為以粉食、麵食為主、粒食為輔。

❶·粒食

漢代粒食主要以粟米（小米）、黍米、稷米等煮粥或飯作為主食，次為麥米。在石轉磨產生之前，人們食麥類主要是「粒食」，即蒸煮整的脫去麩皮的麥粒，稱為麥米、大麥米；其次就是用杵臼舂搗，將原料搗扁或搗破，然後放入鍋內蒸煮，

1　趙榮光：《中國飲食史論》，黑龍江科學技術出版社，1990年，第223-226頁。

稱之為「麥飯」或麥粥。這種粥食在夏商周之前就已出現了很久。

粥：秦漢時期，黃河下游地區以粟米粥、粟米飯為主食，黍米飯則為待客之上等飯食。由於「粒食」中的「麥飯」等不易消化吸收，被視為粗糲之食，所以在人們的飲食生活中排在粟米飯（粥）和大米飯（粥）之後，居於次要地位，是窮人的飯食。官員食麥飯，被視作清廉之舉。粥食便於調劑餘缺，「忙時吃乾，閒時喝稀」是自夏商周秦漢以來北方農民的膳食習俗。稍有荒歉或青黃不接之際，「菜粥」則成應急之食。所謂菜粥是以些許穀米或粉摻進大量的乾鮮菜或野蔬，經熬煮而成。由於長久食粥，古人積累了豐富經驗。以粥食贍養老人至兩漢仍作為朝政王命，時有實行。漢代戰亂、災荒不斷，由公糧施粥，史不絕書。如《後漢書·獻帝紀》中記有，如東漢獻帝興平元年（西元194年）蝗旱大盛，「是時穀一斛五十萬，豆、麥一斛二十萬，人相啖食，白骨委積。帝使侍御史侯汶出太倉米豆，為飢人作糜粥，經日而死者無降」。

麥飯：這一時期的麥飯，並不是單純以小麥為原料，還有其他諸如大麥與大豆合煮的形式。因麥飯易於炊製，便於攜帶，在戰地等條件極差的情況下，無論南北方，麥飯都成為漢代重要的軍糧。張華《博物志》中載，在西晉時已認識到常食麥「令人有力健行」。

米飯：東漢王充在《論衡·量知》中記述道：「穀之始熟曰粟，舂之於臼，簸其秕糠，蒸之於甑，爨之以火，成熟為飯，可以甘食。」可知，漢代的傳統烹飯形式是多以鼎、甑為蒸煮炊具，以稻米、小米或其他米來作飯，有的一次煮熟，也有先煮至七八成熟後，再撈出來置於甑內箅上蒸熟。

糒（bèi）：糒即乾飯。據東漢劉熙《釋名·釋飲食》：「乾飯，飯而曝乾之也。」可知漢代是將蒸熟的米飯經過暴曬後成為乾飯，便於儲藏、運輸。食用前用開水將其泡燙即可食用。

❷·粉食

到了西漢時期，在滿城、西安、洛陽、濟南、遼陽、南京、江都、揚州等地都

發現了石磨[1]，而前面四個城市基本處於黃河中下游地區，而遼陽屬於黃河下游地區飲食文化的輻射區域，而這些地區亦是傳統的小麥種植地區，加之文獻中有關於「以麵為餅」的諸多記載，所以基本可以確定麵粉的加工技術在兩漢時期的黃河下游地區已經被廣泛運用，並可以判斷當時已經全面掌握了麵粉的加工技術，粉食已在秦漢時期的黃河下游地區頗為盛行，成為日常主食。這一時期的主要食品有：

蒸餅：這是餅的品種之一，在《四民月令》等典籍中有記載曰：「寒食以麵為蒸餅，樣團，棗附之。」看來，東漢的蒸餅是做成圓形的，上面嵌有棗子，造型豐富。但麵團是否已經酵製，尚無記載。唯《四民月令》五月篇中所指出的夏日：「毋食煮餅及水溲餅」一句，此處說明當時人們已經認識了水溲餅不好消化的道理，當時蒸「棗饅頭」已使用發酵麵團的可能性很大。

湯餅：這是麵食的一種，經煮製熟。因考慮到大體積的麵團煮製難以做到裡外均勻煮熟，口感不佳，故現代普遍認為，湯餅是指手工擀製或抻製的麵條或麵片。《漢書‧百官公卿表》記載，在漢代宮廷中，少府屬官設有「湯官」，顏師古《注》：「太官主膳食，湯官主餅餌。」湯官專門負責為皇族製作湯餅、餌養。

水溲餅：這是餅類麵食的一種，《四民月令》中有記載，是一種以水調和麵團（死麵團）蒸製的死麵餅。

❸‧發酵技術出現時間的探討

麵粉出現後，顯著改善並豐富了漢代人民的飲食生活。山東諸城前涼台出土的漢代畫像石上有「庖廚釀酒圖」，上有兩個廚工從廚房抬出一籠雁剛蒸熟的塊狀麵食，從其形狀看，像是一種經過發酵的麵食。看來，當時蒸製麵食可能已經是當地膳食的重要種類之一。然而未經發酵的麵團所製麵食，吃入胃裡之後仍然不易於消化。如東漢崔寔在《四民月令》中寫道：「五月……距立秋，毋食煮餅及水溲餅。」可見，當時人們已從生活經驗中認識到發酵麵製食品易於消化，並且掌握了發酵麵

1　孫機：《漢代物質文化資料圖說》，上海古籍出版社，2011年，第18頁。

團與蒸製發麵麵食的方法。

三、肉食加工技術增多

漢代肉類食品的加工、烹調方法，已經有了很大的進步，除做各種醬等調味品以外，還出現乾製、炙製、膾製肉類食品等烹調方法。

❶.肉的乾臘製法

在《說文解字》中有載：「脯，乾肉也」；「修，脯也」。並說明做「修脯」要加入「薑、桂」香料，而對「脯、臘」則未注加香料，推測「脯、臘」是懸掛使乾的風乾製品。《史記‧貨殖列傳》載，漢初即已出現「胃脯，簡微耳，濁氏連騎」。司馬貞《索隱》：「晉灼云：太官常以十月作沸湯燖羊胃，以末椒薑粉之訖，暴使燥，則謂之脯，故易售而致富。」張守節《正義》：「案：胃脯謂和五味而脯美，故易售。」所記「胃脯」，可能是在屠宰牲畜後，將生製肉塊經調料拌和後，再裝入洗淨的動物胃中，並將其懸掛，漸漸陰乾。在慢慢乾燥的過程中，正如近現代肉品臘製過程一樣，會因乳酸細菌等發酵作用，而使肉品產生一種獨特的風味，成為可久儲的肉品。

❷.肉的炙製法

西漢枚乘在《七發》中把「薄耆之炙」列為天下至美，實際上「薄耆」就是把畜類的裡脊肉切成薄片，將其蘸過調料汁後，再放炭火上烤熟。在漢代，對炙法又分為脯炙、釜炙、銜炙。這些採用不同方法熟製成的肉製品，是風味各異的熟製肉品。

脯炙：《釋名疏證補‧釋飲食》：「以餳（xíng）蜜豉汁淹之，脯脯然也。」這是採用麥芽糖汁和豆豉汁（應是醬油）對肉片進行醃製過，再經過烤熟或用其他方法熟製後，再曬乾成脯。

釜炙：《釋名疏證補‧釋飲食》：「於釜中汁和熟之也。」這是在鍋裡將各種調料加入湯汁中，再將肉片加入慢火煮製，將湯汁收乾，直至將肉片製成肉脯，則稱為釜脯。

▲圖4-8　漢代《炊事、食魚圖》，山東省嘉祥宋山出土

銜炙：《釋名疏證補・釋飲食》：「細密肉以薑、椒、鹽豉已，乃以肉銜裏其表而炙之。」這是將肉片拌和蜜汁，再加入薑末、花椒粉和豆豉汁，均勻攪拌使調料銜裹於肉片之上，再將其炙熟成脯。

貊（mò）脯：《釋名疏證補・釋飲食》：「全體炙之，各自以刀割，出於胡貊之為也。」我國古代稱東北的少數民族為貊，貊人常以整隻動物如羊經宰殺去毛和內臟後，整腔用鐵條穿上，懸在火上慢慢烤熟，稱謂烤全羊。然後盛放在大盤之上席，用餐人各自用餐刀割取炙肉而食。

炙製乳豬：採用的火候應當是用慢火，乳豬與火距離稍遠些，注意使固定乳豬的鐵條快速轉動，不可稍停，才能烤出優質的炙乳豬來。

炙牛裡脊肉：要用火來炙烤事先用鐵棒穿起的牛裡脊肉塊，要邊炙烤邊用刀切割下烤熟色變白的肉來吃，然後再烤、再切下來吃。而烤牛百葉（牛胃），則要「逼火急炙」。

這些千餘年之前先輩創造出的肉食烹調方法，能有如此翔實生動的文字記載，超越時空，流傳後世，的確非常難能可貴。

❸.肉的膾製法

肉類膾製，也是漢代最常見的一種烹製方法。《說文解字》：「膾，細切肉也。」
膾實際上就是將魚類和有腥羶味的牛羊肉切細後加調料涼拌的生肉片。「細切」的
作法就是：先切薄片、再切絲，最後切成細丁，再加調料拌和以去除其腥羶味，則
成。可生食也可熟食。祭祀用食品的精細選料、切配與烹飪，體現了後人對祖宗先
人的尊敬。

四、蔬菜加工技術多樣

漢代的民食中蔬菜仍占有極重要的地位，當時主要的蔬菜菜餚加工和烹調方法
有：

❶.羹湯

漢代製蕁菜羹湯時，要注意所用原料採收的月分和選用蕁菜的不同部位，注意
烹調的方法。使用豉汁或其他調味品進行調味時，要注意其忌避原則。但是純粹的
菜羹多為貧窮人家所食，比如《太平御覽》中記，東漢「陶碩，字公超，啖蕪菁
羹、無鹽。」經常食用清淡的蕪菁湯的陶碩，曾被讚譽其節儉之美德。

❷.菹菜

漢代常把各種醃製的酸菜稱作「菹」，《說文解字》：「菹，酢菜也。」而醃菜
有鹹菹、淡菹之分，「鹹菹」是大量加鹽，使蔬菜裡的微生物受到抑制，實際上是
利用鹽的防腐作用抑制有害細菌的繁殖，保持蔬菜的口感和品質。其加鹽的量在作
菘鹹菹法中規定了「用水四斗，加鹽三升」。經計算得知，漢代醃鹹白菜所用的鹽
水濃度已達到百分之十三點三，同現代高鹽滷醃鹹菜的鹽水配方相一致。[1]漢代做菹
菜，常在將菹菜煸炒後加鹽和豆豉汁（實際就是醬油），然後將醃製好的菹菜葉切

1　洪光住：《中國食品科技史稿》上冊，中國商業出版社，1984年。

細，放進點肉末子，拌勻，並加進大量酸菜汁醃漬幾天，以取得鮮香風味。[1]

❸ · 酸齏（jī）菜

酸菜起初在《周禮》等文獻中的記載為各種「醢」。醯與醢在味上有區別：後者更呈鹹味，《說文解字》：「醯，酸也。」源於漬藏。鹽藏或醃製菜都能久儲，供下飯。東漢末，在飲食店鋪有「蒜齏」出售。據有人研究，這種蒜齏，味酸，可能是一種經過乳酸發酵的小菜。

五、調味品加工

❶ · 以肉和魚類為原料的調味品

秦漢時期，肉品加工有很多特點，從《四民月令》中看出一斑，如正月「可以作魚醬，肉醬」；五月篇中「是月也，可作醬，及醃醬」。原注「醃，肉醬也。」鄭玄注《周禮·天官·醢人》：「作醢及臡者必先膊乾其肉，乃後莝之，雜以粱麴及鹽，漬以美酒，塗置瓶中，百日則成矣。」《四民月令》中說明醃醬是一種利用麴經過與肉糜拌勻，產生共同發酵所製成的肉醬。而現代科學分析是：麴中所含的微生物會產生蛋白酶和澱粉酶等，可以將糧原料食粉（比如「高粱粉」）中的澱粉轉化為葡萄糖，進而將肉中的蛋白質水解為各種氨基酸（其中含有許多具有鮮味的氨基酸、核酸等成分）。調製前，須事先添加好各種調料粉，以用來調味和除去肉的腥羶味，經過一定的時間發酵就會成為香、鮮、鹹的美味肉醬了。其他比如醃漬魚肉：東漢許慎《說文》中解釋「醃」字為：「漬肉也」，清段玉裁《注》：「肉謂之醃，魚謂之鮿。」這些都是用鹽漬成鹹味的肉和魚。說明當時人們已懂用鹽保鮮。

在秦漢時期醬的社會需求和生產規模都在不斷擴大。漢代編戶齊民的造醬是一椿重要的家庭與社會性生活內容，黃河下游地區亦是如此。《四民月令》對此的記

1　賈思勰：《齊民要術·菹綠第七十九》，農業出版社，1982年。

載是：「正月……典饋釀春酒……可作諸醬、肉醬、清醬……」「二月……榆莢成及青，收乾以為旨蓄……可作酓（mào）醶……」「四月立夏後，作鮦魚醬……」「五月一日可作醢……亦可作酢……可為醬，上旬炒豆，中庚煮之，以碎豆作末都……可作魚醬……」「六月……可作麴……」「七月四日，命置麴室……七日遂作麴……」「八月……收韭菁，作捣齏……」「九月九日……作葵菹乾葵……」「十月……典饋漬麴，釀冬酒……」「冬十一月……可釀醢……」引文中的「諸醬」「肉醬」「清醬」「醢」「末都」「榆莢醬」「魚醬」「鮦魚醬」等或是泛指各種醬，或是醬的具體品種，一年之中只有三月和十二月兩個月沒有做醬記錄。再加上各種「齏」以及酸味的各類「菹」，可見黃河下游地區的人們當時對「醬」類食品的依賴之重可見一斑。

通過《四民月令》我們可以看到醬的種類十分豐富，同時見諸其他文獻的醬品種有鮦（tóng）魚醬、榆籽醬、芥子醬、醯醬、豆豉、魚腸醬、芍藥醬、連珠雲醬、玉律金醬、肉醬等。這就說明黃河下游地區當時已經有十分系統的醬生產模式，並且被廣泛食用。不過，庶民階層中最普遍的仍然是豆醬和豆豉。

❷ · 醋

醋是秦漢時期黃河下游地區常見的調味品。又稱「苦酒」「高醋」（幽燕一帶），這些別稱，透露出了庶民階層文化的生動和當時商業用語招徠的歷史氣息，至於「忌諱」（魯豫地區）一類的名稱別謂，更讓人感覺到區域文化和大眾社會文化的世俗性信息。漢代至北朝的約七個世紀間，北方黃河流域的則有「酢」（西漢·史游《急就篇》）、「醋」（東漢·劉熙《釋名·釋飲食》）、「酸」（東漢·許慎《說文》）、「釅」（yàn，東漢·許慎《說文》）、「截」（zài，東漢·許慎《說文》）、「截漿」（東漢·許慎《說文》）、「酢」（三國魏·張揖《廣雅》）、「酮」（三國魏·張揖《廣雅》）、「酉韱（qiǎn）」（三國魏·張揖《廣雅》）、「大酢」「神酢」「千歲苦酒」「烏梅苦酒」「蜜苦酒」「糟酢」「苦酢」等17種別稱。至於漢代以前的「醋」，則是我們已經知道文字記載的品類泛稱「醢」（《周禮·天官·醢人》）、「醬」（《周禮·天官·

膳夫》)、「醢」(《周禮・天官・醢人》)、「酏物」(《周禮・天官・膳夫》)、「苦酒」(《晏子春秋》)等。

　　秦漢時期黃河下游地區的醋不能用今天人們習以為常的「醋」去理解，當時醋是百姓日用三餐、居家度日必須的調味品，其製作方法簡便易行，所以元《居家必用事類全集》中記載著「酸漿水：清明後，熟炊粟飯，乘熱傾在冷水中，以缸浸五七日，酸便好吃。如夏日逐日看，才酸便用，如過酸，則不中使」的做法，沿襲至今。

　　醋的藥用性也為漢代人所普遍習知。如東漢張仲景《金匱要略》記載醋能「散瘀血，治黃疸、黃汗」。東漢劉熙《釋名》：「醋，措也，能措置食毒也。」對於缺醫少藥的廣大下層民眾來說，利用各種手頭、身邊可以不花錢或極少破費就能採用的治病方法無疑是他們最現實的選擇。

　　❸・豉

　　黃河下游地區的「豉」是一種大眾化的食品，西漢史游的《急救篇》已經將「蕪荑鹽豉酏酢醬」記錄為百姓日常食生活的必需品，而且排列位置僅次於鹽，居於酏、酢、醬諸品類之先，其種類有乾豆豉、水豆豉、鹹豆豉、淡豆豉、黃豆豆豉、黑豆豆豉等，可見其流行程度。中國人利用豉的歷史，應當不會晚於用菽製醢的時間。但是，明確可見的文字記載則要晚到戰國末期。《楚辭》記載的楚地傳統食品中有「大苦鹹酸」的品目，東漢著名學人王逸注云：「大苦，豉也。」宋人洪興祖補註云：「《本草》：豉味苦，故逸以大苦為豉。」如此看來，豉的歷史一定比戰國時期更早。西漢長沙國丞相軑侯利倉的妻子辛追大約死於西元前一六八年至西元前一六〇年，她在長沙馬王堆墓中的殉葬品就有醬、豉、豆豉薑。

六、製麴釀酒技術的進步

　　《四民月令》六月篇中寫到製麴：「是月二十日可擣擇小麥……，至二十八日溲，

寢臥之,至七月七日,當以作麴,必躬親潔敬,以供祭祀,一歲之用,隨家豐約,多少無常。」註釋中:「寢臥」或「臥寢」是指:把調好的原料放進麴房,培養麴菌,也簡稱為「臥」;接著罨(yǎn)麴,是在培養階段放入麴房保溫培養,上面用草簾覆蓋,有時下面也用洗乾淨的木板襯墊,以便麴坯正常發酵(有益微生物的生長繁殖)這一步工藝,被書中稱為「臥」麴。麴胚墊草和覆蓋的目的,是為求保持合適的溫度與通入空氣。然後關閉房門,防止麴中的水分蒸發造成麴胚過乾,否則就會降低麴的質量,同時也為了防止室外的蟲鼠進入麴房,造成污染。

漢代製作酒麴與釀酒是分開進行的。比如《四民月令》正月篇:「命典饋釀春酒,必躬親潔淨」,「以供夏至,初伏之祀」。但是,釀春酒所用的酒麴,則是在前一年的農曆六月至七月間製作的,釀成春酒的用途則是「以供夏至,初伏之祀」。而在十月篇中則:「上辛,命典饋漬麴;麴澤,釀冬酒。必躬親潔敬,以供冬至,臘(là,古『臘』字)正,祖薦韭卵之祀。」可以知道,漢代製作酒麴的時間是七月至八月,釀春酒在正月開始,釀冬酒則在十月上辛(上半月的辛日)開始浸漬酒麴,接著開始釀製冬酒。當然農家莊園釀酒除去用於祭祖之外,平日飲用和待客之用的酒也為自釀。

第三節　食制和食俗

一、用餐習俗的確立與延伸

❶·三餐制

漢代是中國三餐制習俗確立與鞏固時期。漢代初年,一日兩餐與一日三餐制並行。此後,我國大部分地區都以早、午、晚三餐製為主,古稱「三食」。這是被人們普

1　崔寔著,繆啟愉輯釋,萬國鼎審訂:《四民月令輯釋》,農業出版社,1981年,第68-76頁。

遍承認的規範飲食制度，既利於生活，也利於生產。孔子在《論語‧鄉黨》中曾說：「不時，不食。」也就是說不到該吃飯的時候不吃。兩漢時期三餐飯的具體時間是怎樣安排的呢？鄭玄對孔子此言《注》曰：「不時，非朝夕日中時。」一日之中三時食，指朝食、夕食、日中食。鄭玄與孔子皆為黃河下游地區人士，鄭玄為北海高密（今山東省高密市）人，屬於齊地；孔子魯國陬邑（今山東曲阜市南辛鎮）人，屬於魯地。從文化學角度來分析，兩位成長於黃河下游地區的學者對於餐制的分析都是有其文化背景和文化依據的，說明春秋時期黃河下游地區的中上層社會，按照食禮來說是需要按時吃飯的，而到了秦漢時期，黃河下游地區即開始形成了三餐制。

漢代農家的早餐是在天剛亮的時候。《禮記‧內則》曰：早餐之前，「男女未冠笄者……昧爽而朝，問何食飲矣。若已食則退，若未食則佐長者視具。」就是說每日晨，一般未成年的男女要去向父母去請安，問候飲食起居並服侍長輩飲食，然後進早餐，早餐後多數農民都要去勞動。午餐又稱為晝食，也就是中午之食。《說文》：「餉，晝食也。」「餔，日加申時食。」午餐的時間多在正午時刻，黃河下游地區稱為「晌午飯」「吃晌」。據說，現在對午飯的這種稱謂，還是自漢代流傳下來的。[1]晚餐也稱殮飯。清人王筠在《說文解字句讀》中說：「日加某者，古語也。」申時一般是指下午的3點到5點之間，由於古人習慣早睡早起，所以古代人晚飯時間也比現代人安排得早些。

貧困農戶為了節約用糧，常在農閒時期恢復兩餐制。以上餐制是一般民眾的習慣，但王公貴族則不受此限。漢代的皇帝和王侯多實行一日四餐制，且酒宴不斷。由此可知，飲食餐制的實況，亦因飲食者的地位和經濟能力而不同。

❷‧分餐制

夏商周之前，氏族公社實行共有共食制時，食物和生產資料是共有的，每日兩餐，當食物烹調好了之後，總是按人數平分，這是最原始的分食制。自夏商周以

1　黎虎：《漢唐飲食文化史》，北京師範大學出版社，**1998**年，第**254-255**頁。

來，先民們習慣於席地而跪坐，憑俎案而食，人各一份。那時的俎案，制式都非常矮小，這是與就食者的坐姿相適應的。

秦漢時期，分食制也得到傳統的延伸。山東蒼山城前村出土的漢墓畫像石，畫有一老婦坐在矮榻上，前置几案，兩側男僕女侍跪進酒食，左側有一男僕，持刀為老婦切烤肉。河南新密打虎亭一號漢代畫像石墓的「筵客圖」上，主賓均盤坐在席上，面前各置長几，各有自己的餐具和食物，仍是分食的制度。[1] 據考證，從戰國到漢代的墓葬中，出土了不少食案，以木料製成的為多，常常裝飾有漂亮的漆繪圖案。漢代盛送食物使用一種案盤，或圓或方，也有實物出土，也有畫像石描繪出的圖像。盛托食物的盤，如果加上三足或四足，便是案。正如顏師古注《急就篇》所說：「無足曰盤，有足曰案，以陳舉食也。」古代還有夫妻相敬如賓，妻子向丈夫送飯時「舉案齊眉」的故事。漢代除一人一案外，一般都是席地而坐，一人一份飯菜。[2] 分食制的實行主要是因為使用食案進食，所以飲食方式的進步，確實是能夠改變飲食的習慣，從而豐富其飲食文化。秦漢時期是中國古代由分食制向合食（會食）制轉變的最佳契機。[3]

兩漢餐具比較豐富。現代發現有銅、銀和陶、瓷器。但仍以陶製為主。從出土的漢代陶製食器來看，泥質灰陶所占比例最大。燒製技術，一般火候較高，質地堅硬。陶器樣式眾多，從壺、罐、甕、碗、盤、盒、瓢、勺到案、爐、灶等，幾乎囊括飲食生活的所有器皿。漢代銅質食具也有出土，西漢時期流行一種有較大容量的銅勺，如江蘇銅山小龜山漢墓[4]、山東萊西岱墅等地的漢墓中都有發現，[5] 其形狀一般都較大，長度很多在十八至三十釐米。這類銅勺用途顯然不同於一般餐匙，不會是直接用於進食的，可能是筵席上用於分食的器具。兩漢之際飲食在膳食中用箸已經

1　楊愛國：《漢畫像石和畫像磚──不為觀賞的畫作》，四川教育出版社，1998年，第199-200頁。
2　王仁湘：《飲食與中國文化》，人民出版社，1994年，第282頁。
3　王仁湘：《飲食與中國文化》，人民出版社，1994年，第285頁。
4　南京博物院：《銅山小龜山西漢崖洞墓》，《文物》，1980年2期。
5　煙台地區文管組等：《山東萊西縣岱墅西漢木槨墓》，《文物》，1980年2期。

◀圖4-9　漢代雙系青釉陶壺

很普遍，出土的秦漢箸中，以漢代的竹箸為多，山東出土的漢代畫像、石磚上，都
有膳食用箸的圖像。[1]

二、飲食禮俗趨於完備

❶ · 月令食俗

東漢崔寔著的《四民月令》是東漢後期最重要的一部農書，該書反映了東漢時
黃河下游地區的農業和民食情況。筆者選擇《四民月令》中各月農事、祭祀、交
際、飲食活動中有關飲食特點、食禮、食俗的內容要點，介紹漢代黃河下游地區農
家莊園的四季飲食生活與飲食文化。

一月：「正月之旦，是謂正日。躬率妻孥，潔祀祖禰……及祀日，進酒降神畢，
乃家饗尊，無小無女……，各上椒酒於其家長，稱觴舉壽，欣欣如也。」正月初一
是最為重要的祭祀日，由家長帶領妻兒老小，向祖先進酒降神。此後，全家無論尊

1　湖南博物館：《長沙五里牌古墓葬清理簡報》，《文物》，1960年第3期。

卑和男女老少，都要列次序坐在最高輩長者面前，然後由晚輩們分別依次向長輩敬獻椒柏酒，舉杯敬祝長輩吉祥長壽，全家其樂融融。其中，正月元旦日敬獻椒柏酒，花椒象徵著玉衡星精，祝長輩和祖輩長壽。

二月：「祀太社之日，薦韭卵於祖禰。前期齊、饌、掃滌，如正祀焉。其夕又案家薄饌飼具，厥明於冢上薦之……」二月在農村的太社按日子進行祭祀，應劭《風俗通義》卷八中說：「社者，土地之主，土地廣博，不可遍敬，故封土以為社而祀之，報功也。」後世的土地廟，就是當時的「里社」，前稱「里社」「祀太社之日」（後世稱的「社日」，即是立春後在二月內的第五個戊日，為春社），向祖先獻祭雞蛋、韭菜，提前準備祀饌。當日晚上，又在祖墳前列供桌上供，第二天天明去墳上祭祀，如果這一天不是祭祖的好日子，或有其他急事，則可以請巫師另選日上墳祭祖。

三月：「是月也，冬穀或盡，椹麥未熟，乃順陽布德，振瞻匱乏，務先九族，自親者始。無或蘊財，忍人之窮。」在《四民月令》中，作者勸人積德行善，這個月分正是秋冬積存的糧食可能快要吃完，而桑椹和冬麥尚未成熟之際，糧貯多的人應當多以仁德之心去憐恤缺糧受飢之人。先關照本家的九族親戚，由親緣近者開始幫助缺糧人家。不要為了自己家積攢錢糧，而忍心看別人受窮挨餓。反映了那時春荒造成農曆二三月挨餓是普遍的事。同時也說明由於本地區廣種桑樹，每年「桑椹紅」正是窮人春糧盡之日，桑椹正可療飢救急，由此可見一斑。

四月：「是月也，可作棗糒，以御賓客。」

漢代黃河下游地區桑蠶為農家重要副業。每年桑蠶吐絲做繭、繅絲之後，農家都有大量的棄蛹，可知漢代蠶蛹可能早已成為普遍的季節性農家副產佳餚。在《齊民要術》卷三《雜說》篇中引《四民月令》四月篇，其原文作：「是月也，可作棄蛹，以御賓客。」但校釋作者在註釋中說：「棄蛹」應是「棗糒」的誤寫，並因此將《四民月令校釋》乃至轉引《四民月令》的《齊民要術》相應處均作如是改動。但筆者以為此處改動有誤，其理由有五點：

其一，《四民月令》四月篇中指出：四月「蠶入簇，繭既入簇，趣繅剖綿」，

說明農曆四月正值切開蠶繭取得蠶絲的加工季節，養蠶人家必然都會獲得大量的蠶蛹，崔寔將其稱之為「棄蛹」，是比之於蠶繭殼為繰絲的原料——主要的收穫目的而言是恰當的，但是蠶蛹畢竟是大量的副產可食之物。況且味美可食，如何能任意棄之呢？

其二，蠶農人家，多在農村，家境多不寬裕，未必在平時招待得起許多賓客，所以，一旦當自己養蠶而獲得許多蠶蛹又一時吃不完時，而這個季節蠶蛹又易於腐敗（當時可能尚未掌握醃漬製作方法），或因繰絲工作忙而無暇顧及，於是就會去請一些友人親戚來，飽餐一頓烹調鮮美的蠶蛹，並同時表示感謝友鄰們平時對於自己家事的幫助之情，這種舉動，於古於今均在情理中。既然寫入《四民月令》，就說明養蠶戶的這種應季飲食活動，在當時已經形成了一種食俗。

其三，當時的廣大農民限於家計，平時多以糧菜為餐，在他們日常飲食結構中，動物類食品所占比例極少，蠶蛹雖然不算高貴食品，但是其中富含蛋白質和脂肪，經過烹調，畢竟比菜粥美味得多，用以「御賓客」也是說得過去的菜餚。時至今日，在黃河下游地區各地，蠶蛹在酒席上仍然很受歡迎。試想在食物並不十分充足的兩千年之前，農民是絕對不會將蠶蛹輕易地拋棄而不食用的。

其四，該書校釋者認為御賓客用「棄蛹」似乎不妥，而將「棄蛹」改為「棗糗」，筆者認為缺少根據又不符合情理。因為在農曆四月，黃河中下游地區已值初夏，是各種菜蔬均很豐富的季節，招待賓客時卻要擺上「熟的米屑摻有乾棗泥」的「棗糗」沖熟成粥來招待客人，確實不合時宜。

其五，在《四民月令》的「五月」篇中有：「麥既入，多作糗，以供入出之糧。」這句「入出之糧」的含義作何解釋？校釋者並未就「入出之糧」一句解釋清楚。據筆者理解，糗「以供入出之糧」是供家人外出時，在旅途上吃的乾糧。並非專為「以御賓客」之用途。

綜上所述，筆者認為《四民月令》中原來的寫法：「是月也，可作棄蛹，以御賓客。」合乎邏輯，也符合當時養蠶戶的實際能力和條件，可能是如實地記載了當時已經普遍流行的實際食俗。《四民月令》輯釋中改寫「棄蛹」為「棗糗」，並將

其用「以御賓客」是不合邏輯的，今順便在書中提出討論，敬請學界教正。柞蠶既已大面積飼養，在取柞蠶絲之後，則必然也會得到大批柞蠶蛹副產品。柞蠶蛹因其味美且富含營養，既可以油煎，也可以入鍋炒食，還可煮食，調以蔥鹽即成美味。在漢代或此前，可能早已為本地區飼養柞蠶的農民開始食用。蝗災年，農民捕食蝗蟲蒸食可以充飢，食用昆蟲的習慣是各民族都有的，不少民族把食蟲習慣延續至現代。

五月：「夏至之日，薦麥魚於祖禰。厥明詞冢。前期一日饌具，齊、掃滌如薦韭卵。」說明漢代在夏至這天也有以麥魚獻給祖輩的習俗。一大早去祖先墳前祭祀，提前備饌，祭供雞蛋韭菜。「麥即入，多作糗，以供入出之糧。」新麥收到家，可趁鮮多作糗（熟的麥飯曝曬使乾，可以開水沖泡或煮粥），以供家人出入之用。實是勸告大家應當多多貯備防饑。

六月：「初伏。薦麥瓜於祖禰。齊、饌、掃滌、如薦麥魚。」在頭伏的熱天，應以麥粥和新熟之瓜祭祀祖先，要人齊、備饌、打掃塵土，如五月向祖墳祭供麥魚一樣。大暑（三伏天）中後期正是瓠和瓜成熟之時，可以及時收儲。

七月：「七月四日，命置麴室，具箔槌，取淨艾。六日饌，治五穀磨具。七日遂作麴。……作乾糗，采蒼耳。」面臨高溫到來，作者勸農民「多作糗」是指利用天然太陽好，快點準備多些「乾糧」以備不時之需。

八月：「是月也，以祀太社之日，薦黍、豬於祖禰。厥明祀冢如薦麥魚」。八月在祭祀太社的日子裡，要向祖宗祭黍米飯和豬肉，一大早去祖墳祭祀，祭獻面魚。這個月可以向外賣出麥種，以出售麥種的錢，多買些新收穫下來且較為便宜的黍。「可開葵，收豆藿」是說在八月葵菜、豆葉正繁茂時，應抓緊大量地收穫曬乾和貯藏，以保障冬春饑荒時用。

九月：「存向九族孤寡、老、病不能自存者分厚徹重，以救其寒。」九月入秋了，冷天也快要到了，提醒各位園主，應及時去看望本家九族親故中的鰥寡孤獨、老弱多病者和窮苦親戚鄰里。拿出自己富餘的衣物、糧米來救其飢寒。這體現出當時黃河下游地區淳樸的社會民風。

十月：《齊民要術》卷三《雜說篇》指出：「凡糴五穀、菜子，皆須初熟日糴，將種時糶，收利必倍。凡冬糴豆、穀，至夏秋初雨潦之時糶之，價亦倍矣，蓋自然之數。」這可作為《四民月令》各月糴、糶經營的註腳。十月秋收已畢。購買五穀種子和菜子，都必須在剛成熟的時候買入，而在即將播種的時候賣出，所獲得的利益可以成倍。如果是在冬季購入（五穀種子和菜子）、夏季賣出，則也獲倍利。

十一月：「冬至之日，薦黍羔，先薦玄冥於井，以及祖禰……如薦黍豚。其進酒尊長，及修謁刺賀君師，耆老，如正日。乃以漸饌黍、稷、稻、糧諸供臘祀之具。買白犬養之，以供祖禰。」「玄冥」指古代神祇，水神、冬神、北方之神等。冬至要以黍米糕、豬肉和酒送給尊長，拜謁看望師長和地方耆老。此後開始準備供臘月祭祀用的黍、稷、稻、粱等供饌，買白犬養肥以供祭祖之用。

十二月：「臘日，薦稻，前期五日殺豬，三日殺羊，前除二日，齊、饌、掃、滌，組、逐臘，五祀。其明日，是謂小新歲，進酒降神；其進酒尊長，及修刺賀君、師、耆老，如正日。其明日又祀是謂蒸祭。後三日祀冢。事畢，乃請召宗族、婚姻、賓旅講好和禮，以篤恩紀；修農息役，惠必下浹」。

以上活動，是秦漢時期黃河下游地區春節備年的日程活動安排。繆啟愉先生指出，人們從「臘日」（臘月初八日）就開始備年的各種活動。冬至前一天為臘除[1]，要求全家長幼齊吃齋，製作過年的食饌，進行室內外清掃洗滌工作、臘月祭祖和五祀等活動。上述祭祀準備工作都辦完之後，就要宴請本莊園主的宗族姻親和蔭附本莊園中的「旅居」客戶們，在酒宴上互相問好行禮，感謝彼此的恩澤與互助之情，使大家感情融洽和睦起來。這段時間停止一切農事和使役。

各月令中的絕大部分飲食活動，都較真實生動地反映出當時當地，各月分的農事活動、民俗禮儀、食俗節慶，祭祀交際中有關的食事、食禮、食俗情況。從中我們可以看到秦漢時期黃河下游農村莊園的有關食文化的內容。

1　崔寔著，繆啟愉輯釋，萬國鼎審訂：《四民月令輯釋》，農業出版社，1981年，第114頁。

❷ · 飲酒習俗

秦漢時期由於糧食豐足，使得釀酒業比較發達。《漢書・食貨志下》記載「百禮之會，非酒不行」，說明酒在秦漢時期是筵席上必備的飲品，黃河下游地區亦是如此。與此同時，秦漢時期黃河下游地區的釀酒技術有了進一步提高。考證得知，漢代已由過去麴、蘗共用的釀酒法，改為只用麴不用蘗；二是制麴開始使用多種原料制麴，並事先進行原料分級；三是麴的品種迅速地增加。漢初揚雄所著的《方言》一書中，即有收錄「麴」十多種。

據記載，漢代釀酒技術已由製作散麴，改進為使用餅狀麴，我們按照現代發酵工藝科學揭示了其原理。這種方法使用的麴餅、麴坯，其餅內外的通氣性條件不同，其氣生菌絲在餅外部旺盛生長，並逐漸生於坯內，並分泌了各種酶類於其中，來水解澱粉產生糖，水解蛋白質產生氨基酸，而其內部相對缺氧的環境，則可為酵母和其他微嗜氧微生物（比如乳酸細菌）的生存繁衍提供了條件。這樣，使麴坯中產生了更為豐富的酶類和有機物質，為下步釀造出優質酒提供了口感、氣味和具有營養意義的物質基礎，使麴的質量提高。據《漢書・食貨志》載，漢代用麴的出酒量為「釀用糙米二斛，麴一斛，得酒六斛六斗」。說明漢代加麴量已達原料的一半，這種用麴量已接近後世紹酒的用麴量。秦漢時期釀製糧食酒的過程經歷蒸糧—調麴種—濾酒—調酒—勾兌—入甕等各工藝程序，且有陳釀酒甕的做法，陳釀時酒窖中的大甕為埋入地下的半地上狀態。[1]

1　李林發：《山東畫像石研究》，齊魯書社，1982年。

第五章　魏晉南北朝時期

魏晉南北朝是自曹丕建魏始（西元220年）至隋滅陳（西元589年）為止的約四個世紀的歷史時期。這一時期是政治大動亂和民族大融合時期。黃河下游地區飲食文化既承襲了中原兩漢的民族風格，同時也受到各地區和各民族飲食風格的交互影響。[1] 在該歷史時期，黃河下游地區的食物原料、烹飪手段、食用方式都有了進一步的發展與豐富，並沒有因為戰爭頻繁和政治動盪而出現衰退跡象，反而在民族大融合的趨勢下為飲食文化注入了新的內涵，深刻影響和改變了黃河下游地區的飲食文化，並為隋唐時期飲食文化的繁榮奠定了基礎。

第一節　民生民食狀況

一、農業政策的改革

東漢末年，黃河下游地區涵蓋了當時的青州、兗州以及徐州的部分地區，這裡既是黃巾起義的主要戰場，亦是各方諸侯爭奪的戰略要地，社會經濟因戰爭而遭到嚴重破壞，加之自然災害的發生，使得糧食產量急遽下降，穀價飆升，《三國志・魏書・武帝紀》載，興平元年（西元194年）「冬十月，太祖至東阿。是歲穀一斛五十餘萬錢，人相食。乃罷吏兵新募者。」《注》引《魏書》曰：「自遭荒亂，率乏糧穀。諸軍並起，無終歲之計，飢則寇略，飽則棄餘，瓦解流離，無敵自破者不可勝數。」由此可見，當地百姓食不果腹，軍隊也只能靠食野菜、桑椹、蒲蠃度日。《三國志》中亦載曹操在東阿縱兵搶掠百姓糧食充軍糧，才湊集了三天的軍糧。多重因素並發，大饑荒不可避免。百姓為了生計，不得不越海或是南下避戰亂、求溫飽，今山東地區的戶口數量急遽減少，至西晉太康初年僅有2494125戶，

1　姚偉鈞：《三國魏晉南北朝的飲食文化》，《中南民族學院學報》，**1994**年第2期。

戶數比東漢時期減少73.3%。[1]《三國志・武帝紀》記載，建安元年（西元196年），曹操鎮壓黃巾軍後始行屯田制，來解決兵源、糧食匱乏的問題，將大量無主農田、耕牛、農具分發給青、潁無地農民、流民百萬餘口，當年即「得穀百萬斛」。次年，曹操將屯田制推廣到黃河下游地區，「州郡例置官田，所在積穀」，這為曹操統一北方奠定了堅實的物質基礎。

至北魏前期，因暴政引起各地反抗，孝文帝繼位後施行政治改革，逐步緩和了民族矛盾，使人民休養生息，政治穩定，經濟也有所發展。孝文帝實行的改革政策包括：遷都、改官制、禁胡服、禁胡語、改姓氏、禁止鮮卑同姓通婚、禮樂刑罰改革、實行三長制、均田制等。以上措施，使北魏由奴隸制社會快速地向封建社會轉變，從而有效地緩和了社會和民族矛盾，加快了社會發展。北魏政府曾著重幫助青州、齊州恢復冶鐵、冶銅工業，來推動農業生產力，並努力恢復山東海鹽生產，當時僅青州就有鹽灶546處，很快恢復了對本地區和內地的食鹽供應。從賈思勰的《齊民要術》中，可看出北魏休養生息和重農發展政策的作用，如恢復撂荒地的墾殖、興修水利設施、推廣良種等措施，促進黃河下游地區的農業生產恢復發展。

改革使社會漸趨穩定，生產積極性逐步提高，人口開始增加，經濟得以恢復。據《通典・食貨典・歷代盛衰戶口》可知，到北魏孝明帝正光年間，全國編戶達到500餘萬戶，比西晉太康年間人口數目增加了一倍多。另外，魏晉南北朝時期在黃河下游地區也存在著僑郡現象，其地理位置大約為黃河以南，魯中低山丘陵西部、北部外圍地區。這裡開發較早，土田肥美，糧食產量較高，所謂：「青齊沃壤，號曰東秦，地方二千，戶余十萬，四塞之固，負海之饒，可謂用武之國。」僑流們在僑居地享有政治上和經濟上的優越待遇，擴大占有土地和依附人口，甚至壓倒了當地豪強。[2]這些僑流對增加人口、開發經濟、改善民食、促進飲食文化的交融，也有一定的積極作用。

1　安作璋主編：《山東通史・魏晉南北朝卷》，山東人民出版社，1994年，第20-30頁。
2　胡阿祥：《晉宋時期山東僑州、郡、縣考志》，《中國歷史地理論叢》第3輯，1989年，第135-148頁。

二、自然災害的影響

三國魏至北朝的三百多年中，黃河下游地區有史載的較嚴重的災害就有30次，其中水災15次、旱災8次、蝗災7次。災害比較集中的地區主要分布在青州、徐州、齊州、兗州、臨沂。旱災常與蝗災並發，往往引起饑荒。

《魏書·食貨志》載：「晉末，天下大亂，生民道盡，或死於干戈，或斃於饑饉，其幸而自存者蓋十五焉。」至北魏開國「太祖定中原，接喪亂之弊，兵革並起，民廢農業。方事雖殷，然經略之先，以食為本……既定中山，分徙吏民及徒何種人、工伎巧十萬餘家以充京都，各給耕牛，計口授田」。道武帝作為北魏開國皇帝在開拓疆域之時仍不忘「以食為本」，一方面出於軍事的考慮，另一方面也說明少數民族的皇帝已然接受農耕民族的文化，遵循長治久安必興農業的規律。之後，太宗（明元帝）年間出現饑饉，「太宗永興中，頻有水旱。……於是分簡尤貧者，就食山東」。高宗（文成帝）「詔使者察諸州郡墾殖田畝、飲食衣服、閭裡虛實、盜賊劫掠、貧富強劣而罰之。」顯祖（獻文帝）時「歲頻大旱」又「遂因民貧富，為租輸三等九品之制。千里內納粟，千里外納米。上三器戶入京師，中三品入他州要倉，下三品入本州。」高祖（孝文帝）九年下詔「均給天下民田」始完善三長制以促農業，「又別立農官，取州郡戶十分之一，以為屯民。」「十二年，詔郡臣求安民之術。」數年後「則穀積而民足矣。」但至肅宗（孝明帝）正光之後「四方多事，加以水旱，國用不足……百姓怨苦，民不堪命。」敬宗（孝莊帝）時，「承喪亂之後，倉廩虛罄，遂班入粟之制。」孝靜時「九州霜旱，民飢流散。四年春，詔所在開倉賑恤之，死者甚眾」。

可見，北魏時期歷代皇帝都對災荒時期有應急反應，然而還是無法避免有餓死人的現象。《齊民要術》恰好就是在如此的歷史大背景之下出現的一部綜合性農書，但僅僅將此書界定為農史是不夠的，這本書還記載了諸多關於食料以及食物加工的技術方法，體現了農史與飲食史的結合。於是，該書成為研究魏晉南北朝時期黃河下游地區飲食文化的重要典籍。

三、一部重要的典籍——《齊民要術》

《齊民要術》成書於西元六世紀三〇年代到四〇年代之間，作者賈思勰，時為「後魏高陽太守」，青州齊郡益都（今山東省壽光縣）人。《齊民要術》的內容主要涵蓋黃河中下游地區，以今山東地區為重心，還對今山西、河南、河北等地區以及江南和「漠北寒鄉」的農業進行了記載和引述。賈思勰以其踏實嚴謹的治學之風，引用、整理、思考、實踐、驗證、總結前人資料並加以提高。正如《齊民要術・自序》所言：「今采捃經傳，爰及歌謠，詢之老成，驗之行事，起自農耕，終於醯、醢，資生之業，靡不畢書。」又以「鄙意曉示家童，未敢聞之有識，故丁寧周至，言提其耳，每事指斥，不尚浮辭。」來表達其寫作的意圖和態度，文辭樸實、淺顯、翔實、明了。

該書是這一時期非常重要的農學典籍，亦是中國現存最早、最完整地保存下來的古代農學著作。書中對食物原料、食物加工的整理與分析，體現了該時期的飲食

▲圖5-2　賈思勰像

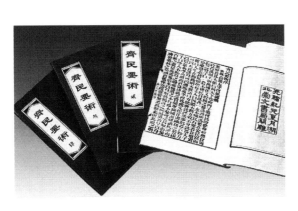

▲圖5-1　《齊民要術》書樣

文化，從中我們可以更深層次地挖掘該時期黃河下游地區的人們（或不同民族）生活在什麼條件下，吃什麼，怎麼吃等一系列問題。《齊民要術》大量記載了食料以及食物的加工方法，其中一些食物和加工方法至今依然為我們所食用與使用，這充分說明了本書的重要價值，也體現了黃河下游地區飲食文化的歷史悠久，有屬於自身十分完善的飲食文化系統。

《齊民要術》系統地記述了當時黃河下游地區所栽培的幾十種農作物品種及其特點，其中糧食作物有穀、黍、粱、稷、秫（shú）、大豆、小豆、大麥、小麥、水稻、旱稻等；纖維作物有棉、麻等；染料作物有紅花、藍草、紫草等；油料作物有胡麻、芝麻等；飼料作物有苜蓿等。此外，專門對多種蔬菜、果樹的品種特點和栽培技術進行了翔實的總結，這一時期黃河下游地區的果蔬在數量和品種上比前代有了明顯的提升。

第二節　飲食資源的發展

一、糧食作物的種類和豐富的製作方式

❶·水稻的種植情況與食物形態

稻是我國栽培歷史最早的重要糧食作物之一，在《齊民要術》中記載的稻有水稻和旱稻。三國時期，鄭渾為「沛郡太守，郡居下濕，水潦為患，百姓飢乏。渾於蕭、相二縣興陂場，開稻田，郡人皆不以為便。渾以為終有經久之利，遂躬率百姓興功，一冬皆成。比年大收，頃畝歲增，租入倍常，郡中賴其利，刻石頌之，號曰『鄭陂』」[1]。三國末年，鄧艾建議：「陳、蔡之間，土下田良，可省許昌左右諸稻田，

1　房玄齡：《晉書·食貨志》，中華書局，1974年，第784頁；另見酈道元著，陳橋驛校證；《水經注校證·睢水》，中華書局，2007年，第571頁。

並水東下。令淮北二萬人、淮南三萬人分休，且佃且守。水豐，常收三倍於西，計除眾費，歲完五百萬斛以為軍資。六七年間，可積三千萬斛於淮上，此則十萬之眾五年食也。」[1]可見黃河下游地區是當時北方種植水稻的重要地區之一。

西元六世紀是魏晉南北朝末期，從戰國開始的農耕技術到了這個時期已臻於完善，農田水利灌溉工程的改善與精耕細作技術的進步，特別是北方在旱作栽培上的進步，在不擠占傳統北方作物的土地上，開發地勢低窪的荒地而引水種稻，從而促進中原文明的發展。[2]輪作制的使用促進了水稻種植技術更趨系統。「稻，無所緣，唯歲易為良。」[3]「歲易」不僅可以保持土地肥力，減少因過度種植而產生問題，故《齊民要術·水稻》曰：「既非易歲，草、稗俱生，芟亦不死，故須栽而薅之。」

另外，《齊民要術》寫到的插秧、中耕、收穫部分也都十分講究：插秧必「美田欲稀，薄田欲稠」，中耕須「曝根令堅」，收穫則「霜降穫之」，藏稻則「必須用簞」，這就說明當時水稻種植從土地選擇、土地使用、插秧時間、插秧方法、中耕植保、收穫時間以及保存方法上已經形成一套非常完備和系統的方法。水稻耕作技術的發展，促進了產量的提高，當時已達「畝收十石」，但據現代研究成果計算，差不多應該為畝產三石左右。北齊武成帝河清三年（西元564年）定：「一夫受露田八十畝，婦四十畝……墾租二石，義租五斗。」[4]同時期，北周定：「有室者，田百四十畝，丁者田百畝……其賦之法，有室者，歲不過絹一匹，綿八兩，粟五斛。」[5]但至北魏分裂之後，戰亂不斷，北齊和北周的平均畝產量相當，但比較北魏時期肯定有所下降。據梁方仲先生計算，武定年間（西元543-550年）的東魏總戶數為2007966戶，人口7591654口，[6]對應稻作產區面積的人口來說應該不少於500

1　房玄齡：《晉書·食貨志》，中華書局，1974年，第785頁。

2　裴安平：《稻作與史前社會演變的關係新探》，裴安平、張文緒：《史前稻作研究文集》，科學出版社，2009年，第340-344頁。

3　賈思勰著，繆啟愉校釋：《齊民要術校釋》，農業出版社，1982年，第100頁。

4　魏徵：《隋書·食貨志》，中華書局，1973年，第677頁。

5　魏徵：《隋書·食貨志》，中華書局，1973年，第679頁。

6　梁方仲：《中國歷代戶口、田地、田賦統計》，《梁方仲文集》，中華書局，2008年，第81頁。

萬人，但是資料記載表明，原來種稻的主要地區青州、兗州地區人口相加還不到50萬，顯然稻作產量正在下降。

水稻有如下的食物形態

水稻是黃河下游地區的主要農作物，人們把水稻製作成了多種形式的食物，如飯食、粥食以及作其他食品的輔料等。

（1）飯食　飯的初義是指一切煮熟的穀物和豆類，[1]而這裡我們單純是指用稻米作為原料成飯而食的方式，這種方式是魏晉南北朝時期黃河下游地區人們食用稻的主要方式，具體有：

赤米飯，《齊民要術·飱飯》：「治旱稻赤米令飯白法：莫問冬夏，常以熱湯浸米，一食久，然後以手挼之。湯冷，瀉去，即以冷水淘汰，挼取白乃止。飯色潔白，無異清流之米。」這說明當時北中國種植水稻亦種旱稻，然似乎旱稻的品種沒有水稻來得精細，「赤米」變白，證明「清流之米」乃為水稻所產之米的色澤。

糒，眾所周知，北方種植的水稻當為粳米，游修齡先生曾經提及南方的秈米物種逐步北上演變為較為適口的粳米，[2]故有賈思勰引《食經》：「作粳米糗糒法：取粳米，汰瀾，作飯，曝令燥。搗細，磨，粗細作兩種折。粳米棗糒法：炊飯熟爛，曝令乾，細篩。用棗蒸熟，迮取膏，溲糒。率一升糒，用棗一升。」[3]這兩種飯食方法說明北方習慣食用以粳米為原料的乾飯，俗稱「糒」。但是這樣的乾飯與我們現代意義上的飯是不同的，根據史料看，要經過淘米—蒸煮—曝干—搗碎—研磨（加入輔料，如棗）等幾個加工過程，可見當時的糒是真正意義上的「乾」飯。北魏正光二年（西元521年），蕭宗（孝明帝）因蠕蠕王阿那瑰歸國，一次性贈送大批財貨，

1　游修齡、曾雄生：《中國稻作文化史》，上海人民出版社，2010年，第395頁。
2　游修齡：《對河姆渡遺址第四文化層出土稻穀和骨耜的幾點看法》，《稻作史論集》，中國農業科技出版社，1993年，第6頁。
3　賈思勰著，繆啟愉校釋：《齊民要術校釋》，農業出版社，1982年，第525頁。

◀圖5-3　根據文獻還原的古法燒餅

其中就有:「新乾飯一百石,麥麨(chǎo)八石,榛麨五石⋯⋯粟二十萬石。」[1]此文獻說明「糒」既可作為貴重的賞賜之物,亦因其可長期貯存而作為長途旅行食物。同時,游修齡先生提出的「糒」可作為行軍打仗時所攜帶的乾糧,[2]這個意義非常重大。因為作為軍旅生活,飯食一般比較簡單也比較乏味,如能將具有適口性佳且製作相對方便的粳米製成的糒作為主要軍糧,這對於改善士兵的伙食,提升軍隊士氣和戰鬥力是非常有利的。

稻米飯,《齊民要術·餳餔》引《食次》:「白繭糖法:熟炊秫稻米飯,及熱於杵臼淨者舂之為粢,須令極熟,勿令有米粒。」其中「秫稻米」即是「糯米」。從這條資料中可以說明兩點:第一,黃河下游地區在這一歷史時期有食用糯米的食俗,吃法與今日的粢飯糰幾乎相同。第二,現代早些年前糯米飯裏糖而食應與「白繭糖」有一定的聯繫,只是魏晉時期是將其舂搗後進行加工的一種糖食。[3]

稗米飯,《齊民要術·種穀》引《氾勝之書》云:「稗中有米,熟時搗取米,炊食之,不減粱米。又可釀作酒。」《農政全書·樹藝》:「稗多收,能水旱,可救儉歲。」《孟子·告子上》:「五穀者,種之美者也。苟為不熟,不如荑稗。」說明稗

1　魏收:《魏書·蠕蠕傳》,中華書局,1974年,第2300頁。
2　游修齡、曾雄生:《中國稻作文化史》,上海人民出版社,2010年,第395頁。
3　楊堅:《〈齊民要術〉中的飯食淺議》,《南寧職業技術學院學報》,2007年第2期,第13頁。

米飯是當時老百姓度荒年的食物來源，一是用來備用口糧的不足，二是節省家用，可見種植稗很可能就是為了饑年備荒。賈思勰在《齊民要術》中將其附在種穀之後，可見此飯食在黃河下游地區是十分常見的，將其記載作為備荒食物以示後人。

（2）粥食　粥是在黃河下游地區陶器時代就存在的一種食用方式，其煮米時間比飯長，含水量大於飯，可以產生與飯完全不同的口味和營養。《齊民要術》中沒有稻米粥的記錄，只在《飧飯》中詳解了「折粟米法」，並說「弱炊作酪粥者，美於粳米」。「粳米」就是水稻的一個品種，說明當時應該存在稻米粥，但不經常出現，粥有節米、驅寒、宜脾胃、易消化、益養生等作用，常見於士家大族。

（3）加工輔料與調味料　黃河下游地區的人們辛勤勞作、秉持勤儉節約的優良傳統，從利用糈製作過程中掉落的碎屑——糝中可見一斑。糝非主食，但它卻能成為加工其他食品的輔料。比如《齊民要術・作魚鮓》中介紹做魚鮓要先「炊秔（jīng）米飯為糝」，而且提醒「飯欲剛，不宜弱；弱則爛鮓」。秔，即為粳的另寫法，故完全可以推斷當時製糈所產生的糝作為魚鮓的外皮，就如同現今的炸魚排外層的麵包粉一樣，並且含有一定的水分，顯然「糝」是「糈」製作過程中出現的「副產品」，亦能證明糈製作過程中有「脫水」的過程。《齊民要術》中還介紹了一種叫「八和齏」的調味品（也是小菜），其配料比例為：「蒜一、薑二、橘三、白梅四、熟栗黃五、粳米飯六、鹽七、酢八。」這裡粳米飯的原料就是水稻，加粳米飯的目的是「取其甜美耳」以作魚膾。這一方面說明粳米飯味美，其次同樣說明稻的珍貴，而且按照「八和齏」這樣的調味品來說，不是普通民眾所能製作的，當為具有一定社會地位且講究飲食的官宦、士紳階層所食用。

❷・小麥的種植情況與食物形態

小麥是我國重要的糧食作物，最遲在春秋時已經成為黃河流域乃至長江流域等廣大地區先民們的重要食物來源。[1]在魏晉南北朝時期，特別是從四世紀初開始，麥

1　趙榮光：《中國飲食文化史》，上海人民出版社，2006年，第222頁。

的栽培已經從黃河流域向河西走廊一帶延伸。[1]《齊民要術·大小麥》:「小麥宜下田。八月上戊社前為上時(擲者,用子一升半也)。中戊前為中時(用子二升)。下戊前為下時(用子二升半)。」說明當時已經認識到小麥的播種時間和播種量之間成反比,就是播種時間越晚,播種量越增加。另據《齊民要術》記載,當時除了大麥、小麥外,還有青稞麥、蕎麥、瞿麥等品種。其中瞿麥是一種燕麥,做餅食味美。可見小麥在魏晉南北朝時期的黃河下游地區已被廣泛種植,其耕作技術水平也已較為系統和先進,加之小麥的種植條件和培育條件沒有水稻高,需水量小,故種植範圍廣泛,產量較為可觀。小麥隨之進入了果腹階層的餐桌,也為隋唐時期開始逐步取代粟而成為黃河下游地區的主食奠定了基礎。

小麥有如下的食物形態。

(1)餅食　餅食即是以小麥粉製成的各種餅類,如下品種即是。

白餅,《齊民要術·餅法》:「(引)《食經》曰:『作白餅法:麵一石。白米七八升,作粥,以白酒六七升酵中,著火上。酒魚眼沸,絞去滓,以和麵。麵起可作。」趙榮光教授曾提出,這裡所說的「白餅」就是不加任何作料的白麵餅,而「白酒」就是甜酒釀。[2]那麼根據這樣來分析,白餅加上白酒,味道應該有糯、香、甜的感覺,並且具有飽腹感。

燒餅,《齊民要術·餅法》:「作燒餅法:麵一斗。羊肉二斤,蔥白一合,豉汁及鹽,熬令熟,炙之。麵當令起。」此「麵」應為麥粉。從文獻看出該燒餅是屬於有肉餡的發麵餅。

髓餅,《齊民要術·餅法》:「髓餅法:以髓脂、蜜,合和麵。厚四五分,廣六七寸。便著胡餅爐中,令熟。勿令反覆。餅肥美,可經久。」經分析發現,髓餅是在發麵餅中加入其他原料進行烘烤的麵食,並且是一次烤製而成,與現在的麵包烤製方法比較接近,可以說是具有現代特點的早期麵包。

1　唐啟宇:《中國作物栽培史稿》,農業出版社,1986年,第58頁。

2　趙榮光:《兩漢期糧食加工、麵食發酵技術概說》,《中國飲食史論》,黑龍江科學技術出版社,1990年,第231頁。

另，有學者認為此文獻中有「胡餅爐」一說，故由此推斷在賈思勰生活的年代有胡餅存在，筆者對此有不同見解，提出來以供商榷。首先，「胡餅爐」的「胡」是否一定指示胡人尚不明確，亦可理解為胡麻餅，胡麻雖託名張騫「鑿空」帶回，然《漢書·西域傳》以及西晉張華所撰《博物誌》中並未提及有此物，今人美國學者勞費爾所著《中國伊朗編》中也未見「胡麻」一說，[1]當時學者劉熙在《釋名·釋飲食》中有云：「胡餅，作之大漫汗也，亦言以胡麻著上也」。

其次，「胡餅爐」何樣尚未發現有文獻支撐。而賈思勰記載「胡餅爐」出現在「髓餅法」中，由此有兩種推論：其一，賈思勰肯定見過胡餅爐，但並未真實見到過胡餅，應該為髓餅；其二，賈思勰見過胡餅及胡餅爐，可是有一點無法說通，就是為什麼他不進行記載呢？我們認為髓餅即胡餅，因為「胡餅」食習既然至遲於東漢中葉便於黃河流域及廣大中原地區逐漸普及開來，並於東漢末年為上自禁宮天子、下迄京畿百姓無人不食之食，那麼按常理推測賈思勰絕沒有不言之理。石勒的「避胡」政策改的只是「胡」名稱謂，而非禁其物實，也就是說，「胡餅」之名雖不公開流行，但「胡餅」之實卻是存在的。而繼石勒政權之後的後趙政權，在不足兩個世紀的黃河流域仍然普遍流行胡餅，則《齊民要術》更加沒有理由不記「胡餅」之名。

（2）麥飯　史籍中有大量關於「麥飯」的記載。依據目前考古發掘研究和歷史文獻研究的初步認斷，麥的食用方法，最早應當是煮粥啜食的。至漢代時，以麥粒煮飯是麥的基本食用方法之一，「餅餌、麥飯、甘豆羹」為百姓仰重的日常之食，《急就篇》顏師古《注》曰：「麥飯，磨麥合皮而炊之也；甘豆羹，以洮米泔和小豆而煮之也；一曰以小豆為羹，不以醯酢，其味純甘，故云甘豆羹也。麥飯豆羹皆野人農夫之食耳。」雖然早在漢代之前人們就已習食粢糕，且入漢以後粉食大興，但「麥飯」的吃法仍在相當長的時間一直存在。究其原因在於長期形成的一種傳統飲食方式不是短時間內能夠改變的；其次麥飯可以減少加工損耗，小麥在轉換成麵粉

1　勞費爾著，林筠因譯：《中國伊朗編》，商務印書館，1964年，第1-3頁。

中
國
飲
食
文
化
史

■

黃
河
下
游
地
區
卷

中間，勢必有糧食被損耗，而直接食用則會最大化地利用。在西元六世紀這樣一個動盪的年代，百姓總是選擇節省糧食的食用方式，《魏書‧盧義僖傳》：「性清儉，不營財利。雖居顯位，每至睏乏，麥飯蔬食，忻然甘之。」可見麥飯蔬食是一種清儉生活方式的表達。

❸‧粟、黍、豆類

魏晉時期，粟在黃河下游地區越發重要，根據《齊民要術》的記載，穀和禾已經成為粟的代名詞，說明粟在人們的心目中地位是很高的。郭義恭《廣志》中就記載有11個品種，而《齊民要術》中又增加了86個品種。北朝時期，粟還作為國家徵收租的主要糧食作物，如《魏書‧食貨志》記載：「其民調：一夫一婦帛一匹，粟二石。」

黍，這一歷史時期，其地位已經遠遠不及粟，《齊民要術》中沒有作為專門記載，僅僅從《廣志》中記載了20個品種，而且沒有直接的文獻證據證明黃河下游地區有大規模種植的記載。

豆類，在魏晉南北朝時期依然還是普通百姓的重要食物，人們經常以豆糜、豆粥為口糧，特別是災荒時期尤為突出。《齊民要術》當中有專門的記載。

❹‧點心的出現

點心一般為正餐之外的輔助性食品，其特點為：

（1）其基本原料以米、麵等五穀類為主。既包括以麥麵粉為主的諸類粉製品，也包括以各類穀米等為主要原料所製的粒食類製品。也就是說，它既有各類麵食品種，也有飯粥品種，還包括麵、飯、粥的諸多變化品種。

（2）它是輔助性的食品，不是主食。通常是在正餐之外進食的「零食」，或為酒席進行宴程間隔中的隨上「小吃」。[1]

（3）它是精巧的，一般是體積較小，製作精細，備用數量也較少（較正餐主食而言）。

1　趙榮光：《中國飲食文化史》，上海人民出版社，2006年，第233-234頁。

有學者提出「點心」之稱通行於宋代，但「點心」之名見於唐，「點心」之實則絕非始於唐。這個論點筆者十分贊同，因為在《齊民要術》當中被廣泛記載以「餅」為名的點心，如「白餅」「燒餅」「髓餅」「膏環」「雞鴨子餅」「細環餅」「截餅」「餢飳」「水引」「餺飥」「棋子麵」「粉餅」「豚皮餅」「索餅」「餛飩」等可為點心之用的主食品種已經很多。

二、蔬果作物的種類及加工貯藏

❶ · 蔬菜

《齊民要術》中大量記載了蔬菜以及加工、保鮮技術，說明魏晉南北朝時期的黃河下游地區蔬菜品種的豐富，並出現有大規模的菜園生產。當時主要的蔬菜種類有如：

葵菜，葵菜當時為常見葉菜，既可鮮食、作湯菜，也可以醃漬、乾制。當時在農曆小暑種葵菜，農曆九月霜降收穫，收早易爛，收晚則葵菜口味澀。收下的葵菜放在陰涼處的支架上陰乾，還可採下鮮菜後醃製成葵菹菜，以備冬日長期食用。

冬瓜，「十月，霜足收之（早收則爛）。削去皮子，於芥子醬中，或美豆醬中藏之，佳。」冬瓜在降重霜之後採下，削去冬瓜皮，可將其放於芥子醬或豆醬中醃製，味道好，又耐貯藏。

蕪菁，《齊民要術·蔓菁》：「蒸乾蕪菁根法：作湯淨洗蕪菁根，瀝著一斛甕子中，以葦荻塞甕裡以蔽口，合著釜上，繫甑帶，以乾牛糞燃火，竟夜蒸之，粗細均熟。謹謹著牙，真類鹿尾。蒸而賣者，則收米十石也。」可見蒸熟的蕪菁根口感細膩、黏軟，類似鹿尾，賣價很高，體現了該農產品的經濟價值。

葵、菘、蕪菁、蜀芥，都可以用來醃製鹹菜。《齊民要術·作菹、藏生菜法》記載的醃漬菜技術如：用鹽水來洗菜、醃漬中添加粥清（米湯）；需注意碼菜順序

和方法；還應充分利用以往用過的舊鹽水汁可以保持醃漬菜的色澤等，這是當時居民日常蔬菜醃漬的加工方法。

胡荽，《齊民要術》記載：「湯中渫出之，著大甕中，以暖鹽水經宿浸之。明日，汲水淨洗，出別器中，以鹽、酢浸之，香美不苦。亦可洗吃，作粥清、麥麨末。」這樣的醃漬方法是比較複雜的，需要經過開水焯過、溫鹽水泡、井水洗、鹽醋泡等，才能製作出味道鮮美的胡荽，之所以需要這麼多工序，主要是為了去除菜裡的苦味。同時，將洗過的胡荽加入稀粥和麥余粉（打場之後未被徹底脫粒乾淨的麥穗頭，經過石磨細細磨成的粉）作為釀製材料，可以共同用來釀製鹹菜。

瓜，選黃瓜要用小而直者，不可用短而彎曲者。用鹽搽表面後，曬至少半乾（皺皮時即好），再用酒糟來醃製，可得糟瓜。這種方法已經近於現代江南醃製糟黃瓜的方法。

湯菹，將小白菜、蕪菁洗淨後，經開水略燙，然後趁熱撒上鹽、醋，按容器的大小切成小段，用醋與菜汁混合，但不要太酸。這種醃漬的小菜，也可盛於盤中，作為祭祀時的供品。

木耳，是一種現製現吃的調製小菜，製作方法：現採集木耳，用酸漿水洗過，加入芫荽、蔥白，使木耳有香辣味；再加入豆豉汁和醬清（醬油）拌勻，則有醬和豉的鮮香滋味。最後加醋、薑末和花椒末，使這盤小菜具有香、辛、酸、鹹等多種風味；而切細的木耳絲本身所具有的糯而滑的口感，讓木耳涼拌菜成為一道獨具特色風味、口感頗佳的小菜。

❷·水果

《齊民要術》中記載了大量的水果加工以及儲藏方法，也證明了魏晉南北朝時期黃河下游地區水果品種的豐富。

梨菹法，這是一種用鮮梨經乳酸發酵製作酸梨、梨汁的方法。製作酸梨汁：將小梨置於瓶中用泥封口，自秋天到春天發酵，即得酸梨汁；另外還有一種製作酸果原汁（溢〈lǎn〉汁）的方法：將少量水果（比如梨）放於水中進行乳酸發酵，經過

自秋至冬或春的發酵後，即可得潷汁。將梨取出去皮切成片加潷汁和少許蜂蜜，使之成甜酸味，再入壇以泥封口，即可製成甜酸可口的果片。該食品多用於祭祀，梨五六片加上一半的汁即可上供。

八和齏，這是一種用多種果蔬製作的涼拌什錦調味料，也是一種佐餐小菜。重量比例為：蒜一、薑二、橘三、白梅四、熟栗黃五、粳米飯六、鹽七、酢八等。八種果、菜、調味品經過不同處理，再經舂搗製成。該食品反映了當時人們調味多元化的飲食嗜好。

棗，賈思勰指出：「青州有樂氏棗，豐肌細核，多膏肥美，為天下第一。」山東自古為名棗產區，「青州樂氏棗」是戰國時由燕國引入，因其品質好而成為當時天下最好的棗。棗的貯藏加工當時在本地區有許多經驗，《齊民要術·種棗篇》：「曬棗法：先治地令淨（有草萊，令棗臭）。布椽於箔下，置棗於箔上，以杷聚而復散之，一日中二十度乃佳。夜乃不聚（得霜露氣，乾速，成。陰雨之時，乃聚而蓋之）。五六日後，別擇取紅軟者，上高廚而曝之（廚上者已乾，雖厚一尺亦不壞）。擇去胖（pāng）爛者（胖者永不乾，留之徒令污棗）。其未乾者，曬曝如法。」

其篇還介紹了酒棗的做法：「……畢日曝，取乾，內屋中。率一石，以酒一升，漱著器中，密泥之。經數年不壞。」現代山東酒棗，品質優良，風味宜人，至今仍然保持著良好的產銷形勢。

桃醋，《齊民要術·種桃》中還記載了釀桃醋的方法。「桃爛自零者，收取，內之於甕中，以物蓋口。七日之後，即爛，濾去皮核，密封閉之。三七日醋成，香美可食。」這種發酵方法，實際上是依靠野生酵母先將桃中的糖分變成酒，而後又由於醋酸菌的作用將酒精氧化為醋，成醋後，濾去皮核封口再經陳釀而成桃醋。如此，保留了桃子的香氣和滋味，與米醋相比，另有一番風味。

白李，《齊民要術·種李》中介紹了當時加工李乾的方法：「用夏李。色黃便摘取，於鹽中挼之。鹽入汁出，然後曬令萎，手捻之令褊（biǎn）。復曬，更捻，極褊乃止。曝使乾。飲酒時，以湯洗之，瀝著蜜中，可下酒矣。」先加鹽使李子脫水，然後帶鹽曬李子使其脫水變乾，手加工揉捻，使其組織破碎，並使組織中的水分溢

出，仍然再曬到全乾後就可以久放。食用前用開水洗過，加入蜂蜜拌勻，可作下酒之肴。

板栗，《齊民要術‧種栗》中介紹了板栗用濕土深埋保藏的方法：「栗初熟出殼，即於屋裡埋著濕土中。埋必須深，勿令凍徹。若路遠者，以布囊盛之。停三日以上，及見風日者，則不復生矣。」

柿子，《齊民要術‧種柿》轉引《食經》藏柿法：「柿熟時取之，以灰汁澡再三度，乾令汁絕，著器中，經十日可食。」說明當時已經掌握了用灰汁浸泡來脫去澀味（去除丹寧）的技術。

桑椹，《齊民要術‧種桑、柘》中有「桑椹熟時，收黑魯（桑）椹（黃魯椹不耐久）即日以水陶取子，曬燥，仍畦種。」「椹熟時，多收，曝乾之，凶年粟少，可以當食。」說明當時本地區植桑養蠶十分普遍，桑椹也有度荒年的救災價值。

三、各種肉類的食品加工

❶·牛肉類食品的加工

牛作為「六畜」之一，在新石器時代黃河下游地區就已經出現，人類當初飼養牛除了用來耕作以外，亦是肉食的來源。在《齊民要術》中記錄了大量牛肉食品和以牛肉為原料的調味品。明代李時珍《本草綱目》：「水牛肉，消水除濕，頭尾皆宜。」又「黃牛肉，氣味甘溫，無毒。」「水牛肉，氣味甘平，無毒。」所以傳統中醫認為牛肉有補氣、養脾胃、健筋骨等的功效。當代營養學認為牛肉含有豐富的蛋白質、氨基酸，能提高人體的免疫力，特別是對生長發育、術後調理的幫助更大。

因受北方少數民族的影響，南北朝的黃河下游地區食牛的方法方式多樣。

做成肉醬，《齊民要術‧作醬法》：「作卒成肉醬法：牛、羊、獐、鹿、兔、生魚，皆得作。細銼肉一斗，好酒一斗，麴末五升，黃蒸末一升，白鹽一升，盤上調和令均，搗使熟，還擘破如棗大。作浪中坑，火燒令赤，去灰，水澆，以草厚蔽

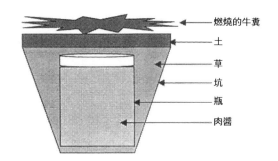

燃燒的牛糞

土

草

坑

瓶

肉醬

之，令坅中才容醬瓶。大釜中湯煮空瓶，令極熱，出，乾。掬肉內瓶中，令去瓶口三寸許，碗蓋瓶口，熟泥密封。內草中，下土厚七八寸。於上燃乾牛糞火，通夜勿絕。明日周時，醬出，便熟。」此種做法做出之醬，「臨食，細切蔥白，著麻油炒蔥令熟，以和肉醬，甜美異常也。」

做成臘肉，《齊民要術·脯臘》：「作五味脯法：正月、二月、九月、十月為佳。用牛……或作條，或作片，罷各自別槌牛羊骨令碎，熟者取汁，掠去浮沫，停之使清。取香美豉，用骨汁煮豉，色足味調，漉去滓。待冷，下：鹽：細切蔥白，擣令熟：椒、薑、橘皮，皆末之，以浸脯，手搵令徹。片脯三宿則出，條脯須嘗看味徹乃出。皆細繩穿，於屋北簷下陰乾。條脯㶸㶸時，數以手搦令堅實。脯成，置虛靜庫中，紙袋籠而懸之。臘月中作條者，名曰『瘃（zhú）脯』，堪度夏。每取時，先取其肥者。」此法應該是比較傳統的製作臘肉的方式，臘肉除去口味上的追求之外，更是將肉食保存最長時間的方法，其做法與現今蘇菜中靖江肉脯相近。

直接烤製，《齊民要術·炙法》：「捧炙：大牛用脣（chún，脊肉），小犢用腳肉亦得。逼火偏炙一面，色白便割：割遍又炙一面。含漿滑美。若四面俱熟然後割，則澀惡不中食也。」「肝炙：牛、羊、豬肝皆得。臠長寸半，廣五分，亦以蔥、鹽、豉汁脯之。以羊絡肚䑋（sǎn）脂裹，橫穿炙之。」又，「牛胘（牛百葉）炙：老牛胘，厚而脆。劃穿，痛蹙令聚，逼火急炙，令上劈裂，然後割之，則脆而甚美。若挽令舒申，微火遙炙，則薄而且肕（rèn）。」文獻表現出直接將牛肉及肝臟放在火上烤的吃法，在當時應該是少數民族帶來的一種食用方式，其中還使用了蔥、鹽、

豉這樣明顯具有漢族特色的調味料調味，可見漢民族和少數民族在飲食文化方面的融合。

❷ · 羊肉類食品的加工

魏晉南北朝時期黃河下游地區的農家已經普遍養羊，食用羊肉、羊乳的現象也十分常見，如賈思勰家就曾養羊二百口，在《齊民要術》中亦記載了羊肉和奶乳的加工方法。這是當時處於民族大融合背景之下的黃河下游地區，在中原文化與北方游牧民族南遷過程中產生的必然結果。

羊肉含有豐富的脂肪、蛋白質、鈣、鐵及纖維素等，對體質虛弱、胃寒、貧血的人有很好的補虛和保健功效。《本草綱目》記載：「羊肉，氣味苦甘，大熱無毒。」羊作為北方少數民族的主要肉食來源，與中原文化融合後，食用方法多樣，主要有以下幾種。

製成羹、湯、臛，《齊民要術·羹臛法》：「作羊蹄臛法：羊蹄七具，羊肉十五斤。蔥三升，豉汁五升，米一升，口調其味，生薑十兩，橘皮三葉也。」又「作胡羹法：用羊脅六斤，又肉四斤，水四升，煮；出脅，切之。蔥豉一斤，胡荽一兩，安石榴汁數合，口調其味。」又「作瓠葉羹法：用瓠葉五斤，羊肉三斤。蔥二升，鹽蟻五合，口調其味。」這三種羹都是以羊肉作為原料來進行烹飪的。

蒸製，「蒸羊法：縷切羊肉一斤，豉汁和之，蔥白一升著上，合蒸。熟，出，可食之。」「蒸」是利用水蒸氣把食物烹熟的方式。這道菜是將羊肉加上豆豉汁、蔥白後蒸熟，是具有明顯農耕文明特點的烹飪方式。

◀圖5-5　根據文獻還原的「羊肝炙」

酸奶，《齊民要術‧養羊》記載了較為系統科學的作酪法：「牛羊乳皆得。別作、和作隨人意。」「牛產五日外，羊產十日外……然後取乳……生絹袋子濾熟乳，著瓦瓶子中臥之，新瓶即直用之，不燒。若舊瓶已曾臥酪者，每臥酪時，輒須灰火中燒瓶，令津出，回轉燒之，皆使周匝熱徹，好乾，待冷乃用……濾乳訖，以先成甜酪為酵——大率熟乳一升，用酪半匙——著勺中……，以氈，絮之屬，茹瓶令暖。良久，以單布蓋之，明旦酪成。若去城中遠，無熟酪作酵者，急揄醋飧，研熟以為酵——大率一斗乳，下一匙飧——攪令勻調，亦得成。以酪為酵者，酪以醋；甜酵傷多，酪以醋。」文中所述其實就是發酵酸奶的方法。製成的酸奶既可以立即食用，又可以用它來進一步加工成乳皮、乾奶酪（蒙族稱為奶豆腐）。從中可看出，當時十分重視原料奶質量和飲食衛生，比如：其一，晨起放牧後再擠奶，晚上使母畜與犢分開，白天放牧母犢同處等等，以便保證母畜的健康和奶的產量和質量。其二，注重奶的消毒，擠出的奶經煮四五開後，倒入發酵的容器中準備發酵。事先的準備工作：在熱火灰中燙瓦瓶，其實質是事先對發酵容器進行徹底消毒，不乾淨的發酵容器是難以製作成好的奶酪（這裡指酸奶）的。

《齊民要術》中還介紹了奶油等奶製品的作法，印證了黃河下游地區在魏晉南北朝時期開始接納北方游牧民族的飲食文化，從飲食的角度凸顯了當時民族大融合的歷史背景。

❸‧馬肉類食品

在古代，馬作為主要的交通工具以及戰爭中不可缺少的戰略物資，歷朝歷代都十分重視馬的飼養，《齊民要術》對養馬著重進行了記述，但食用馬肉的記錄非常少，僅有用馬乳做酪、用馬駒肉做肉醬和用馬肉做帶骨肉醬的記載。《齊民要術‧養羊》：「作馬酪酵法，用驢乳汁二三升，和馬乳，不限多少。澄酪成，取下淀，團，曝干。後歲作酪，用此為酵也。」另，在「凡驢馬牛羊收犢子、駒、羔法」一段中又說「羔有死者，皮好作裘褥，肉好作乾臘，及作肉醬，味又甚美。」《齊民要術‧作脾（zǐ）、奧、糟、苞》：「作脾肉法驢馬豬肉皆得。」可見，在黃河下游地區，食馬肉也是庶民階層補充肉食來源的重要途徑。

四、釀酒及調味料製作技術趨於成熟

❶ · 釀酒

賈思勰在《齊民要術·造神麴并酒》中首次對製麴和釀酒技術做了記錄和總結，原文釋義如下：製麴是將麥、粟、黍、高粱等糧食原料按比例進行調濕、製熟；然後在麴房中保溫發酵，使麴料中的黴菌和酵母迅速地萌動滋生；真菌和酵母等微生物分泌產生的糖化酶、蛋白酶類，可以促使糧食原料中的澱粉轉化為糖，使蛋白質轉化為氨基酸，為微生物的生長提供了豐富的營養物質。而後，酒麴中的酵母將原料中的糖分轉化成為酒，並形成許多種類的風味物質，為成品酒增添風味。酒麴是成酒的「催化劑」，也是決定酒的質量和風味的重要因素。當時酒麴的糖化、發酵能力，比漢代有了明顯提高。《齊民要術》中所記載的麴均為餅麴，餅麴替代散麴，是製麴史上的一大進步。

《齊民要術》中收集了40餘種釀造酒的方法，諸如春酒，由笨麴和米釀製；桑落酒由笨麴和黍米釀製；白醪酒，用糯米和笨麴釀製等。它向人們展示了當時黃河下游地區已能用不同的製麴方法、不同的配料糧、不同的釀酒工藝和勾兌方法生產出風味、色澤、口感等都不相同的酒品。說明了魏晉時期黃河下游地區釀酒技術的成熟，也體現出酒文化的興盛和尚酒之風的盛行，為隋唐時期酒文化的繁榮奠定了基礎。

❷ · 製醬

醬在黃河流域地區是重要的佐食調味品。《齊民要術》中記載的釀造醬的方法非常豐富。醬的釀造關鍵是醬麴──「黃衣」或「黃蒸」的製作。不同的醬麴製造出不同種類的醬。醬麴中含有多種微生物，微生物會分泌產生各種酶類，主要是蛋白酶和澱粉酶。製醬的基本原料多為大豆，《齊民要術》中還介紹了釀製其他醬的方法，有肉醬、魚醬、魚子醬、蝦醬等，大多是通過蒸熟的各種動物原料，再用豆醬的醬麴為引子進行釀造。

芥子醬，「作芥子醬法：先曝芥子令乾；濕則用不密也。淨淘沙，研令極熟。多作者，可碓搗，下絹篩，然後水和，更研之也。令悉著盆，合著掃帚上少時，沙其苦氣——多停則令無復辛味矣，不停則太辛苦。摶作丸。大如李，或餅子，任在人意也。復曝乾。然後盛以絹囊，沈之於美醬中，須則取食。」

芥醬，「《食經》作芥醬法：熟搗芥子，細篩取屑，著甌裡，蟹眼湯洗之。澄去上清，後洗之。如此三過，而去其苦。微火上攪之，少熇，覆甌瓦上，以灰圍甌邊。一宿即成。以薄酢解，厚薄任意。」

肉醬，「肉醬法：牛、羊、麞、鹿、兔肉皆得作。取良殺新肉，去脂，細剉（陳肉乾者不任用。合脂令醬膩）。曬麴令燥，熟搗，絹篩。大率肉一斗，麴末五升，白鹽兩升半，黃蒸一升（曝乾，熟搗，絹篩），盤上和令均調，內甕子中（有骨者，和訖先搗，然後盛之。骨多髓，既肥膩，醬亦然也）。泥封，日曝。寒月作之。宜埋之於黍穰積中。二七日開看，醬出無麴氣，便熟矣。買新殺雉煮之，令極爛，肉銷盡，去骨取汁，待冷解醬（雞汁亦得。勿用陳肉，令醬苦膩。無雞、雉，好酒解之。還著日中）。」

魚醬，「作魚醬法：鯉魚、鯖魚第一好；鱧魚亦中。鱭魚、鮐魚即全作，不用切。去鱗，淨洗，拭令乾，如膾法披破縷切之，去骨。大率成魚一斗，用黃衣三升（一升全用，二升作末），白鹽二升（黃鹽則苦），乾薑一升（末之），橘皮一合（縷切之），和令調均，內甕子中，泥密封，日曝（勿令漏氣）。熟以好酒解之。凡作魚醬、肉醬，皆以十二月作之，則經夏無蟲（餘月亦得作，但喜生蟲，不得度夏爾）。」又法：「成膾魚一斗，以麴五升，清酒二升，鹽三升，橘皮二葉，合和，於瓶內封。一日可食。甚美。」

乾鱭魚醬，「乾鱭魚醬法：一名刀魚。六月、七月，取乾鱭魚，盆中水浸，置屋裡，一日三度易水。三日好淨，漉，洗去鱗，全作勿切。率魚一斗，麴末四升，黃蒸末一升——無蒸，用麥䴳末亦得——白鹽二升半，於盤中和令均調，布置甕子，泥封，勿令漏氣。二七日便熟。味香美，與生者五殊異。」

蝦醬，「作蝦醬法：蝦一斗，飯三升為糝，鹽二升，水五升，和調。日中曝之。

經春夏不敗。」

麥醬，「《食經》作麥醬法：小麥一石，漬一宿，炊，臥之，令生黃衣。以水一石六斗，鹽三升，煮作鹵，澄取八斗，著甕中。炊小麥投之，攪令調均。覆著日中，十日可食。」

榆子醬，「作榆子醬法：治榆子人一升，搗末，篩之。清酒一升，醬五升，合和。一月可食之。」

❸·做豉

豉的種類也很多，《齊民要術》中指出製豉時間以四五月分最好，七八月分次之。豆經煮熟後，自然發酵，然後加鹽，三蒸三曬即成。

「作豉法」，「先做暖蔭屋，坎地深三二尺。屋必以草蓋，瓦則不佳。密泥塞屋牖（yǒu），無令風及蟲鼠入也。開小戶，僅得容人出入。厚作藁（gǎo）籬以閉戶。四月、五月為上時，七月二十日後八月為中時；餘月亦皆得作，然冬夏大寒大熱，極難調適。大都每四時交會之際，節氣未定，亦難得所。常以四孟月十日後作者，易成而好。大率常欲令溫如人腋下為佳。若等不調，寧傷冷，不傷熱：冷則穰覆則暖，熱則臭敗矣。」

家理食豉，「作家理食豉法：隨作多少，精擇豆，浸一宿，旦炊之，與炊米同。若作一石豉，炊一石豆。熟，取生茅臥之，如左女麴形。二七日，豆生黃衣，簸去之，更曝令燥。後以水浸令濕，手搏之，使汁出──從指歧間出──為佳，以著甕器中。掘地作埳，令足容甕器。燒埳中令熱，內甕著埳中。以桑葉蓋豉上，厚三寸許，以物蓋甕頭，令密塗之。十許日成，出，曝之，令浥浥然。又蒸熟，又曝。如此三遍，成矣。」

麥豉，「作麥豉法：七月、八月中作之，餘月則不佳。□治小麥，細磨為麵，以水拌而蒸之。氣餾好熟，乃下，攤之令冷，手挼令碎。布置覆蓋，一如麥𪎭（huàn）、黃蒸法。七日衣足，亦勿簸揚，以鹽湯周邊灑潤之。更蒸，氣餾極熟，乃下，攤去熱氣，及暖內甕中，盆蓋，於襄糞中煨（yù）之。二七日，色黑，氣香，

味美，便熟。搏作小餅，如神麴形，繩穿為貫，屋裡懸之。紙袋盛籠，以防青蠅、塵垢之污。用時，全餅著湯中煮之，色足漉出。削去皮粕，還舉。一餅得數遍煮用。熱、香、美，乃勝豆豉。打破，湯浸研用亦得；然汁濁，不如全煮汁清也。」

油豉，「油豉：豉三合，油一升，酢五升，薑、橘皮、蔥、胡芹、鹽，合和，蒸。蒸熟，更以油五升，就氣上灑之。訖，即合甌覆瀉甕中。」

❹・釀醋

醋古代稱為「酢」「醯」或「苦酒」。早在先秦時期就有釀醋的方法，但首次系統記述作醋方法的是《齊民要術》。書中記載了33種作醋法，大都是用麥和小米飯為原料，即用酒麴使小米飯進行發酵，再藉助醋酸菌的生物氧化，將酒精氧化成醋，稱為麴法製醋。比如，「做大酢法：七月七日取水作之。大率麥䴷一斗，勿揚簸；水三斗；粟米熟飯三斗，攤令冷。任甕大小，依法加之，以滿為限。先下麥䴷，次下水，次下飯，直置勿攪之。以綿幕甕口，拔刀橫甕上。一七日，旦，著井花水一椀。三七日，旦，又著一椀，便熟。常置一弧瓢於甕，以挹酢；若用濕器、鹹器內甕中，則敗酢味也。」當時的釀醋工藝，實際上已經採用了醋酸菌的人工接種培養。如在《製酢法第七十一》寫到「秫米酢法」：「入五月，則多收粟米飯醋漿，以擬和釀，不用水也。漿以極醋為佳。」其中「以擬和釀」實為醋酸菌的人工接種。這種工藝，是北魏時期的釀造師傅對釀醋事業的一大貢獻。他們在釀醋過程中，還觀察到醋的生成和「衣」的關係，所謂「衣」就是醪液表面形成的微生物菌膜。醋酸發酵成熟後醋酸菌衰老，衣就沉到底部。書中記載翔實、生動，成為釀醋工藝參考性指標之一，種類也十分豐富，比如有用粟米、秫米、黍米、大麥、大豆、小豆等穀物釀醋，以及水果、蜂蜜等原料製作成醋。

❺・榨油

從《齊民要術》中我們可以看到魏晉南北朝時期的黃河下游地區，至少已經能利用芝麻（胡麻）、荏子、麻子（大麻）、蔓菁四種植物來榨油，並在日常烹飪中使用。這就說明，當時人們烹飪方法和日常口味上的變化，改變了之前只利用動物脂

肪取油的狀況。從現代營養學的角度來看，食用植物油比動物油來得更為健康，也進一步說明黃河下游地區植物油利用的悠久歷史。

五、食物貯藏方法

魏晉南北朝時期，黃河下游地區的穀物加工有了長足的進步。一是沿用至今的冬春米技術，以保持米粒的完整和防止黴菌的侵害；二是出現了用磨車、舂車舂米，提升了穀物的出米率。

除了穀物外，醃製食物與乾製食物也有了長足的進步。醃製主要利用糟、酒、梅、蜜、鹽、灰等，比如越瓜、梅瓜等。值得注意的是，這一時期已經出現了用鹽來醃製的鹹鴨蛋，《齊民要術‧養鵝鴨第六十》中的「作杬子法」就有明確記載，因其製作過程中要加入杬木皮，故取此名。另外，還有一種用灰來加工柿子的方法也已經出現，《齊民要術‧種柿第四十》中記載了「藏柿法」，而此法更多是針對澀柿而進行的，脫澀之後其味道就比較容易入口，這一方法流傳至今。

乾製肉品主要是用於脯、臘兩種。比如「度夏白脯法」[1]，為了防止肉酸敗變質，於是將肉切成片之後用冷水浸泡，浸出血水，配製好加入花椒末的、用於調味的鹽水；再將肉片放入醃製兩天后，陰乾至半濕半乾狀態時，用木棒輕打，令其堅實，敲打肉片可促進肉組織中的鹽溶性蛋白質成分與醃製液充分地融合，實現肉中鹽水均勻化的工藝作用，使熟製後的肉品質地、口感風味更為均勻一致，這是黃河下游地區在當時比較流行的食物加工方法。此外，還有五味臘法、白李法。這些方法的出現，大大提升了肉類食物保存的時間。食料加工的技術的進步，間接地促進了食物原料市場的出現。

1　賈思勰著，繆啟愉校釋：《齊民要術校釋》，農業出版社，第459頁。

第三節　飲食生活的特點

一、食料充裕

魏晉時期黃河下游地區的農作物基本上是以粟、小麥為代表的種植業為主，輔之以水稻、黍、高粱等，一直到明代亦是如此，明代宋應星《天工開物》記載：「四海之內，燕、秦、晉、豫、齊、魯諸道，烝民粒食，小麥居半，而黍稷稻粱僅居半。西極川、雲，東至閩、浙、吳、楚腹焉，方圓六千里中，種小麥者二十分而一，磨麵以為捻頭、環餌、饅首、湯料之需，而饔飧不及焉。種餘麥五十分而一，閭閻作苦以充朝膳，而貴介不與焉。」同時，這一歷史時期，北方少數民族南下定居於黃河下游地區，使畜牧業發展迅速，羊逐漸成為肉食和乳品的主要來源。逐漸形成了當時黃河下游地區人們農業與畜牧業相結合的飲食文化生活。

《齊民要術》記載了當時的糧食作物有黍稷、粱秫、大豆、麻、麻子、小麥、大麥、水稻等；蔬類有瓜、瓠、芋、蔓菁、茄、蔥、韭、芥、胡荽、蘭香、薑、荷、芹等；果品有棗、桃、李、梅、栗、柿、奈、石榴、木瓜等，物產十分豐富。在當時「食醫同源」的傳統飲食背景下，有些植物性食品既是食材，也是本草藥材，包括陸生植物和水生植物。畜牧業養殖的動物有牛、馬、羊、驢、騾、豬、雞、鵝、鴨、魚共十種。

二、食物加工方法不斷豐富

魏晉南北朝時期的黃河下游地區在烹飪方法上已經比較豐富，除了脯、菹、蒸、煮、炒等方法外，還融合了少數民族常用的飲食加工方法「炙」等，豐富了飲食文化的內涵。

炙。「炙」，《廣韻》：「炙，炙肉。」另從字形上亦能看出該烹飪方法應是將肉

放在火上烤。《晉書‧五行上》：「泰始之後，中國相尚用胡床貊盤，及為羌煮貊炙，貴人富室，必畜其器，吉享嘉會，皆以為先。」又，《晉書‧王尼傳》：「尼時以給府養馬，輔之等入，遂坐馬廄下，與尼炙羊飲酒，醉飽而去。」以上文獻記載為西晉之時，可見在那時甚至更早的時候「炙」的方法已經在中土流行。

文中記載的「胡床」類似現在的輕便摺疊椅。胡床的坐法與中國傳統跪坐法完全不同，它是臀部坐在胡床上，兩腳垂下踏地。《魏書‧楊播傳》記載：「吾兄弟，若在家，必同盤而食。」這是加工方式的融合促進了一種進食方式的變革。

膾。膾是黃河下游地區廣泛使用的一種烹飪方式，即是切細的生肉。用以祭祀。《齊民要術》中記載了諸多「膾」的用法，「魚醬法」中的「如膾」，「八和齏」中「金齏玉膾」「膾齏」「膾魚」「肉膾不用梅」多次出現，大部分都是以魚作為原料。這種吃法亦得到少數民族貴族的青睞。《北史‧僭偽附庸》：「（慕容）熙妻當季夏思凍魚膾，仲冬須生地黃，切責不得，加有司大辟。」慕容熙與北魏同屬鮮卑民族，其勢力範圍包括黃河下游地區，說明當時黃河下游地區的貴族階層追尋宮廷食風，希望夏天吃到凍魚膾這種具有季節性的食物。

◀圖5-6　「進食炙肉圖」
磚畫，甘肅嘉峪
關魏晉墓出土

三、食品原料市場繁榮

　　魏晉時期黃河下游地區的城市發展非常迅速，在西晉時期過萬戶的郡城只有9處，而到了北朝後期就達到了18處以上，諸如泰山（今山東泰安東南）、魯縣（今山東曲阜）、高平（今山東鄒城西南）、臨淄（今山東淄博）、平壽（今山東濰坊南）、東陽（今山東青州）、兗州（今山東兗州）等。[1]中心城市的發展繁榮了飲食市場，逐漸形成了糧食交易、肉食屠販、鹽業市場等貿易活動。

　　糧食交易市場繁榮。《齊民要術·雜說》：「凡糴五穀、菜子，皆須初熟日糴，將種時糶，收利必倍。凡冬糴豆、穀，至夏秋初雨潦之時糶之，價亦倍矣。蓋自然之數。」另載二月「可糴粟、黍、大、小豆、麻、麥子等」，三月「可糴粟」，四月「可糴穬（kuàng）及大麥」，五月「可糴大、小豆、胡麻。糴穬、大、小麥」，七月「糴大、小豆。糴麥」，八月「糴麥。糴黍」，十月「糴粟、豆、麻子」，十一月「糴秔稻、粟、豆、麻子」。一年之內大部分時間都可以進行糧食作物的買賣。

　　此外，魏晉南北朝時期的黃河下游地區，屠販成為專門的行業，促進了肉食買

1　安作璋主編：《山東通史·魏晉南北朝卷》，人民出版社，2009年，第140頁。

賣市場的發展。《齊民要術・養羊》:「餘昔有羊二百口……人家八月收穫之始,多無庸暇,宜賣羊催人,所費既少,所存者大。」說明當時黃河下游地區屠販商業的興盛。《齊民要術》還記載了魚市、菜市以及專賣果品、調料的市場,同時餅肆、食肆、熟食店的數量也不少。

四、食育理念的萌芽

養生思想在中國歷史悠久,作為中國古代文明搖籃的黃河下游地區更是如此,並且逐步發展成為食療理念。這一理念與近代形成於日本的食育思想頗為相近,即對食品相關知識進行教育,樹立正確的飲食習慣以及由此產生的人生觀念。在《齊民要術》中也記載了食物來源、健康飲食、烹飪方法等方面的內容,反映了當時的食療飲食觀念。

體現了「不違農時,天人合一」的思想。《齊民要術・大小麥》:「種瞿麥法:以伏為時歛收十石。渾蒸,曝乾,舂去皮,米全不碎。炊作飧,甚滑。細磨,下絹篩,作餅,亦滑美。」其中甚為詳細地將麥收割之後製成餅的過程,以及味道「滑美」記錄了下來。又引《雜陰陽書》曰:「大麥生於杏。二百日秀,秀後五十日成。麥生於亥,壯於卯,長於辰,老於巳,死於午,惡於戊,忌於子、丑。小麥生於桃。二百一十日秀,秀後六十日成。忌與大麥同。蟲食杏者麥貴。」將大麥生長週期、種植時辰、種植禁忌等各方面詳加記錄。這對農業種植提供了指導和幫助。與之相輔的是《齊民要術・種穀》:「(引)《孟子》曰:『不違農時,穀不可勝食。』」提出不違背農時的觀點,體現食物與自然協調、「天人合一」的觀念。

《齊民要術》中的食育理念最為重要的就是引古籍來說明食物屬性,體現了「醫食同源」的思想。食物屬性包括養生、藥理等部分。如《齊民要術・插梨》:「(引)《吳氏本草》曰:『金創,乳婦,不可食梨。梨多食則損人,非補益之物。產婦蓐中,及疾病未癒,食梨多者,無不致病。』」這裡明確提出了梨的食物屬性——產婦與病人忌梨。另,《齊民要術・養魚・蓴》:「(引)《本草》云,蓴有『治痟渴、

熱痺』」的功效。又云：「冷，補下氣。雜鱧魚作羹，亦逐水而性滑。謂之淳菜，或謂之水芹。服食之家，不可多噉。」「『蓮、菱、芡中米，上品藥。食之，安中補藏，養神強志，除百病，益精氣，耳目聰明，輕身耐老。多蒸曝，蜜和餌之，長生神仙。』多種，儉歲資此，足度荒年。」根據《素問‧四時刺逆從論》載：「熱痺為熱毒流注關節，或內有蘊熱，復感風寒濕邪，與熱相搏而致的痺症，又稱脈痺。」《齊民要術》明確記載了「蓴」對於「熱痺」有治療效果，並且指出「蓮、菱、芡中米」為「上品藥」，兼有保健作用，顯然賈思勰已經關注到食物對於治療人體疾病以及延年益壽的作用，表明作者十分贊同「藥食同源」理論，並在此基礎上將認識提升到「足度荒年」的荒政理念。

食育理念的萌芽補充了黃河下游地區飲食文化的內容，這一理念讓人們都能知悉食物的相剋法則，讓食物不僅成為滿足基本口腹欲之物，也上升到安全、健康的層面上來。這說明，魏晉南北朝時期黃河下游地區的士人階層，開始了從滿足果腹之最基本需求上升到提高生命質量的概念，在處理人與食物之間的關係上強調對立統一，這無疑是飲食史上的一個進步，並對後世產生重要影響，為隋唐五代時期黃河下游地區食療的盛行奠定了基礎。

第六章 隋唐五代時期

隋唐五代時期延續了魏晉時期的民族大融合，在不同民族、不同地域間不斷交往的背景下，水利建設和農業生產技術得以發展，飲食的生產生活也有所改變，其中黃河下游地區的主食，由以粟為主向以小麥為主轉變最為明顯。同時，食品發酵技術與食工具的改進，以及士族的衰弱、市民階層的興起，為北宋時期黃河下游地區市井飲食文化的發展奠定了基礎。

第一節　社會經濟的發展

一、隋代經濟概況

黃河下游地區是中國古代社會重要的農耕區，至隋代已成為當時全國農業經濟的重要指標地區之一。開皇年間，隋文帝實行休養生息政策，頒布均田制，鼓勵農耕，農民和復員的士兵都獲得了一定的土地與耕種器具，社會逐漸穩定，經濟開始恢復，黃河下游地區出現了「戶口滋盛，中外倉庫，無不盈積」[1]的繁榮景象。然而，隋煬帝登基後，罔顧國力，不恤百姓，濫用民力，橫徵暴斂，南巡北征，使社會經濟遭到嚴重破壞，導致天下大亂，群雄並起，隋朝隨之很快滅亡。

但是，隋煬帝開鑿大運河對黃河下游地區的發展起到了推動與促進作用。人們利用大運河沿岸的地勢進行水利建設，提升了農業灌溉水平，促進了農業生產。大運河的開通使黃河下游地區成為國內溝通南北的內陸交通大動脈，扼守南北，將海河、黃河、淮河、長江、錢塘江連接起來，方便了南來北往的人員交流，極大地促進了商貿流通，有益於不同地域之間的文化交融。沿大運河幹線上的商貿經濟型城市不斷興起，不但傳播了黃河下游地區的飲食文化，還廣泛吸收了來自全國各地不同的飲食文

1　魏徵：《隋書·食貨志》，中華書局，1973年。

化，造就了黃河下游地區多元化的大運河沿岸飲食文化。

二、唐代經濟概況

陳寅恪先生曾指出：「唐代之史可分前後兩期，前期結束南北朝相承之舊局面；後期開啟趙宋以降之新局面，關於政治社會經濟者如此，關於文化學術者亦莫不如此。」[1]作為唐代重要的農耕區以及稅賦予兵丁來源的黃河下游地區亦是如此，其飲食文化在唐代亦可分為前後兩個時期。唐玄宗以前因政治清明，社會穩定，推行了

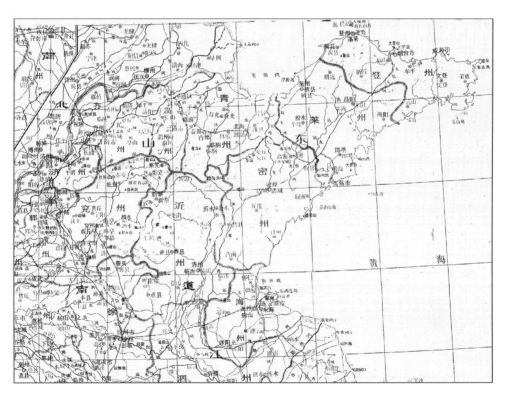

▲圖6-1　唐代黃河下游地區政區圖

1　陳寅恪：《論韓愈》，《歷史研究》，1954年第2期，第113-114頁。

均田制，鼓勵農耕，使經濟得以迅速恢復，手工業積極發展，商貿、文化呈現繁榮景象。黃河下游地區在這一歷史時期發展得最快，形成了許多獨特的飲食習俗、飲食習慣等飲食文化現象。

唐代前期，提倡以農為本，大力發展農業經濟。以唐太宗為例，他認為國家應當以人為本，而人以衣食為本，主張「民以食為天」，認識到農業興衰關乎國家和百姓的存亡。同時，吸取隋亡的教訓，體恤民力，輕徭薄賦，保護耕牛，提高了農民的生產積極性。在一定程度上，也對全國（包括黃河下游地區）將牛肉作為肉食性來源的飲食習慣起到抑製作用。這些政策使得遭到破壞的農業得到恢復，糧食產量大大增加，黃河下游地區的濮州、濟州、博州成為重要的產糧地區。到了唐玄宗天寶年間，黃河下游地區成為全國產糧的重鎮，供首都的漕糧超過江南多數省份的貢獻。可以說，黃河下游地區在唐代達到了它在中國古代的鼎盛狀態，黃河下游地區的飲食文化也得到了進一步發展。

安史之亂後，黃河下游地區是主要的藩鎮割據地區，戰爭不斷，加上自然災害，使得黃河下游地區的經濟再次受到打擊。《入唐求法巡禮行記》中記載了唐武宗會昌年間，日本圓仁和尚經過山東時「從楚州、海州至登州，野曠路狹，草木高涂，蚊虻如雨，村柵迢遠，稀見人家。所過之處，見草之動，方知有行人。所經州縣治所，恰似野中土堆。山村縣民所吃食物粗硬，難以下嚥，吃即胸痛。山村風俗，常年唯吃冷菜，有上客到來，也只與空餅冷菜，以為上饌」。

三、飲食著作

《酉陽雜俎》一書為唐代山東臨淄人段成式所撰。本書共二十卷，續集十卷。雖然後世評價此書「其書多詭怪不經之談，荒渺無稽之物」[1]，不過其中關於飲食的記載卻頗為翔實，是研究唐代黃河下游地區飲食狀況的重要典籍。此書詳細記載了

1　紀昀等：《欽定四庫全書總目》卷一四二《子部五十三・小說家類存目一》，中華書局，1997年。

食物原料、酒名、飲食掌故、菜餚等情況,更為可貴的是提供了唐代中國與朝鮮之間農作物交流的史實。

《四時纂要》一書為唐末韓鄂撰寫,根據余嘉錫先生考證,其人為唐玄宗時期宰相韓休的第三子韓洪之曾孫。這部書雖然是農書,但是卻記載了諸多農副產品的加工和製作,特別是對釀酒、製醬、植物澱粉加工、乳製品的記載頗為詳細。此書在承襲《齊民要術》關於農業與飲食原文記載的基礎上,還添加了唐代時期食品加工技術的情況。

除此之外,還有一些文獻涉及黃河下游地區的飲食文化,諸如《入唐求法巡禮行記》《食療本草》《千金食治》等,都為我們研究黃河下游地區的飲食文化歷史提供了文獻依據。

第二節　食料與食物加工

一、粟麥並重、稻米為輔兼及果蔬的飲食結構

隋代到中唐前期,農業生產技術進步,粟麥兩熟輪作複種制普及,糧食產量提升很快。當時黃河下游地區的糧食作物種類有粟、黍、麥、稷、稻、菽、高粱等,日常主食以粟、麥並重,稻為輔;副食以果、菜、肉、魚為主,構成了當時的飲食結構模式。同時也常用米穀磨成米粉製作糕糜為輔食。中唐以後,隨著麥類作物的種植面積不斷擴大、畝產量不斷提高,在人們飲食生活中的重要性與日俱增,居民的主食開始出現以麥取代粟的現象。據《元和郡縣圖志·河北道》記載,棣州(今山東惠民)所產小麥質量上乘,作為貢品向中央繳納。但是,小麥的粒食適口性較差,故多將其製成麵食。由於產量提高,壓低了小麥的價格,遂使小麥逐步取代粟在主食中的地位。隋唐時期的黃河下游地區以粟、麥為主食原料的飲食類型主要有:粟米飯、麥飯、粳飯、豆飯,以及粟米粥、麥粥、稻米粥、豆粥。

粟米飯是當時普通百姓的主食，《新唐書·竇建德傳》記載了隋末農民起義領袖竇建德的飲食習慣，「建德性約素，不喜食肉，飯脫粟加蔬具」。他是今山東武城漳南鎮人，起義後其割據的地方亦大致在此範圍。另，在圓仁到登州地區所見「山村縣人……愛吃鹽茶粟飯」[1]。可見當時的黃河下游地區吃粟米飯是很普遍的。

麥飯是小麥作為粒食的食用方式。《新唐書·徐敬業傳》中記載，當徐敬業起兵討伐武則天時，其軍師魏思溫在豫東鼓動士兵說：「鄭汴徐亳，士皆豪傑，不願武后居上，蒸麥為飯，以待吾師。」該史料在一定程度上說明麥飯普遍被食用的現象。這一時期磨和羅篩的廣泛使用，便於將麥磨碎成細粉狀，加之官營和私營的水磨廣泛使用，提高了磨麵的效率，麵食逐漸取代了「粒食」。

豆粥的原料大豆，在隋唐時期的黃河下游地區仍是重要的雜糧之一。荒年時，豆葉與野菜、樹葉摻和食用，常為充飢和家常菜的原料。因豆粥（羹）、豆糜味道鮮美，營養豐富、成本低廉，故上至貴族下至平民，仍經常普遍食用。如《舊唐書·韋貫之傳》記載，唐代貧士韋貫之，就終日「啖豆粥自給」，並且將其作為官員節儉的表現。

唐代「胡食」風氣在黃河下游地區頗為興盛，流行諸如胡餅、餅、截餅、煎餅、燒餅、小食子、湯餅、蒸餅、餛飩等品種。其中相傳在隋唐時期形成的「五福」餅是一大類帶餡的烙餅，由五種原料餡心製成的燒餅，至今仍然在黃河下游地區廣為流行。此外，還有蒸餅，即饅頭等。《太平御覽·飲酒》記，五胡十六國時期，後趙的石虎「好食蒸餅，常以乾棗、胡桃瓤為心，蒸之，使拆裂方食」。所言「拆裂」，證明蒸餅用的是發酵麵團，使麵食產生膨鬆、開裂的現象，故《佩文韻府》中記：「《倦遊雜錄》：『唐人呼饅頭為籠餅，亦名湯餅，亦有熱於爐而食者，呼為爐餅。』」

1　圓仁著，顧承甫、何泉達點校：《入唐求法巡禮行記》卷二，上海古籍出版社，1986年，第86頁。

二、蔬果作物種類繁多

❶·蔬菜

隋唐時期，黃河下游地區的蔬菜種類繁多，多延續南北朝時期的品種，達到30多種，其中較多食用的有：

葵菜，又稱冬葵、冬寒菜。它是隋唐時期黃河下游地區食用最普遍、最重要的蔬菜，其以「味尤甘滑」而受到人們的喜愛。故古詩《十五從軍行》中有「烹穀持作飯，采葵持作羹」的詩句，《北齊書·盧叔武傳》中也有「粟饗葵菜」的記載。

蔓菁，俗稱大頭菜，其根、葉都近似蘿蔔和大頭芥，是黃河下游地區重要的蔬菜，杜甫有「冬菁飯之半」的詩句。隋唐時期黃河下游地區蔓菁種植非常廣泛，因園藝要求比葵粗放，所以種植面積較大。高產時，一頃地可收葉三十車，根二百車，或種子二百石。葉和根都可以食用，全身無廢棄之物。蔓菁可替補主食，蒸食是蔓菁當時的主要吃法之一。

芋，今稱芋頭、芋艿、毛芋。《說文》：「齊人呼芋為『莒』。」此外，還有芋魁、芋渠等名稱。芋在我國也是一種古老的作物。在山東各地都有栽培的萊陽孤芋為海內名品。芋艿的吃法，一是煨燉；二是蒸煮，唐人韋莊有詩曰：「水甌朝蒸紫芋香。」[1]第三種吃法可作「菹芋」，即用鹽醃製，又可作「芋子酸臛」，是用芋頭與豬羊肉做成的羹。

韭菜，是我國最早馴化的、栽培最久的蔬菜之一。唐代黃河下游尋常人家，多將韭菜作醃漬菜供下飯之用，深受社會各階層的歡迎。

蘿蔔，至唐代已為人們常見常食了，其食法有醃製、烹煮、配菜等。人們還發現了其食療價值並加以利用，孟詵（shēn）《食療草本》說蘿蔔可「利五臟，輕身，令人白淨肌細」。成書於唐代的《四聲本草》載：「（蘿蔔）搗爛製麵作餛飩食之最佳，酥煎食之下氣。」

1　《全唐詩》卷六百九十七，上海古籍出版社，1986年。

另外，隋唐時期對外交流頻繁，經絲綢之路傳入的很多物產也開始在黃河下游地區種植，比如菠菜、萵苣等。萵苣在《清異錄》中有明確記載：「高國使者來漢，隋人求得菜種，酬之甚厚，故因名千金菜。今萵苣也。」編撰於清代的《山東通志》中將萵苣作為黃河下游地區重要的蔬菜。據此推斷萵苣進入黃河下游地區的時間不會早於隋代；菠菜是耐寒作物，非常適合在黃河下游地區種植，其原產地為伊朗。據《冊府元龜》記載，貞觀二十一年（西元647年）由尼波羅（今尼泊爾）傳來，初稱「菠薐菜」，後稱菠菜，唐代始栽培，逐漸在北方各地普遍栽培。蘇軾在其《春菜》中描寫「菠菜」為「北方苦寒今未已，雪底菠薐如鐵甲」。

❷・水果

隋唐時期，黃河下游地區的水果品種有棗、桃、李、杏、梨、栗、柿、榛、葡萄、木瓜、安石榴等多達20種。其中葡萄種植技術已臻成熟，且葡萄質量上乘，《酉陽雜俎》：「貝丘（今魯西清河縣）之南有葡萄谷，谷中蒲（葡）萄，可就其所食之。」當地人稱其為「王母葡萄」。唐人劉禹錫、韓愈的《葡萄歌》，對當時葡萄的栽種、管理、收穫、加工等都有細緻的描寫。杜甫「一縣蒲（葡）萄熟」之句，反映葡萄種植已很普遍。

瓜類，《齊民要術》引《廣志》曰：「瓜州大瓜，大如斛，出涼州。」厭次（今山東惠民）、陽城（今河南淮陽）從南北朝乃至唐代，均有「寒瓜」之稱。李白路過滄州訪友時曾吃過寒瓜，並有詩云：「……他筵不下箸，此席忘朝飢，酸棗垂北郭，寒瓜蔓東籬。」[1]

另外，較為出名的水果還有青州樂氏棗，種植在今黃河下游地區的樂陵、惠民、廣饒、無棣一帶，並且根據《齊民要術》的記載，當時已經擁有多樣食棗的方法，諸如釀汁、製脯、酒棗等。

1　李白：《李太白全集》卷二十，巴蜀書社，1986年。

三、飲茶釀酒之俗興盛

❶ · 茶

黃河下游地區自隋唐五代時期開始有飲茶之俗。唐人封演在其《封氏聞見記·飲茶》中記錄「南人好飲之，北人初不飲……學禪務於不寐，又不夕食，皆恃其飲茶。人自懷挾，到處煮飲，從此轉相倣傚，遂成風俗。起自鄒、齊、滄、棣，漸至於京邑。城市多開店鋪，煎茶賣之，不問道俗，投錢取飲。」「窮日盡晝，殆成風俗。」從中我們可以看到這一時期的黃河下游地區飲茶之風已很普遍。

❷ · 酒

隋唐時期黃河下游地區的釀酒生產方式和技術，在承繼了魏晉時期的方法基礎上還做了許多改良，使得釀酒技術更趨成熟。當時的酒基本上分為米酒、果酒和配製酒。米酒多以穀物（黍）釀製；果酒多以水果（葡萄）釀製；配製酒則是以米酒為基質酒，採用浸泡、摻兌、蒸煮等方法滲入動植物藥材或香料的有效成分釀造而成的。[1] 與《齊民要術》相比較，成書於唐末或五代初期的《四時纂要》顯示了當時黃河下游地區釀酒技術的進步。

兩書所記製麴原料和操作技術相同。然而，《四時纂要》中有加入搗蒼耳汁等作為配方，介紹到胡葉（即胡菜，也就是蒼耳）煮汁冷後溲料與桑葉、蒼耳、艾、茱萸（或野蓼）葉合煮取汁，令如酒色以和麴。

另外，《齊民要術》記載製麴釀酒的各個技術環節、應用條件，寫得很詳細。比如製麴與碎麴工藝中提到製麴原料要仔細混拌均勻，「治麴必使由表裡（指上下兩面）、四畔、孔內，悉皆淨削，然後細剉，令如棗栗。曝使及乾。一斗麴，用水二斗五升。」但在《四時纂要》書中，由於是按照月令介紹，未能詳細介紹製麴與

1　俞為潔：《中國食料史》，上海古籍出版社，2011年，第246頁。

碎麴末的方法細節。在浸麴與用水比例上兩個時代技術環節有較大差別。在《齊民要術》中記載為一斗麴用水斗五升（注意：用水量僅為麴的二分之一）。《四時纂要》則改為臘日取水一石，置不津器中，浸麴末二斗。後者浸麴的用水量是麴末量的五倍，配料浸水量差別很大。

從以上釀酒技術可以看出唐以前的糧食酒的製酒工藝都是釀造酒，釀成酒之後，僅採取濾酒（或壓榨）來分離糟渣。到唐代開始出現了蒸餾酒，蒸餾酒的出現是釀酒技術的一大飛躍，也是世界釀酒史上的一個劃時代的進步。唐時山東釀酒業已大有名望，凡東行之人提及魯酒，無不聞香下馬，知味停車。李白客居山東時對魯酒愛不釋手，多次以詩讚譽：「魯酒白玉壺，送行駐金羈。」「魯酒若琥珀，汶魚紫錦鱗。山東豪吏有俊氣，手攜此物贈遠人。」這些詩文當中數李白的《客中作》最負盛名：「蘭陵美酒鬱金香，玉碗盛來琥珀光，但使主人能醉客，不知何處是他鄉。」已成千古佳句。另外，李白《魯郡堯祠送吳五之琅琊》有「送行奠桂酒」[1]一句，說明了黃河下游地區還有用米酒浸泡桂花釀製的桂酒。《酉陽雜俎》中記載：「北方有葡萄酒，梨酒、棗酒……」黃河下游地區是葡萄、梨、棗主產區之一，所以可判斷黃河下游地區的果酒在當時是非常流行的。除此之外，唐王朝實行榷酒政策之後，對釀酒業增收賦稅。太和元年（西元827年）鄆、曹、濮三州的兩稅榷酒業，上交榷酒稅錢就達十萬貫之多。[2]由此可見黃河下游地區釀酒業的興盛。

四、調味品製作大發展

❶ · 醬

隋唐時期製醬技術的飛躍，是黃河下游地區醬文化發展過程中具有重要標誌性

1　《全唐詩》卷一七五，上海古籍出版社，1986年。
2　王欽若：《冊府元龜‧邦計部‧濟軍》，中華書局，2009年。

意義的歷史階段。在此之前的黃河下游地區醬文化的發展，經歷了先秦時期和秦漢魏晉南北朝時期兩個初級階段：先是以醃、醢兩大類肴品兼調味品為主的起步時期，之後是以大豆、小麥為主要原料的普及時期。

　　唐代以來，「百姓所食之醬除自家所製者外，如豆醬、肉醬、豆豉、麩豉等有名目者更不可勝計」[1]。《四時纂要》中所記載的「十日醬法」：「豆黃一斗，淨淘三遍，宿浸，漉出，爛蒸。頃下，以麵二斗五升相和拌，令麵悉裹卻豆黃。又再蒸，冷麵熟，攤卻大氣，候如人體，以穀葉布地上，置豆黃於其上，攤，又以穀葉布復之，不得令大厚。三四日，衣上黃色遍，即曝乾收之。要合醬，每斗麵豆黃，用水一斗鹽五升並作鹽湯，如人體，澄濾，和豆黃入甕內，密封。七日後攪之，取漢椒三兩，絹袋盛，安甕中。又入熟冷油一斤，酒一斤，十日便熟。味如肉醬。其椒三兩月後取出，曬乾，調鼎尤佳。」這樣釀製豆醬的方法比《齊民要術》記錄的釀造法有了顯著的進步，並且將醬料的豆與麴料的麵粉和起來一起罨黃（即催生米麴黴等黴菌，使原料發生糖化水解），合併兩個步驟為一個。曬乾後收起來，隨時可加水調鹽曬製成醬，方法簡便，是製醬技術的一大進步。這也是後世家庭做醬常用的方法。製醬油的原料「黃子」，實際是一種豆麥一次合釀的麴。

❷ · 豉

　　《四時纂要》中記載製作豆豉、鹹豉、麩豉的工藝方法和原料配方，至今仍然為黃河下游地區的百姓所使用。另外，利用麥麩作豉，就現存文獻看，這是最早的記載。「麩豉：麥麩不限多少，以水勻拌，蒸熟，攤（涼冷）如人體（溫），萵艾罨取黃上遍，出，攤灑令乾。即以水拌令浥浥，卻入缸甕中，實捺，安於庭中，倒合在地，以灰圍之。七日外，取出攤曬。若顏色未深，又拌，以前法，入甕中，色好為度。色好黑後，又蒸令熟，及熱入甕中，築，泥卻。一冬取吃，溫暖勝豆豉。」

1　韓鄂：《四時纂要·十日醬法》，農業出版社，1981年。

這種方法要比北朝時有顯著進步。麩皮含有豐富的蛋白質、澱粉、維生素、礦物質等營養。由於麩皮本身比較疏鬆，在濕料蒸熟後，也要盡量使醅料保持疏鬆透氣，若此，酵母發酵會更好，醅料分解更徹底，產生的風味物質更多，豆豉的質量會更好些。

此外，技術進步還體現在：曬豉後添水要用涼開水，以防生水未經殺菌而混有雜菌，容易造成豆豉發酵失敗。而豉「汁則煎而別貯之」的提出，強調了務必將製成的豉汁經過煎煮開鍋（先對豉汁中雜菌殺滅）後，再單獨保藏的新技術，以防黴變。這一處理豉汁的新方法，體現了黃河下游地區人們已經總結出對於調味豉汁、豆醬清的保藏經驗。

❸·醋

《四時纂要》中記載了多種做醋的方法：

其一，敗酒作醋法，利用「春酒停貯失味，不中飲者」作為原料加水含種在太陽下曝之，「雨即蓋，晴即去蓋，或生衣，勿攪動，待衣沉，則香美成醋」。上述利用久貯失味或釀酒失味的「壞酒」作為原料，或加水、米飯後發酵，使酒精被醋酸菌氧化而成醋。實踐中，依靠觀察「成衣」──醋酸菌形成的漂浮於液體表面的氣生菌落。尤其中所含有大量的醋酸細菌，氧化酒精生成醋酸。書中並提出「勿攪動，待衣沉，則香美成醋」的發酵醋的管理原則。

其二，暴米醋，「糙米一斗，炒令黃」，用開水泡透後蒸熟，加入水中「加麴末一升，攪和。下潔淨甕器，稍熱為妙。夏一月，冬兩月。」成醋。

❹·鹽

《隋書·食貨志》：「掌鹽，掌四鹽之政令：一曰散鹽，煮海以成之；二曰鹽（gǔ）鹽，引池以化之；三曰井鹽，物地以出之；四曰飴鹽，於戎以取之。凡鹽鹽、形鹽每地為之禁，百姓取之，皆稅焉。」鹽主要有三大類：海鹽、池鹽、井鹽。散鹽，唐五代時稱為末鹽，廣義末鹽包括煮井、煮鹹在內；鹽鹽，即池鹽和顆鹽。顆、末鹽是唐代主要的兩大類鹽，主要分布於河北、河南、淮南、江南、嶺南

五道，即今之河北、山東、江蘇、浙江、福建、廣東、海南等省。可分為北方、江淮、嶺南三大海鹽產區。根據《新唐書‧地理志》和《元和郡縣圖志》記載，隋唐時期的黃河下游地區在滄州清池、鹽山，棣州蒲台、渤海，密州諸城、莒縣，萊州膠水、即墨、昌陽，青州千乘，登州牟平等地都設有鹽場。[1]

　　隋唐時期，國鹽的經營辦法是於各產地設立「榷場」，在鄆、青、兗等重要的州治設置「榷鹽院」，全國諸州府設置「茶鹽店」收稅。所謂「諸道鹽院糶鹽付商人」，按「斗」計價。「鄆、青、兗」三州都處於黃河下游地區，可見黃河下游地區是隋唐時期重要的產鹽之地。

五、食品加工技術的進步

❶‧糧食加工業的發展

　　小麥磨粉水動力設備的出現，是唐代糧食加工業的一大進步。在《舊唐書‧高力士傳》中記載：宦官高力士，在灃河邊修建了大規模的水力磨坊，由水力推動五具磨連動，一天可加工麥三百斛。說明當時的小麥磨粉加工業已經掌握利用流水為動力，而且規模較大。而黃河下游地區豐富的水利資源，為推廣該技術提供了便利條件。

　　南北朝至唐代，在麵粉加工中，羅器具和篩分麵粉的工藝方法也得到了不斷地改進，當時羅的品種已經分為絹羅篩和細絹羅篩，小麥製粉也已經採用了重磨和重羅，可以生產出更加潔白細膩的麵粉和米粉來，從而促進了唐代麵點製作技術的發展。唐代大城市中已經出現了由畜力推磨的糧食加工作坊，和專營米麵貿易的場所──「麩門」「賣麩家」等。據石碑刻中保存的史料看，當時在幽州等黃河中游城市，已出現了由麵食加工者組成的磨行；據此推測在盛產小麥和以麵食為主食的

1　中國鹽業總公司：《中國鹽業史‧古代編》，人民出版社，1997年，第81-82頁。

黃河下游的城市中，可能也已經出現了這類行業。[1]

❷ · 燃料及炊餐具的發展

隋唐時期，烹飪用燃料有了新的進步。據魏徵《隋書・王劭傳》記載，當時溫酒及炙肉使用石炭、柴火、竹火、草火、麻菱秸火等燃料，氣味各有不同。魏晉時稱煤為石炭或石墨，唐詩中亦屢有「石炭」字樣出現，可見隋唐時代，煤、炭已被用在烹飪中了。又如白居易名詩《賣炭翁》中，介紹了老農夫在山中燒炭和受宦官豪奪的情景。可見當時的煤炭和木炭已經用作取暖和烹飪了。

先秦時期，黃河下游地區居民即已使用餐箸（筷子）。至漢而唐，黃河下游地區箸的應用日漸普遍，而箸的質地和形制向多樣化方向發展，出現木箸、竹箸、漆箸等，因木箸容易腐朽，不易保存下來，墓葬中出土發現的多為銅箸和銀箸。唐代王公貴族使用的有像牙、犀角和玉製的箸，其中犀箸最為稀有貴重，多被皇室使用。古人認為犀角具有驗毒、解毒的作用，《抱朴子》中有犀角解毒作用的記載：「以其角為叉導，毒藥為湯，以此叉導攪之，皆生白沫湧起，則了無復毒勢也。以攪無毒物，則無沫起也。」

唐代的食勺，除廣泛使用的瓷勺外，還有銀勺、銅勺等。唐代的食案常用於上菜飯和送茶，分有足和無足兩種。唐代的儲存容器仍沿用前代種類，其形制也有許多新的發展，比如甕，主要用於盛酒、盛水、醃菜，有的有蓋，有的無蓋。甕的質地仍以陶製為主，在王公貴族家中，除有瓷壇、瓷甕外，還有金甕、金盤作為富貴吉祥的象徵，一般是由帝王賜予功臣的。盆在唐代的使用也十分普遍，在製作醬、湯、魚酢、湯餅等食品時，都會使用盆作為臨時儲存容器。

1　邱龐同：《中國麵點史》，青島出版社，1995年，第35頁。

第三節　飲食業與食俗

一、飲食市場的繁榮

❶・專業化分工的食品原料市場

隋唐時期，黃河下游地區的食品原料市場已經有了較專業化的分工，各自形成了專業市場。

糧行：當時，進入市場交易的糧食種類有：粟米、大米、黍米、小麥、大麥、麵粉等種類。而山東各地的城鎮中，各地商賈到黃河下游地區收購糧食者絡繹不絕。僅南兗州一帶，每年收購糧食的收入即達二百五十萬錢。唐代山東「萊州城外，西南處置市，糙米一斗五十文，粳米一斗九十文」。[1]糧食流通的活躍促進了經濟的發展。

屠宰行：唐代屠宰業興旺，《全唐文》中記載，在都城長安屠宰行從業者就達八萬餘人。屠宰從業人員世代相承者屢見不鮮。這樣的習俗在一定程度上影響了黃河下游地區的飲食文化。

肉行：隋唐時期黃河下游地區承襲魏晉南北朝時期的飲食習俗，在城鎮當中有了專門處理生肉食的屠肆。

魚市：黃河下游地區瀕臨大海，漁業十分發達。唐代時期，黃河下游的齊州有淡水魚，如唐人張鷟《朝野僉載》中就記載「齊州有萬頃陂，魚鱉水族，無所不有」；齊州下轄長清縣（今山東濟南長清區）清淵泊「東西三十里，南北二十五里，水族生焉，數州取給」[2]的記載，這些都是屬於淡水魚。其實也是由於當時的捕撈業和販運業的蓬勃發展，才促進了魚市的繁榮。唐代魚市有早市也有夜市，如「城邊魚市人早行，水煙漠漠多棹聲」，這首張籍的《泗水行》中有對黃河下游地區魚市的描寫，泗水就在今山

1　圓仁著，顧承甫、何泉達點校：《入唐求法巡禮行記》卷二，上海古籍出版社，1986年，第86頁。
2　李吉甫：《元和郡縣圖志・河南道・齊州》，中華書局，2005年。

東濟寧境內。《太平廣記·寶六》記，「開元末，登州漁者負擔行海邊，遙見近水煙霧矇朧，人眾填雜，若市裡者」，說明唐代時期山東近海海產品的豐富，諸如昆布，「昆布今亦出登、萊諸州，功用乃用海藻相近也」。[1]另外，諸如密州、萊州地理傍海，故一直向朝廷進貢海蛤和文蛤。山東人段成式在其《酉陽雜俎》中亦提及青州盛產蟹，被視為唐代豪門筵席中的珍味。

菜市：唐代的蔬菜商品化生產與流通有較大規模發展，促進了菜市興旺和各地蔬菜品種的交流，如青州地區引入了蜀椒在當地栽培上市。除栽培蔬菜外，也有野菜出售。

果品市：唐代各地的果品市場都非常活躍。比如《文苑英華·梨橘判》中記，黃河下游地區所生產的梨、棗等，經船運往蘇州、杭州；而蘇州所產柑橘，則經運河運到這裡。當時黃河下游各個州縣的果品市場都比較活躍，不僅有早市、夜市，還組織了果子行來協調產銷。

調料市：本地區調料市場繁榮，調料有油、鹽、醬、醋、花椒、八角等。有民辦，也有官營。《太平廣記·徵應》記載：「齊州有一富家翁，郡人呼為劉十郎，以鬻醋油為業。」

鹽業：黃河下游地區是隋唐時期重要的產鹽之地，鮓、菹等能保存肉類不變質，調味都需要鹽。隋唐以來，對於山東海鹽的需求十分巨大，故杜佑《通典·州郡》記載：「青州古齊，號稱強國，憑負山海，擅利鹽鐵。」

食用油脂業：食用油脂是唐代飲食中的重要烹飪原料。賣油郎挑擔遊走於市井之中零售給各個居戶。當時就常有人摻廉價油脂到優良質地的油中，以求賤賣，反映了當時油脂市場競爭劇烈。

❷·食肆酒樓的興旺

糕餅肆：餅是唐代黃河下游地區的大眾化主食，在飲食市場行業中，餅肆是出現

1　尚志鈞：《本草拾遺輯釋》，安徽科學技術出版社，2003年，第302頁。

較早、開設較廣、類型多樣的一種食肆。唐代的餅食，花色品種繁多，還有不少專業的特色餅肆，與前代相比更為豐富多彩。在眾多餅肆中，胡人開設餅肆的現象非常普遍，為前代所不曾有。這是唐代中外交流、民族交流空前繁榮的反映。當時，不僅是城市居民、過往客商光顧餅肆，就連寺廟裡的僧侶也常去光顧。

茶肆：因茶葉商品貿易活躍，利潤豐厚，唐代茶葉市場發展很快，政府開徵茶稅。此後，茶肆業也隨之發展起來，《封氏聞見記》有記，「起自鄒、齊、滄、棣，漸至京邑城市多開店鋪，煎茶賣之，不問道俗，投錢取飲」。在城市和交通要道都開設有茶肆供應茶水。茶肆除賣茶水以外，有的店專門售賣「漿」和「飲子」。如蜜漿、果漿、各種米湯、豆汁、淡酒、白水等。其中，飲子是一類用中草藥熬製成的飲料，在唐代廣為流行，市場上有專賣引子的肆。據五代王仁裕《玉堂閒話》載：「有一家於西市賣飲子：用尋常之藥，不過數味，亦不先切脈、無問何疾苦，百文售一服，千種之疾，入口而愈。」說是一種百病皆宜的保健湯藥。店主並不懂得方脈醫道，他們「常於寬宅中，置大鍋鑊，日夜銼斫煎煮，給之不暇，人無遠近，皆來取之」。《唐國史補》記飲子商人王彥伯曰：「熱者飲此，寒者飲此，風者飲此，氣者飲此。」看來這種飲子實際上就是一種藥茶。[1]

酒肆：隋唐時期，國內外商貿發達，實現了空前的繁榮，黃河下游地區大運河主幹沿岸的城鎮碼頭和各州郡治所中，有大量酒肆店鋪。市場非常熱鬧，許多新興的街市和商行非常活躍，並形成了夜市。這一時期，黃河下游地區酒肆的經營方式獨具特色：多用婦女經營賣酒。由婦女賣酒的店鋪，在黃河下游地區的城鎮中比比皆是。《太平廣記・女仙》：「酒母，闕下酒婦。」為了招徠顧客，一般都由年輕美貌的女子當壚，使生意更加紅火。商業的發展和酒肆的繁榮，推動了酒肆交易方式的多樣化。比如：現錢買賣、以物換酒、賒貸消費等。當時不論城市還是鄉村，交通大道還是河堤津渡，南方還是北方，一年四季到處都能看到五彩繽紛的酒旗在迎風招展的景觀。《太平廣記・才名》中記載，在山東任城，李白「於任城縣構酒樓，

1　王發渭等：《家庭藥茶》，金盾出版社，1993年，第1-6頁。

日與同志荒宴其上，少有醒時。邑人皆以白重名，望其重而加敬焉。」可以說黃河下游地區得大運河之便，是酒肆興旺的重要原因。

二、食制的變化

唐代進一步確立了三餐制，桌椅就餐、合餐制逐漸成為黃河下游地區漢民族新的飲食方式。

唐以前實行分食制，自唐代開始合餐制逐漸形成。合餐制是自魏晉南北朝到隋唐時代，歷經長時間磨合，居民們才逐漸適應的。現代食文化學者研究認為：「分餐制與合餐制都是歷史產物，以後又出現了實質為分餐的合餐制，也是歷史發展的產物。」[1]

隋唐五代時期三餐食制有如下安排：

早飯：稱為朝食。安排在清晨，天剛亮的時候，年輕人起床後需先向父母長輩問候起居，而後吃「朝食」。唐代杜甫名詩《石壕吏》云：「急應河陽役，猶得備晨炊」，反映了應役農民工起早貪晚，早備晨炊的情況。

午餐：稱為晝食。現今的黃河下游地區還流行將中餐稱為「晌午飯」。許慎在《說文解字》中，稱「餉，晝食也」，就是中午飯。《太平御覽》引《說文》註：「餞，中食也。餔，日加申時食也。」唐白居易《詠閒》詩云：「朝眠因客起，午飯伴僧齋」，反映當時午餐的重要性。

晚餐：唐代稱為餔食，也稱殂食。《說文解字》云：「餔」，「日加申時食也。」申時為下午三至五點鐘。唐代皇族貴戚的飲食制常為一日用膳四次：旦食、晝食、餔食、暮食。《白虎通義·禮樂》：天子「平旦食，少陽之始也；晝食，太陽之始也；餔食，少陰之始也；暮食，太陰之始也。」

中國飲食文化史　■　黃河下游地區卷

1　王仁湘：《飲食與中國文化》，人民出版社，1994年，第293頁。

三、月令節令食俗的豐富

唐代黃河下游地區節令食文化內容豐富，據唐代韓鄂撰《四時纂要》可看到黃河中下游一帶當時的飲食習俗。在這些節令食俗中，今天看來可能有不盡科學之處，這也是歷史的侷限性使然，我們僅作為一種歷史事實來客觀記述。唐代的月令食俗主要有：

❶ · 元月食俗

早在西晉時期黃河下游地區的人們就十分重視春節團聚。《晉書·良吏》載：臨淄令「新歲人情所重，豈不欲暫見家邪？」唐時就開始定元月一日為立春節，後稱春節。元月一日午夜時分的子時為歲首，也是三元之日（歲之元、時之元、月之元）。它是唐代最盛大的節日，也是中華民族春節的肇始。當時元月的節慶食俗活動要一直持續到初七。元日（正月初一）：「爆竹於庭前以辟，進屠蘇酒。」子時放爆竹，之後進屠蘇酒，半夜吃年夜飯全家歡聚。「又歲旦服赤小豆二七粒，面東以齏汁下，積一年不病，闔家悉令服之。又歲旦投麻子二七粒，小豆二七粒於井中，辟瘟。又上椒酒，五辛盤於家長以獻壽。」這段是說天明時全家每人要吃下十四粒小豆，飲醃酸菜汁面向東方喝下去，以保全年無病。正月初一的早晨，要向自家的水井裡投入麻子、小豆，傳說是可以使水井乾淨，杜絕傳染病。「初七日可齋戒，早起，男吞赤小豆一七粒，女吞二七粒，一年不病」。正月十五日（上元節）：上元日這一天進行齋戒（吃素食）。正月全月也宜於吃素齋，持戒。這一天民間喝豆粥，晚上吃油炸點心（圓形有餡，類似今元宵形）。

❷ · 二月食俗

二月仲春季節主張的飲食禁忌有：「是月勿食蓼，傷腎。勿食兔，傷神。勿食雞子，令人噁心」。此月分可採食野生百合製成的百合粉；「百合麵：取根曝曬，搗作麵，系曬。甚益人。」吃法如同藕粉，認為有滋補作用。

❸ · 三月食俗

是月主要有清明寒食習俗的記載。早在魏晉時期中的文獻就屢有記載，《晉書·石勒載記》和《魏書·高祖紀》中都有禁斷寒食的規定：「清明前二日（寒食），夜雞鳴時，取炊湯澆井口及飯甕四面，辟馬蚿，百蟲。」即在清明前兩天的後半夜雞鳴叫時，將燒開的水倒在井口和飯甕的四面，用以驅趕馬蚿和各種昆蟲。清明前蟄蟲復甦，用開水潑燙有一定的驅蟲作用，為的是使飲用水及飯食不被蟲污染。寒食節這天忌動煙火，農家吃餳，有的也吃油炸的寒具（麻花一類），以及吃煮雞蛋、鹽醋拌青菜等食物。

❹ · 四月食俗

《四時纂要》載，四月「食忌：勿食雉，令人氣逆。勿食鮮魚，害人。勿食蒜，傷氣損神。」四月也是「青黃不接」之月，常有春饑荒，書中提出「是謂乏月。冬穀即盡，宿麥未登，宜賑乏絕，救飢窮。九族不能自活者，救之。……」春荒之年，青黃不接，應在有餘力時幫助窮困人家和自己親戚九族中無法養活自己的人家。

❺ · 五月食俗

傳統節日中，端午節是僅次於春節的重要節日。古代認為五月日惡，五月初五稱重五之日，因而端午節要闢邪。「（五月初五）端午日『採艾收之治百病，又以艾蒜為人，安門上，辟瘟』。」「雜忌：此月君子齋戒，節嗜欲。薄滋味，勿食肥濃，勿食煮餅」。除上述活動外，還有飲雄黃酒或菖蒲酒闢邪的習俗。唐代還有食粽子的習俗，有百索粽子、九子粽子等。唐玄宗《端午三殿宴群臣探得神字》讚美粽子「四時花競巧，九子粽爭新。方殿歸華節，圜宮宴雅臣」。

❻ · 六月食俗

「食忌：是月勿食生葵，宿疾尤不可食。食露葵者，犬噬，終身不差。勿食諸脾，勿飲澤水，令人病瘑（chǎng）症。」「伏日進湯餅」。據唐代孟詵的《食療本

草》：「……六月食生葵，令飲食不消化，發宿疾。」是說吃有露水的葵菜會被狗咬，最早見於晉代張華的《博物志》中：「人食落葵，為狗所齧，作瘡則不差，或致死。」同時，六月是製酒麴、製醬麴的好季節。

❼·七月食俗

「食忌：此月勿食蕈，是月蠋（zhú）蟲著上，人不見。勿食生蜜，令人發霍亂」。七月是一年中氣溫最高的月分，吃生菜、生蜜或其他生的未經蒸煮、烹炒的食物，都易患腸胃病。「七日乞巧，是夕於家庭內設筵席。」農曆七月初七，民間有「乞巧」節，有在家裡的庭院中設家宴觀星的食俗和拜織女星求貴子的習俗，最早見於晉代周處的《風土記》。

❽·八月食俗

「食忌：此月勿食薑蒜，損壽減智。勿食雞子，傷神。」「作諸粉，藕不限多少，淨洗，搗取濃汁、生布濾澄，取粉。」「芡、蓮、鳧茈、荸薺、澤瀉、茯苓、薯蕷、葛、蕨藜、百合、並皆去黑，逐色各搗，水浸，澄取為粉」；「以上當服，補益去疾，不可名言，又不妨備廚饌，悉宜留意。」這裡介紹的是唐代已廣為應用的以各種富含澱粉的植物根、塊、莖製取澱粉的方法。其中，除可作為補品食用外，還可以作為烹飪中的「芡粉」。八月十五為仲秋節，唐代仲秋賞月餅已盛行。

❾·九月食俗

唐代對枸杞子的保健、抗衰老作用已有所知。「收枸杞子，九月收子，浸酒飲，不老，不白。」枸杞雖原產西北，但在黃河中下游也有栽培。農曆九月初九日為重陽節，唐人在這一日，有登高遠眺舉行野宴的習俗。

❿·十月食忌

「食忌：勿食豬肉，發宿疾。勿食椒，損心。」

⓫·十一月食忌

「食忌：是月勿食龜、鱉，令人水病。勿食陳脯。勿食鴛鴦，令人噁心。勿食生菜，患同九月。」

⓬·十二月食俗

農曆十二月（臘月），有製作「澹脯」「白脯」「兔脯」「乾臘肉」等風乾與醃肉品的習俗，也有「造臘酒」「造醬」、造「魚醬」之俗，是很忙碌的一個月分。

四、頗具特色的宗教食俗

隋唐時期，黃河下游地區佛教與道教盛行，因有信仰教規所限，故形成了各自獨特的宗教飲食習俗。其始於漢代，成形於南北朝時期，盛行於隋唐時期。宗教食俗還具有黃河下游地區的地域特色，是該地區飲食文化的重要組成部分。

❶·佛教食俗

隋唐時期的黃河下游地區佛教興盛，唐代名僧山東臨淄人善導，在密州（今山東諸城）拜明勝為師，出家為僧，被尊為淨土宗的實際創立者。有記載的佛教寺院有七十八座，分布在黃河下游齊州、青州、兗州、曹州等十州之地。[1]其中，青州、齊州是佛教石窟摩崖造像的流行地區。諸如青銅山大佛寺石刻造像，青州雲門山石窟，青州駝山石窟等都開鑿於隋唐時期。初創於前秦永興年間（西元357-358年）的齊州（今山東濟南）靈岩寺是隋唐時期黃河下游地區非常鼎盛的寺廟，貞觀初年玄奘曾在此譯經；唐高宗時期，高宗與武則天封禪泰山時，亦駐蹕於此。[2]

當時黃河下游地區的佛教飲食習俗自有一套講究。比如：佛教信眾講究製作素菜、素食、素席、素饌；並在烹飪選用材料、烹製方法上，要求具有獨特的色、

1　安作璋主編：《山東通史·隋唐五代卷》，人民出版社，2009年，第279-282頁。
2　秦永洲：《山東社會風俗史》，山東人民出版社，2011年，第326頁。

中國飲食文化史　黃河下游地區卷

香、味、形。黃河下游地區傳統素菜餚在東漢初年佛教傳入中國之前就已經出現並有所發展。隨著佛教的傳入，擴大了素食的影響力。東漢佛教傳入時，佛教戒律中並無不許吃肉一條。僧侶托缽化緣，沿門求食，遇肉吃肉，遇素吃素，只要吃的是「三淨肉」就行。三淨肉：指不自己殺生、不叫他人殺生、未親眼看見殺生的肉，都可以吃。趙樸初曾指出：「比丘（指受過具足戒之僧男）戒律中，並沒有不許吃肉的規定。」[1]從歷史上看，漢族佛教僧人吃素的風氣，是因梁武帝的提倡而普及起來的（趙樸初先生言）。唐代僧人實行分食制，同樣的飯菜，每人一份，每天早齋和午齋前，都要按規定唸經後方可進食。僧人一般早餐食粥，午餐食飯，只有病僧才能吃晚飯，稱為「藥食」。隋唐僧人有耕種的習慣，由於勞動體力消耗較大，所以多數寺廟開了過午不食的戒，不過名稱仍為「藥食」。

喝茶也是佛教日常飲食中不可缺少的。佛教認為茶有三得：其一坐禪時，可以通夜不眠；其二滿腹時，可幫助消化；其三茶為不發之藥。隋唐時，佛教禪宗派興起後，佛教徒重視坐禪。長時間的坐禪，會令人產生疲倦，精神不易集中，同時吃飽易困，所以必須減食或不吃晚飯。而茶葉具有提神醒腦、抑制性慾、消除疲勞的作用，有助於坐禪，因而受到廣大僧徒的歡迎，成為最理想的飲料。唐開元年間，「泰山靈岩寺有降魔師，大興禪教，學禪務於不寐，又不夕食，皆序其飲茶，人自懷挾，到處煮飲。從此轉相倣傚，遂成風俗」。

❷ · 道教的信仰食俗

黃河下游地區的天師道在東漢末期就已廣為流傳。至北魏時期，在清河東武城人（今山東武城）崔浩的推廣之下進一步奠定了該地區道教的初期規模。隋唐時期有記載的道觀就有22座，[2]可見道教之興盛。道教以追求長生為宗旨，道教的一些養生食俗與人的健康、興衰繁衍有著密切的關係。

其一，道教主張少食，進而達到辟穀的境界。所謂辟穀，也稱斷穀、絕穀、休

1　趙樸初：《佛教常識答問》，江蘇古籍出版社，1988年，第102頁。
2　安作璋主編：《山東通史・隋唐五代卷》，人民出版社，2009年，第304頁。

糧、卻粒等，即不進飲食。辟穀者往往不吃五穀，而用特殊的食物代替，有大棗、茯苓、巨勝、蜂蜜、石芝、木芝、草芝、肉芝、菌芝等，稱為「服餌」。

其二，道教主張人體應保持清新潔淨，少吃葷腥多食氣。認為人稟天地之氣而生，氣存人存，而穀物和葷腥都會破壞氣的清新潔淨。道教把食物分為許多等級，認為最敗清淨之氣的是葷腥及「五辛」，尤忌吃肉、魚等葷腥以及蔥、蒜、韭、芥等辛辣刺激性食物，「不可多食鮮肥之物，令人氣強，難以禁閉」。

其三，講究「天人合一」，按照四季變化調配飲食。唐代名醫亦是道士的孫思邈，他在《千金要方・養性序》中認為：真正的良醫，要善於掌握各種食物的性能，也就是要從中醫藥理學的角度來把握食物的「氣」（寒、熱、溫、涼、平）和「味」（酸、苦、甘、辛、鹹），主張隨四季的變化和人體的狀況而及時調配，「以資血氣，遣疾患」。他在提倡節制飲食的同時，還反對追求飲食過分肥膩、厚脂、美味，主張滋味清淡；「以免傷害胃腸，而使人短壽」。

其四，主張藥食同源。藥食同源的出現說明唐代出現了食療理念。所謂食療就是通過選擇適宜的飲食，養成良好的飲食習慣來防病治病、調養身體的一種治療方法。食療理念在唐代基本都是道家的方士所倡導的。孫思邈為中國歷史上有名的醫生，同時他也是一位道士。

孫思邈通過其《備急千金要方》首次提出食物即藥物，藥補不如食補的養生理論，其書中第二十六卷的「千金食治」是我國現存最早的食療專篇。他主張「食能排邪而安臟腑，悅神爽志，以資血氣，若用食平痾釋情遣疾者，可謂良工」。他主張治病首先宜用飲食調理，其次再採取藥食治療。因為藥物難免附帶毒性，治病過程也往往會損傷病人肌體。

除此以外，還有孟詵的《食療本草》，「食療」的術語就出自此書，另外《四時纂要》中亦有食療的概念。隋唐時期，黃河下游地區盛行食療的原料有薯蕷、牛蒡、術、黃菁、決明、百合、枸杞、牛膝、黃蓍、大棗、茯苓等。到了唐朝末年，根據《食醫心鑑》的記載，出現了複合方劑，諸如治療心腹疼痛的桃仁粥，治痔瘡的杏仁粥。食療理念的出現，是飲食養生的一大進步。因原料安全，口味好，且易

於烹製，實用性和適用性廣泛，食療逐漸發展成大眾化的養生保健方式和理論，一直流傳至今。

五、飲食文化交流

胡食之風在唐代達到了鼎盛。「胡」古代通常泛指北方和西方的民族，它是隋唐時期飲食文化的重要組成部分，黃河下游地區亦然。以當時最主要的胡食之一——胡餅為例，日本僧人圓仁在其《入唐求法巡禮行記》卷三中記錄有「立春節，賜胡餅、寺粥。時行胡餅，俗家皆然」。另外，隨著胡人大量進入黃河下游地區，即有不少胡人在經營酒店業。「胡姬貌如花，當壚笑春風。」「落花踏盡游何處，笑入胡姬酒肆中。」「胡姬招素手，延客醉金樽。」等詩句都是李白對胡人酒肆的描寫，胡食、胡姬成為當時一道令人悅目的文化景觀。

另外，隋唐時期黃河下游地區是中國本土與朝鮮半島交通的重要中轉站，對朝鮮半島的飲食有著輻射作用。比如登州文登縣（今山東文登）青寧鄉赤山村是新羅人的一個定居點，生活在這裡的新羅人在保持本國傳統的同時，亦接受了唐文化的洗禮。《入唐求法巡禮行記》記載，赤山村的法花院，常住僧眾約30人（均為新羅人）。雖然現在沒有直接的文獻記錄其飲食的狀況，但是卻有這些新羅人開始過冬至節、春節的記載。可以推斷，其飲食勢必受到黃河下游地區飲食文化的影響。

綜上所述，隋唐五代時期是黃河下游地區飲食文化發展的鼎盛時期，食料、烹調、進食方式、飲食行業、對外交流都有了新的發展。這一時期，農業生產工具的改進、水利事業的發展、生產技術的提高都為飲食文化的興盛提供了物質基礎。

中國飲食文化史 ■ 黃河下游地區卷

第七章　北宋金元時期

北宋金元時期，黃河下游地區經歷了北宋時期的安定之後，大部分時間都在飽受戰亂之苦，社會動盪不安。然而，這一歷史時期，黃河下游地區飲食文化還是隨著城市經濟的發展融入了新的文化元素，以市井飲食文化為顯著特徵。金元時期，北方民族南下入主中原，這是繼魏晉南北朝時期以後規模最大的一次民族融合。在這個過程中，黃河下游地區的飲食文化進一步發展。

第一節　宋元農業和手工業的發展

一、利農新政推動了農業的發展

北宋初年，為鞏固政權、恢復社會經濟，宋政府採取了一系列促進生產發展的措施，比如招撫流民、鼓勵生產，輕徭薄賦、開墾荒地，創新農具、興建水利，引進和推廣優良品種等。如在黃河下游地區加快了冬麥和水稻的推廣，《東坡全集》中記：「時山東旱蝗，青州獨多麥」；徐州「地宜菽麥，一熟而飽數歲。」《宋史·食貨志》載，太宗淳化間，詔令江北諸州「就水廣種粳稻」，使社會經濟開始恢復。經過近百年的努力，至神宗熙寧年間，黃河水灌溉鹽鹼土地將近3萬頃，排澇墾田4000餘頃，甚至魯西南低窪積水之地也得到墾闢。同時，農具的改進促進了農業、養殖業和畜牧業的發展，莊季裕《雞肋編》記：「河朔山東養蠶之利，逾於稼穡」，「單州成武一邑桑柘，春蔭蔽野。」[1]《續資治通鑑長編》載：「齊、淄等州民多馬，禹城一縣養馬三千，壯馬據三分之一。」又載，仁宗康定元年，朝廷一次由京東路地區括馬5萬餘頭，當時「京東路齊、淄、青、鄆、密、濰六州產馬最多」。

據統計，到了元豐初年，黃河下游地區的山東境內當年新墾田25828460畝、官

1　安作璋：《山東通史·宋元卷·典志》，山東人民出版社，1994年，第129-130頁。

田89091畝、民田24937559畝，約達當時全國耕地的5.6%。[1]另外，據宋徽宗崇寧（西元1002-1007年）年間統計，黃河下游地區的京東路戶數達157.5萬戶，占全國戶數的7.6%。人口達787.5萬人，約占全國總人口的8.1%。[2]這些數據說明了，北宋政府實行恢復農業生產的政策，對黃河下游地區的社會經濟恢復成效顯著。

金統治時期，黃河下游地區的農業生產遭到破壞，金人強占農田改為牧場，農耕文化與游牧文化之間的矛盾加劇。直到金熙宗年間才開始實行農業恢復政策，金世宗登基之後，農田水利建設才逐漸恢復。《金史‧食貨志》載：「比年邳、沂近河，布種豆麥，無水則鑿井灌之，計600餘頃，比之陸田所收數倍。」

《元史‧食貨志》載，元統一全國之後，忽必烈實行以農為本的國策，下旨稱：「國以民為本，民以衣食為本，衣食以農桑為本。」並下令禁止蒙古貴族占毀農田為牧地、圍獵地，限制其占有的「驅口」（農奴）數；還要將多占的牧地佃租給農民，收其租賦。《元史》稱，山東「地利畢興，五年之間，政績為天下勸農使之最」。趙孟頫《松雪齋文集》記，「長清、禹城一帶田野耕辟，野無曠土」；胡祇遹《紫山大全集‧論農桑水利》中亦有「登州地區，農民墾闢有方，鄰近州郡皆倣傚該州」的記載。濟南為元初生產秩序較穩定的地區，時河南民眾多北徙至濟南，使黃河下游地區的屯田數顯著增加，加快了農業生產的恢復。與此同時，元代還設立了司農司，負責農桑水利事務，各地設勸農使，督促當地的農業生產，對恢復農業發展起到積極的推動作用。《王禎農書‧農桑通訣‧鋤治篇》中記：「村落之間，多結為鋤社，以十家為率，先鋤一家之田，本家供其飲食，其餘次之，旬日之間，各家田皆鋤治。自相率領，樂事趨功，無有偷情。間有病患之家，共力助之。故田無荒薉，歲皆豐熟。」加之元代前期無大災害，民食較充足，保證了食料來源的供給。

1　孫祚民：《山東通史‧宋金元卷》，山東人民出版社，1992年，第245-246頁。

2　李燾：《續資治通鑑長編》卷二，中華書局，2008年。

二、飲食器具製作技術的創新

宋金元時期的手工業水平超過了隋唐五代時期，冶煉技術的提高，促進了農具和食具的發展。當時的食具種類有瓷器、金器、銀器等。瓷器在宋元時期是黃河下游地區的主要飲食器具，考古發現，當時該地區的陶瓷窯場有20多處。其中，宋代瓷器產區主要分布在淄博、泰安、青州、棗莊、德州等地，以青州白瓷最為有名；金代主要分布在淄博、棗莊。當時已經普遍使用煤炭作為燃料，釉色仍以白釉為主；元代承襲了金代窯場，但其規模已經超越了前代。

食具從用途上分有盛食器、進食器、飲酒器、飲茶器，具體類型有碗、盤、杯、碟、壺、瓶等。其中宋代淄博所產的瓷器中，碗占了很大比重。這些瓷器大部分以白瓷為主，其次為黑瓷、醬瓷、黃瓷。這是在繼承了唐代技術基礎上，進行了改良和創新，運用了釉色的手法，比如青釉、黃釉、白釉等，造型優美，圖案美觀，裝飾技法有刻花、剔花、加彩等，圖案有荷花、水波、浪花、花卉、魚紋等。

值得一提的是，宋元時期的黃河下游地區還是重要的金銀產地。《元史·食貨志》記載，益都、登州棲霞縣、淄博、萊州這些地方產金銀。這些金銀也被用於食具的製作中，如現代考古在山東莒縣出土了荷葉形銀盞、蓮蓬形銀盞等物。經研究表明，這些食具在當時已經被大量地運用在人生禮俗、歲時節慶、人際交往、宗教祭祀中，表現了其豐富的社會功能和文化交流的特性。

三、兩部重要的飲食書籍

❶·《農桑輯要》

《農桑輯要》刻印發行於元世祖至元十年（西元1273年），為元代大司農主持眾官員編撰而成，為元代統治者重要的「經國要務」之書，其內容大部分引用前代農書，引用最多的就是《齊民要術》，其次是《四時纂要》；還有其他各種散佚的農書，比如《山居要術》《博物錄》等，此書對黃河流域農業生產具有指導意義。主

要內容包括：土地開墾利用、農作物耕作栽培、栽桑和養蠶部、瓜菜果實部、孳畜部和歲用雜事等。該書記載了宋元時期新近引入的作物，諸如木棉、西瓜、枸杞、胡蘿蔔、人莧、荙（dá）菜、楂（zhā，山楂）、甘蔗等的栽培方法和甘蔗榨糖等技術，對認識宋元時期的飲食具有重要的價值。

❷·《王禎農書》

《王禎農書》是我國第一部由地方主管農事的官員編寫的、有關農業技術與理論的專著。[1]作者王禎，字伯善，東平（今山東東平）人。該書分為農桑通訣、百穀譜和農器圖譜三部分；其中詳細介紹了北方主要農作物的栽培技術和農畜產品貯藏、利用技術，諸如葵菜、芹菜、蕓薹菜、芥菜、食用菌、蒜、韭菜、蔥等蔬菜的栽培技術，共記載蔬菜39種；特別難能可貴的是還論述了災年度荒的方法，幫助百姓度過荒年。

《王禎農書》比《齊民要術》更完整、更系統，書中的「百穀譜」是一部農作物栽培學的總論，這是首次將人類植物性食物生產進行系統分類，也是第一次將農具圖譜列入農書中，其篇幅約占全書篇幅的80%。所以，它是現存最早的、系統描繪當時通用

◀圖7-1　《元刻農桑輯要校釋》與《王禎農書》

1　王禎著，王毓瑚校：《王禎農書》，農業出版社，1981年，第211頁。

農具結構圖譜的著作。如以出土的宋代泰山大犁鏵實物與文獻互相印證，我們則不難想像，元代的黃河下游地區農田水利工程規模之浩大與工具之先進。

第二節　北宋時期的食物品種與食俗

一、糧食製品種類多樣

北宋時期，黃河下游地區主要的糧食作物是粟、黍、水稻、小麥、大豆、小豆。特別是水稻的種植面積在這一歷史時期有了大範圍的擴展，其北境到達了魯北的博州、棣州、德州、濱州等地，齊州（濟南）、沂州、高密、日照地區的水稻種植頗具規模，畝產量達到2.38石，比唐朝增加了0.88石。農業的發展奠定了食物原料的基礎，加之石磨設備的改進和水磨澄清米粉新工藝的產生，促進了北宋時期黃河下游地區飲食文化的發展。

❶ · 麵製主食

宋代將多種麵食統稱「餅」，如「火燒而食者呼為燒餅，水瀹而食者呼為湯餅，籠蒸而食者呼為蒸餅。」[1]餅坯上帶芝麻（胡麻）的烙餅稱作胡餅。黃河下游地區屬於冬麥區，傳統麵製主食仍為餅食。這一時期，吸收了各民族的麵食特點，餅的種類更豐富，有：油餅、煎餅、糖餅、菜餅、茸割肉胡餅、宿蒸餅、髓餅、七色燒餅、焦蔥餅、羊脂韭餅、辣菜餅、荷葉餅、芙蓉餅、開爐餅、糖薄脆等餅食品種。[2]

蒸製的包餡麵食：即「籠蒸而食者呼為蒸餅」[3]，或稱為「炊餅」「籠餅」「饅頭」等。這些新麵食多用發酵麵團，經過製坯後蒸熟。宋代餅食中有多種餡料。

1　陳夢雷：《古今圖書集成·食貨典·餅部雜錄》，中華書局，1934年。
2　方齡貴：《〈通制格條〉校注》，中華書局，2001年。
3　沈自南：《藝林匯考·飲食篇》卷三，中華書局，1988年。

如《水滸傳》中描述：「武松拍（掰）開一個（饅頭），看了叫到：『這饅頭是人肉的，狗肉的？』那婦人嘻嘻笑道：『客官休要取笑。清平世界，蕩蕩乾坤，那裡的人肉饅頭，狗肉的滋味？我家饅頭，積祖是黃牛的。』」根據文獻記載，當時饅頭品種繁多，比如有太學饅頭、糖肉饅頭、羊肉饅頭、魚肉饅頭、蟹肉饅頭、辣餡饅頭、糖餡饅頭、菠菜果子饅頭等。[1]這些被稱作饅頭的麵食，其實就是包子。[2]以其餡料而名的有：薄皮春繭包子、細餡大包子、水晶包兒、筍肉包兒、蝦魚包兒、蟹肉包兒、蝦肉包子、野味包子等。[3]

饆饠：在北宋時期的黃河下游地區頗為流行，這一食物承襲了唐代時期的特點，是胡漢飲食文化融合的重要代表食物。其樣式為外包麵皮，內裝水果、蔬菜或肉類餡料，經烙、蒸、煎、煮而成。

煮製的包餡麵食：有角（餃）子、餛飩等。角子的品種也有很多：按製熟途徑分，有蒸餃兒、煮水餃兒、水晶角兒、煎角兒等；按餡料種類分，有羊肉餡餃子、豬肉餡餃子、韭菜雞蛋餃子、鲅魚餡餃子等。

餛飩：是包有少量餡的麵片類食品，品種有許多，各地都有的餛飩食攤，餛飩製皮有獨特工藝：用綠豆澱粉作為䃼粉，將麵團切成劑子，逐一擀成薄餛飩皮，包入餡後，捏牢包餡以外的麵皮，煮熟後，味鮮皮薄，餛飩不碎。餛飩湯有雞湯、肉湯、三鮮湯等多種，各用不同調料，風味各異。

湯餅類：是專指用水和成麵團製成的麵條、麵片之類的麵食。一般經水煮製熟。宋代的湯餅種類有：軟羊麵、桐皮麵、桐皮熟膾麵、三鮮麵、炒膳麵、絲雞麵、筍潑肉麵、炒雞麵等。其中，不加肉類和葷油的稱為素麵，品種有：筍潑麵、筍辣麵、三鮮麵、筍齏麵、乳齏麵等。

油炸麵食類：比如馓子，是麵製油炸食品。宋代又名環餅或寒具。麵粉中適量加明礬，調製成軟麵團，坯料切片，手工製成兩端相連的條狀，拉成長條狀，再入

1　繆啟愉校釋：《元刻農桑輯要校釋》，農業出版社，1988年。
2　王禎著，王毓瑚校：《王禎農書》，農業出版社，1981年，第211頁。
3　吳存浩：《中國農業史》，警官教育出版社，1996年，第799頁。

熱油鍋中炸熟，口感香、脆，是易保存的油炸麵食。

❷ · 米製主食

粥食：北宋時期，黃河下游地區的人們多有喝粥的習俗。用粟米、秫米、豌豆、大米、大麥米為煮粥原料。其中以小米粥最為普遍。如若遇上災年，貧困家庭也很難依靠小米粥維持溫飽，常有「農夫蠶婦所食者糠秕而不足」[1]，大多是「雜蔬為糜」。[2]

元宵和湯圓：據宋朝林洪的《山家清供》記載，當時已出現元宵。元宵既可以煮食，也可以油炸。其製作的粉料和餡料多有特色。湯圓在宋代也已出現，被稱作圓子、浮圓子等。當時工藝有用糯米加山藥共同搗細製成水粉後再製成圓子的，因滋味、口感良好，多為節日增添歡樂。

粽子：北宋時期黃河下游地區的人們喜歡用泡好的糯米、大棗作餡，由竹葉等包紮，最後經水煮製熟。《中饋錄》中也介紹了宋代北方粽子的製作方法，多用各種乾果和紅小豆等為餡，推出了許多新品種。有的地方用艾葉浸糯米、或用菱白葉包粽子，使粽子產生了特殊的風味。[3]

糕類：北宋時期黃河下游地區的人們用米、糯米粉或其他糧食粉，經過配料、蒸製加工而成各色糕。品類很多，如糖糕、蜜糕、栗糕、麥糕、豆糕、花糕等。

二、蔬果生產製作技術進步

北宋時期，黃河下游地區新增加的蔬菜品種有芥子、菠稜、萵苣等，共計30種。蔬菜在宋人飲食中的地位已經非常重要，當時人稱：「蔬亞於穀」。這一時期，黃河下游地區的醃漬加工技術又有所發展，出現的新品種有辣蘿蔔、萵苣、筍、辣

1　陳夢雷：《古今圖書集成·食貨典·宋代農政》，中華書局，1934年。
2　岳珂：《金陀萃編》卷四，中華書局，1999年。
3　蘷明：《餻饘考》，《中國烹飪》，1988年第7期。

瓜兒等。當時流行素菜葷做，如「假煎肉」即是用「瓠與麩薄切，各和以料煎，麩以油浸煎，瓠以肉脂煎，加蔥、椒、油、酒共炒」[1]。有的菜名也用葷腥命名素菜，如「素蒸鴨」就是「蒸葫蘆一枚」。當時的素菜葷做，說明人們的飲食以素菜為主，也可能與宗教信仰有關。

另外，黃河下游地區的水果品種比較豐富，桃子品種有：冬桃、蟠桃、胭脂桃等；杏品種有金杏、銀杏、水杏等；梨有水梨、鴨梨等；李子有御李、操李等；櫻桃有紫櫻桃、臘櫻桃等；石榴有粉紅石榴、千葉石榴等；林檎（蘋果）品種有密林檎、花紅林檎等。水果生產的不斷發展，促進了加工儲藏技術的提高，在蘇軾的《東坡後集‧豌豆大麥詩》中記載的當時水果加工品，有梨肉、棗圈、林檎旋等乾果品，以及蜜冬瓜魚兒等糖製品。

三、肉類和水產種類豐富

北宋時期，黃河下游地區流行吃羊肉。蘇轍《欒城集‧送余京同年兄通判嵐州》一詩這樣述說：「我昔在濟南，君時事淄青。連年食羊炙，便欲忘蓴羹。」蘇軾詩中有「十年京國厭肥羜（zhù）」之句，說明他身為四川人雖然不喜歡羊肉，但在京城開封又不得不吃羊肉，只能抱怨了。至元代肉食則以牛、羊肉比例為高。

北宋時期，市售新鮮肉類、水產原料有兔、野雞、野鴨、鳩、鴿、鵪鶉；魚蝦、螃蟹、蛤蜊等，種類豐富。在肉類、水產的烹飪中，普遍運用醃、臘、糟等製作方式；烹飪成菜餚的品種也很豐富，如有鵪子羹、蝦蕈羹、鵝鴨簽、炒蛤蜊、炒蟹、洗手蟹、薑蝦、酒蟹、雞簽、炒兔、蔥潑兔、煎鵪子等。[2]

1　邱龐同：《中國麵點史》，青島出版社，1995年，第75-76頁。

2　邱龐同：《中國麵點史》，青島出版社，1995年，第56頁。

四、茶酒飲料消費巨大

茶和酒是宋朝時最重要的飲料。由於贏利豐厚，一直由官府專賣。自唐至宋，飲茶的習俗愈加普遍，「茶之為民用，等於米鹽，不可一日以無」[1]。在黃河下游地區也是如此，飲茶聊天已成民風，比如「東村訂婚來送茶」，而田舍女的「翁媼」卻「喫茶不肯嫁」[2]。農民為了春耕而「裹茶買餅去租牛」[3]「田客論主，而責其不請喫茶」[4]等，可見當時茶俗之盛。

北宋時期，黃河下游地區的釀酒和酒店業十分繁榮，酒消費的數量巨大。僅山東省各州縣衙門，即設有酒務（官）130餘位。酒類產品有黃酒、果酒、配製酒、白酒等四類。白酒和黃酒釀酒原料為穀物，《元史‧食貨志》載，「凡醞用粳、糯、粟、黍、麥等及麴法酒式，皆從水土所宜」。當時黃河以東地區是葡萄的主要產區，亦多以葡萄釀酒。宋代果酒有葡萄酒、蜂蜜酒、梨酒、棗酒等，以葡萄酒產量最多。南宋人吳炯《五總志》載：「葡萄酒自古稱奇，本朝平河東，其釀法始入中都。」宋時的配製酒多屬滋補性藥酒，如有醾（mí）酒、菊花酒、蝮蛇酒、地黃酒、枸杞酒等約近百種之多。

五、調味品地位提高

宋《夢粱錄》中寫道：「蓋人家每日不可缺者，柴米油鹽醬醋茶。」可見當時日常飲食中調味品的地位已得到提高，且鹽在調味品中居於首位。宋人陶穀《清異錄》有云：「醬，八珍主人也，醋，食總管也。」北宋沈括在《夢溪筆談》中說：「今之北方，人喜用麻油煎物，不問何物，皆用油煎。」可見食用油的重要性。

---

1 王安石：《臨川文集》卷七十，吉林出版集團，2005年。
2 邱龐同：《中國麵點史》，青島出版社，1995年，第59頁。
3 林洪：《山家清供》，中華書局，1985年。
4 黎靖德：《朱子語類》卷一百二十三。轉引自：吳存浩：《中國農業史》，警官教育出版社，1996年，第840-841頁。

當時調味品的品種很多，根據《農桑衣食撮要》記載，黃河下游地區僅製作醋的方法就有四種：

做麥醋：「大麥一石或三五斗，炒過。取一半細碎，取一半完全；先以細碎者浸一宿，次日蒸成飯，用楮葉蓋，盦（ān）成黃子。七日後，以完全者浸一宿，炊成飯，以炊湯半鐘，候溫，將黃子同釀，密封蓋（如不密封則生蟲），過七日後則成醋。二七日後，出頭醋，煮過收貯。二糟有味，再釀之。」

做老米醋：「將陳倉秔米三斗或五斗淘淨，水浸七日，每日換水一遍，七日後蒸熟。候飯冷，於席箔上攤開，以楮葉蓋覆，發黃衣遍，曬乾。臨下時，簸淨，每黃子一斗用水二斗。入甕內，又用紅麴一合溫水泡下，將甕口封閉。二十日看一遍，候白衣麵墜下，或白衣不下，澄清以味酸為度。去白衣，將醋鍋內熬一沸，又炒鹽少許，候冷，用潔淨瓶甕收貯，以泥封之，可留一二年。」

做米醋：「用秈穀三斗，每日換水浸七日，蒸熟，攤開，盦成黃子，曝曬乾極。三伏內，以糙糯米一斗五升、水略浸蒸熟，候冷，以穀黃搗碎，拌和蒸熟糯米。缸底先用蓼子數莖，然後入缸內，用水五升，上又用蓼子數莖，以米糠蓋之，密糊封閉一月。然後篘（chōu）出，用烏梅數個、鹽少許同入瓶內，煮數沸，泥封收貯。切忌生水、濕器盛頓。」

做蓮花醋：「白麵一斤，蓮花三朵，搗細，水和成團，用紙包裹，掛於當風處。一月後取出。以糙米一斗，水浸一宿，蒸熟，用水一斗釀之。用紙七層密封定，每層寫七日字，過七日揭去一層，至四十九日，然後開封，篘出，煎數沸，收之。如二糟有味，用滾水再釀，盡有日用。忌生水、濕器收貯。」

還有做豆豉的方法：「大黑豆淘淨煮熟，濾出，篩麵拌勻，攤於席上放冷。用楮葉盦成黃子，候黃衣上遍，曬乾，用瓜茄切片二件，每一斤用淨鹽一兩，入生薑、橘皮、紫蘇、蒔蘿、小椒、甘草，切碎同拌，一宿，次日將豆黃簸去黃衣，同入甕內，用原汁勻拌上，上用箬葉蓋覆，磚石壓定，紙泥密封。曬半月後可開，取豆瓜茄曬乾，畧蒸氣透，再曬，收貯。」

北宋時期，黃河下游地區也將白糖、飴糖、蜂蜜作為調味品。程大昌曾說：「凡

飴謂之餳（táng），自關而東通語也，今人名為白糖者是也，以其雜米為之也。飴即餳之溶液，而可以入之食飲中者也。」[1]北宋時的粗製蔗糖是紅黑色原糖，產於南方，在這個時期已經傳入黃河下游地區，但產量少，其普及的程度尚不能與油鹽醬醋相比。此外這個歷史時期，黃河下游地區已經開始流行使用飴糖做工藝「糖人」，宋時文獻記載已有所謂「戲劇糖果（糖人）」，品種有：「行嬌惜、宜娘子、鞦韆稠糖、葫蘆」等。

六、食風食俗

北宋時期，黃河下游地區已有不少較大的城市，如登州、萊州、青州、高密、鄆州、定陶、濟州、沂州、兗州、曹州、德州等。這些城市，大都在海港或交通要道上，人口較為密集，多設有酒店、飲食店、麵食鋪、食攤等。

北宋時期，黃河下游地區的沿河道漕運碼頭和沿官道驛站，均有飲食供應制度。據史繩祖《學齋占畢》記載，凡官員因公外出、士人科舉考試、外幫「來貢方物」，均由政府發給「賜緣路驛券」，「以為傳食之費」，按日在驛站支領一定的糧米、肉食或費用。比如低級武官、三班奉職，每日「驛券肉半斤」。飲食服務業發展興旺。

一般人家有在飯前食用果品的習慣。富裕人家設酒筵待客時，常鋪陳果品，為飯前開胃食物。宋代烹飪手段有煮、蒸、炒、煎、炸、膾、炙等加工手段。宋時對各種肴點常冠美名，甚至有的相沿至今，成為中華飲食文明的寶貴遺產。

北宋時期的少數民族飲食也融入了黃河下游地區的飲食文化。如立春日吃春盤、人日正月初七吃煎餅等。

另外，北宋時期黃河下游地區已經使用傳熱更好的鐵製的鍋、鐺、鏊、甑、烤爐等設備。製作麵食的食品店鋪中有泥風爐、小缸灶、火箸、火夾、漏勺、銅匙

1　程大昌：《演繁露》卷四《飴餳》，中華書局，1991年。

箸、食托、烘盤、竹笊籬、蒸籠、甌箄、麵桶等。還有製作花色點心糕餅的各種雕刻木模。烹飪工具的不斷改進，對北宋時期黃河下游地區烹飪水平的提高和飲食種類的豐富起到重要作用。

第三節　元代的飲食狀況

一、糧食製品種類增多

總體來說，黃河下游地區的糧食生產和作物種類在前代的基礎上有所擴大，主要糧食作物有大麥、小麥、大豆、粟、水稻等。《王禎農書》中載，元代「大、小麥，北方所種極廣。大麥可作粥飯，甚為出息。小麥磨麵，可作餅餌。」黃河下游地區的蒙古族和其他少數民族也是米、麵兼食。蒙古人把粥稱為水飯。蒙古貴族常以米和藥物、滋補品煮成藥粥，如：丐馬粥、湯粥、粱米淡粥、河西米湯粥等。除了淡粥外，其餘米粥均以米和羊肉一同煮成。[1]麵食與粒食繼承並發展了宋代的飲食特色，元代蔬果的食用沒有太大的改變，肉食以羊肉為主，偏重於游牧民族的飲食文化特色。

❶·麵製主食

元代麵團發酵的技術有所進步。本地區居民在用老麵團發酵麵團時，已經普遍用鹼水來中和麵團發酵時的過多酸度，以改進麵製品的氣味、滋味和口感。點心麵團的製備，新出現了用油和麵粉來製作酥皮的方法；用開水燙麵使麵團變性來製做點心的酥皮；用油和水混合後調拌麵粉製作粉皮；以及用冷鹽水和麵粉來製作西北飲食——涼粉等技術。[2]元代麵製主食品種比前更為豐富。

1　常棠：《澉水志》捲上《寺廟門》，商務印書館，**1939**年。
2　張博泉：《金史簡編》，遼寧人民出版社，**1984**年，第413頁。

蕎麥麵食：元代以前黃河下游的山區已有蕎麥栽培，由於其早熟低產，種植面積和產量都不會很大。蕎麥的使用方法：「北方山後諸郡多種。治去皮殼，磨而為麵，攤作煎餅，配蒜而食。或做湯餅，謂之『河漏』，滑細如粉，亞於麥麵，風俗所尚，供為常食。」並調以醋、蒜、蔥花和調味湯佐食。這是北方的食用方法。「然中土、南方農家亦種，但收晚。磨食，溲作餅兒，以補麵食，飽而有力，實農家居冬之日饌也。」[1]蕎麥由於其生育期短，多作為救災複種作物。

「稍麥」（燒賣）：元代典籍中的「稍麥」，是一種包餡食品。用開水燙製麵粉成麵團，擀製成薄麵皮，以肉餡為料，麵皮包餡蒸煮，與湯料配合就食。「稍麥」頂部的麵皮做成花蕊狀，顏色發白。[2]

七寶卷煎餅：元代初時稱卷煎餅[3]，經油煎而成熟。原是「回回食品」，因用料不同，故品種各有不同的名稱。現代的油炸春捲，很可能就是在此基礎上發展而成的。

「古剌赤」（多層夾餅）：是元代北方地區流行的回族（色目人）麵食品種，用雞蛋清、豆粉、酸奶攪拌均勻，在銚鍋上攤上煎餅，在其上撒一層糖末、松仁、胡桃仁，再覆上一層煎餅，如上加輔料三至四層，即成。[4]

「禿禿麻食」（回族麵皮兜）：係「手撇麵」，是用手將麵團按成一個個小麵片，「下鍋煮熟，撈出過汁，煎炒酸肉，任意食之」[5]。「搠羅脫因」，是將白麵團製成銅錢樣，煮熟後加羊肉、蘑菇、山藥、胡蘿蔔等混合而成的澆頭。因為由回民帶入，故漢人稱之為「回回食品」；「搠羅脫因」則是在北方生活的維吾爾族人的麵食。以上幾種麵食中，在黃河中下游地區流傳最廣的是「禿禿麻食」。

春盤麵：春盤麵是按照北方漢族春盤之食俗，經由回族、蒙古人創造而成的一

1　王禎：《王禎農書》卷七《蕎麥》，農業出版社，1963年。

2　邱龐同：《中國麵點史》，青島出版社，1995年，第53頁。

3　張博泉：《金史簡編》，遼寧人民出版社，1984年，第413頁。

4　張博泉：《金史簡編》，遼寧人民出版社，1984年，第413頁。

5　邱龐同：《中國麵點史》，青島出版社，1995年，第44-56頁。

中國飲食文化史　黃河下游地區卷

種時令麵食，在黃河下游地區元代的蒙古貴族和色目人中流行。《飲膳正要》中記載了製作工藝：白麵六斤製成細切面，羊肉（二角子）煮熟切成條。羊肚、羊肺各一個，煮熟切片。雞蛋五個，打勻，入鍋煎成薄餅，用刀切成小旗狀。鮮薑四兩，切成絲，韭黃半斤，蘑菇四兩，苔子菜、蓼芽等煮成清湯，加胡椒一兩，適量鹽、醋調味作湯，以上諸味共澆麵，配合春盤餅共食。這是黃河下游地區多民族飲食文化融合的一個典型例證。

餛飩：是元代黃河下游地區民間比較流行的食品，在元代，餛飩多以羊肉作餡，用回回豆、羊肉、草果煮湯。「圓邊微薄，入餡蘸水合縫，下鍋時將湯攪轉逐個下」，「餡子葷素任意」。[1]

角子（餃子）：元代本地區角子品種從原料到餡料都有許多新意。蒙古貴族吃的角子品種很有特色，如：水晶角兒，是以豆粉作皮，以羊肉、羊脂、羊尾和以蔥、陳皮、薑作餡，加鹽、醬調味製作而成；駝峰角兒，以麵粉加酥油或豬、羊油（各半）加冷水和鹽來製麵團，擀皮，以炒熟餡料（葷素皆可）包成角子後用模具壓成一定形狀，再入爐烤熟。

包子：包子是元代在本地區市場上最為常見的帶餡主食品之一，在餡料方面有所改進，比如天花包子，以天花（即平菇，一種蘑菇）作餡，魚肉包子，以鯉魚、鱖魚肉為餡，以及羊肉包子等。

饅頭：元代的饅頭都是有餡的。蒙古貴族常吃有倉饅頭、鹿脂奶饅頭、茄子饅頭、剪花饅頭等，所有的餡以羊肉、羊脂為主。民間的饅頭有的用羊肉，有的用豬肉、魚肉作餡，有平坐大饅頭、平坐小饅頭、捻尖饅頭、捺花饅頭等。饅頭、包子都是將麵發酵後「擀作皮包餡子」[2]。

調味的發麵蒸餅：《飲膳正要》中記載其製法為：「將白麵十斤、小油一斤、小椒（一兩炒去汗）、茴香（一兩），隔宿用酵子、鹽、鹼，濕水一同和麵，次日入麵，接

1　邱龐同：《中國麵點史》，青島出版社，1995年，第44-56頁。

2　邱龐同：《中國麵點史》，青島出版社，1995年，第44-56頁。

肥再和成麵，每斤作兩個入籠內蒸」。類似的還有經捲兒，也就是今天的花捲。

燒餅：品種有黑芝麻燒餅、牛奶子燒餅、黃燒餅、酥燒餅、硬燒餅等。

❷ · 飯類主食

大麥米飯粥：元代黃河下游地區裸大麥的食用方法和小麥不同，「大麥可作粥飯，甚為出息」。蒙古族居民的大麥粥則是「加羊肉等物煮熬而成的」[1]。元代貧苦農民的生活是「麥飯稀稀野菜羹」，這裡所說的「麥飯」是大麥仁煮成的。

黍米飯粥：黍分白黍、赤黍，在黃河下游各地都有種植。因低產，故栽培面積較小。「所謂當暑而種，當暑而收。其莖穗低小（土人謂之秫子）可以釀酒，又可作饌粥，黏滑而甘，此黍之有補於艱食之地也」。赤粟「米黃而粘，白黍釀酒，亞於糯秫」。[2]

高粱米飯粥：高粱又稱蜀黍，「其子作米可食，餘及牛馬，又可濟荒」[3]。糧米常用來熬粥。

豆類粥飯：豆類也是糧食作物。元代黃河下游地區豆類作物如大豆、小豆、豌豆和綠豆等多種。「其大豆之黑著，食而充飢，可備凶年；豐年可供牛馬料食。黃豆可作豆腐，可作醬料。白豆，粥、飯皆可拌食。三豆色異而用別，皆濟世之穀也。」「小豆有綠豆、赤豆、白豆、豇豆、䝁豆、皆小豆類也。」又曰「北方惟用綠豆最多，農家種植亦廣。人俱作豆粥、豆飯，或作餌為炙，或磨而為粉，或作麴材。其味甘而不熱，頗解藥毒，乃濟世之良穀也，南方亦間種之」。豌豆在「百穀之中，實為先登。煮熟皆可便食，是用接新，代飯充飽。」「可作餅餌食。此豆，五穀中最耐陳，不問凶豐，皆可食用，實濟飢之寶也」。[4]總起來說，豆作為糧食，可以蒸煮，或熬成粥；也可和米拌煮成米粥。各種豆也可磨成麵，和小麥麵混合製

1   陳元靚：《歲時廣記》卷二十九、卷三十，臺灣商務印書館，1986年。
2   王禎：《王禎農書》卷七《蜀黍》，農業出版社，1963年。
3   王禎：《王禎農書》卷七《蜀黍》，農業出版社，1963年。
4   王禎：《王禎農書》卷七《豌豆》，農業出版社，1963年。

作麵食品。一些豆類可以作菜餚，黃豆可作豆腐、豆漿、豆醬、豆豉、豆芽，既可以作粥食，又可以製成肴品或調味品。

食療粥飯：元代「食療」之粥品種甚多，見於典籍的本地區民間的粥品有豬腎粥、蓽撥粥、良薑粥、蓮子粥、桃仁粥、麻子粥、馬齒莧拌蔥豉粥、蒼耳子粥、梔子仁粥、蔓菁粥、竹葉粥、鯉魚腦髓粥、雌雞粥、雀兒粥、羊肉粥等。煮藥粥用的多是粳米和糯米，民間也常用粟米。

二、不可或缺的蔬果作物

對於黃河下游地區的人們來說，無論富貴貧賤，飲食中都離不開菜蔬，「夫養生必以穀食，配穀必以蔬茹，此日用之常理，而貧富不可闕者」[1]。元代黃河下游地區常見蔬菜主要有蘿蔔、胡蘿蔔、茄子、黃瓜、瓠、冬瓜、芥、菠薐（赤根）、萵苣、莧菜、芋、韭、薑、蔥、蒜、薤、菘（白菜）、葵菜、菌子（蘑菇）、山藥、芥藍、若薘等。

菘（白菜）：這是黃河下游地區普遍種植且高產的蔬菜，為各個階層所喜愛。

茄子：茄「今在在有之，又有青茄、白茄，白者為勝，亦名銀茄。又一種白者，謂之渤海茄。……中土頗多，南方罕得」。茄被認為「最耐久，供膳之餘，糟醃豉臘，無不宜者」[2]。元代菜蔬譜中有香茄兒、糟茄兒、蒜茄兒、芥末茄兒、醬瓜茄、四色茄（用白茄）、油肉釀茄、油肉豉茄等，可見茄子在當時食用蔬菜中的重要地位。

菠薐：菠薐就是菠菜，又名赤根，是「四時可用之菜」。

蘿蔔：「可廣種，成功速而為利倍」，因而元代「在在有之」，「美者生熟皆可食，醃藏臘豉，以助時饌。凶年亦可濟飢。功用甚，不可具述。」[3]

1　王禎：《王禎農書》卷二《播種篇》，農業出版社，1963年。
2　洪皓：《松漠紀聞》卷下，上海古籍出版社，2007年。
3　范成大：《石湖居士詩集》卷十二《西瓜園》，上海古籍出版社，1981年。

冬瓜：《本草圖經》曰，「冬瓜今在處處園圃皆蒔之」，「此瓜耐久，經霜乃熟，又可藏之彌年不壞。今人亦用為蜜煎，其犀用於茶果，則兼蔬果之用矣。」

黃瓜：《王禎農書》曰，「生熟皆可食，烹飪隨宜，實夏秋之嘉蔬也。」

瓠（葫蘆）：《王禎農書》曰，「有甘苦二種，甘者供食，苦惟充器耳……累然而生，食之無窮，最為佳蔬，烹飪無不宜者。」

韭：《王禎農書》曰，「至春其芽早出，長可二三寸，以為嘗新韭。城府士庶之家，造為饌食，互相邀請，以為嘉味。剪而復生，久而不乏，故謂之『長生』。實蔬菜中易而多利，食而溫補，貴賤之家，不可闕也。」「至冬，移根藏於地屋蔭中，培以馬糞，暖而即長，高可尺許，不見風日，其葉黃嫩，謂之『韭黃』，比常韭易利數倍，北方甚珍之。」

薑：《王禎農書》曰，「薑辛而不葷，去邪辟膳，蔬茹中之拂士也，日用不可闕。」

蒜：《王禎農書》曰，「惟宜採鮮食之，經日則不美，惟蒜久而味不變，可以資生，可以致遠」；「旅途尤為有功，炎風瘴雨之所不能加，食渴臘毒之所不能害」；「夏月食之，解暑，辟瘴氣，北方食餅肉，不可無此。」當時人已經認識到了蒜的消毒功能。

蔥：《王禎農書》曰，「蔥之為物，中通外直，本茂而葉香，雖八珍之奇，五味之異，非此莫能達其美。」

薤：今稱藠（jiào）頭。《救荒本草》曰，「本出魯山平澤，今處處有之」（多用來作醬菜）。

菌子：中原呼菌為「蘑菇」，或謂之「天花」，即食用菌類。菌子野生，也可人工培植。《王禎農書·菌子》：「中原呼菌為蘑菇，又為莪；又一一種謂之天花。桑樹上生者，呼為桑莪，施之素食最佳。雖南北異名，而其用則一。」「新採，趁生煮食，香美。曝乾則為乾香蕈。」即今日被稱為平菇的蘑菇。

回回蔥：回回蔥即百合科胡蒜，元代的黃河下游地區是主要的栽培地。

山藥：《居家必用事類全集》中載，「白麵一斤，豆粉四兩，水攪如稠煎餅麵。

入擂爛熟山藥，同麵一處攪勻。用匙撥入滾湯。候熟燥子汁食之。」

元代分布在黃河下游地區的果品主要有梨、桃、李、梅、櫻桃、林檎、杏、棗、栗、柿、西瓜、葡萄、甜瓜等種類。花生是海外產物，分小粒、大粒兩型。元代黃河下游地區小粒型花生已傳入，當時被人收入果品的行列。水果類以生食為主，但也常進行加工。常用的方法是加砂糖、蜜或其他輔料製成各種飲料、果脯。不少果類作物如奈、林檎、棗、柿等，可以曝幹成脯。

三、以羊為主的肉類飲食

蒙古貴族、官僚、奴隸主的肉食，以羊肉為主。驛站來往的官員正使的標準是每日米一升，麵一斤，羊肉一斤，酒一升。[1]國學開學，「以羊若干，酒若干樽，烹宰以燕祭酒、司業、監丞、博士、助教、典籍等官。」[2]民間食用羊肉也很普遍。《老乞大諺解》中記富家子弟早上起來，「先吃些醒酒湯，或是些點心，然後打餅熬羊肉，或白煮著羊腰節胸子⋯⋯」日常生活用煮熟的「乾羊腳子」就飯。《元典章》亦記有，舉行宴會首先要買「二十隻好肥羊，休買母的，休要羯的」。送生日禮物「到羊市裡」「買一個羊腔子⋯⋯」。「羊腔子」是去掉頭和內臟的羊身子。《居家必用事類全集・飲食類》中有：「燒肉品」「煮肉品」「肉下酒」「肉灌腸紅絲品」「肉下飯品」「肉羹食品」等，共50餘味，其中一半以上與羊肉有關，遠比豬肉的菜品為多，也反映了黃河下游地區的時代特色。

元代黃河下游地區多食用羊肉的原因主要有：首先，大批蒙古人和色目人移入北方農業區，蒙古人和色目人的多數都習慣吃羊肉，使羊肉在肉食結構中的地位更加突出。其次，長期以來，中國醫學普遍認為豬肉久食容易得病，如說豬肉「味苦，無毒，主閉血脈，弱筋骨，虛肥人，不可久食；動風、患金瘡者

1　忽思慧：《飲膳正要》卷一《聚珍異饌》，上海古籍出版社，1990年。

2　克里斯托福・道森：《出使蒙古記》，中國社會科學出版社，1982年。

尤甚」。[1]第三，元朝政府對屠宰牛、馬嚴加限制。忽必烈曾下旨：凡耕佃備戰，負重致遠，軍民所需牛、馬為本。往往公私宰殺，以充庖廚貨之物，良可惜也。今後官府上下公私飲食宴會並屠肆之家，並不得宰殺牛馬，如有違犯者，決杖一百。只有因病倒死不及不堪使用的馬、牛，在申報所在的官司後方許開剝。[2]這些條件促使人們多以羊肉為食。

元代黃河下游地區飼養供食用的家禽有雞、鴨、鵝等。貴族膳食禽類有：攢雞兒、芙蓉雞、生地黃雞、烏雞湯、炙黃雞、黃雌雞、青鴨羹等。此外，雞蛋在貴族菜餚中用途頗廣。民間飲食中有燒鵝、白碟雞、雞湯、鍋燒肉（鵝、鴨）、川（小）炒雞、滷鵝鴨等。

黃河下游地區地理位置瀕海，從古至今漁獵業十分發達，故沿海捕獲海魚主要有石首魚（黃魚）、比目魚、鱸魚、鰣魚、鯧魚、鮁魚、帶魚等。此外，還有蟹、蝦、海參、海蜇、魷魚、烏賊、牡蠣等海產品。海洋捕撈所得新鮮魚類等，主要行銷於沿海地區，少部分用鹽醃製或經烈日曝曬乾，行銷到其他地區。內陸河湖中出產的淡水魚類有鯉魚、鯽魚、鰱魚等，也有蟹、蝦和各種貝殼類動物。鯽、鯉、鰱、鯖已經人工養殖，且數量較多，是常見的食品。鯉魚湯、鯽魚湯是黃河下游地區年節不可缺少的佳餚。

四、調味品種類更為豐富

元代烹飪用的調味品主要有鹽、醬、醋、糖、酒等。鹽有海鹽、池鹽、井鹽之分。其中，海鹽有曬製和煮製兩種。元代《飲食須知》中記載：「鹽中多以礬、硝、灰石之類雜穢，須水澄復煎乃佳。河東天生及曬成者無毒，其煎煉者不潔，有毒。」可知當時已經注意到各種鹽品的成分有別，開始了對鹽進行精加工。

1　忽思慧：《飲膳正要》，上海古籍出版社，1990年。

2　何應忠：《論兩宋時期的醫學發展》，《宋史研究論文集》，河南人民出版社，1984年。

產鹽地區主要分布在益都、濟南、登州、萊州、莒州、高密等地。其生產規模、產量均在全國占有重要地位。當時全國每年鹽產總量約為256萬餘引，山東年產約為31萬餘引，每引重量按400斤計算，約合1240萬斤，約占全國鹽產量的12%。[1]元代黃河下游地區的鹽產比宋代增加近百倍，成為全國九大鹽區中較為重要的四個區之一。為加強對製鹽業的管理，元政府還專門設置了山東鹽運司，治所濟南，作為管理鹽業的專門機構，負責掌管場灶的事務和食鹽銷售，榷辦鹽貨，收取鹽稅。

醬類主要用豆或麵粉製成，有豆醬、麵醬之分。醋有酒醋、桃醋、葡萄醋、棗醋、米醋等，其中以米醋為上。到元代，開始製作顆粒狀的砂糖，有黑、白之分。甜的調味品，除了砂糖之外還有蜜和餳。蜜是蜂蜜的加工品，餳則是用大麥芽和米加工製成的，黃河下游地區稱其為灶糖，可製成脆管糖、麻糖等。

作為我國歷史上的第一部營養學專著《飲膳正要》，是基於元代宮廷飲膳太醫職責而提供給蒙古皇帝內廷飲食生活的參考書。書中所記膳品製作，大多依賴鹽、醬、豉、醋、麴等調味，其中對醬類調味品有豐富的記錄，生動地反映了元代黃河下游地區的醬文化。書中關於「鹽」「醬」「醋」「豉」等具體條目的記錄，表明漢醫理論完全被元代蒙古民族認可。同時，元代的黃河下游地區製作醬菜十分普遍，又因物料的地理、季候不同以及各民族習性差異而呈現出品種、工藝和風格、風味的諸多區別，使醬菜文化異彩紛呈。

元代多民族雜居，許多西北地區的調味品也進入了黃河下游地區，使膳食內容和風味比以前更為豐富。如調味料茴香、草果、蓽澄茄（野辣椒）、「馬思答吉」（一種香料）、「咱夫蘭」（藏紅花）、「哈昔呢」（一種香料）、「穩展」（阿魏）、「回回青」（一種色料）等的應用，使黃河下游地區飲食的風味種類大增。

食用油脂可以分為動物性油脂和植物性油脂兩大類。宮廷和民間飲食中常用「羊脂」，即羊的肥肉。蒙古貴族富人廣泛食用酥油，從牛乳中取浮凝熬而為酥，即

1　馬興仁：《「突厥語大辭典」與中國清真飲食文化初探》，《首屆中國飲食文化國際研討會論文集》，第227頁。

酥油。前面說過，食用的家畜肉中豬肉占有重要地位，食用的動物油脂中豬油占較大比重；漢族居民仍以植物性油脂如豆油和菜籽油、麻油（芝麻油，也稱香油）為食。

黃河下游地區在漢代已開始人工養蜂，那時多以採集和飼養野生蜂為主。據《宋史》記載，宋代開始有了家蜂和人工養蜂的記載。到元代，養蜂技術日臻完善，提供了大量的優質蜂蜜。元代，蜂蜜已成為重要的甜味劑，在糕點、粥食和菜餚烹調中廣為使用。

五、多民族融合的飲料品種

❶ · 酒

元代的酒，除宋代已有的蒸餾酒、黃酒、果實酒外，還有馬奶酒、葡萄酒和阿剌吉酒等。

「一方水土養一方人」，蒙古人從事游牧生活，因地制宜，以馬奶發酵製成「忽迷思」（馬奶酒），成為他們喜歡的飲料。為了供貴族們飲用，他們也用特有的辦法釀造「哈剌忽迷思」，即「黑忽迷思」。進入農業地區以後，蒙古人喜愛馬奶酒的習慣一直保持下來。在官府和蒙古族貴族舉行的宴會中，馬奶酒是必備的飲料。受蒙古習俗的影響，漢族和其他少數民族也有不少人對馬奶酒發生了興趣，契丹人耶律楚材在《湛然居士集·寄賈搏霄乞馬乳》一詩中說：「天馬西來釀玉漿，革囊傾處酒微香」；《謝馬乳復用韻二首其二》：「頓解老飢能飽滿，偏消煩渴變清涼」。元代後期詩人許有壬的《上京十詠》之一《馬酒》，其中寫到：「味似融甘露，香凝釀醴泉。新醅撞重白，絕品挹清玄」。在另一首記述他來往於兩都之間的詩篇中，他寫道：「懸鞍有馬酒，香瀉革囊春」。[1]

1　王禎著，王毓瑚校：《王禎農書·百穀譜集之一》，農業出版社，1981年。

黃河下游地區的果實酒有多種，最重要的是葡萄酒。元代中期宮廷飲食著作中說：「葡萄酒益氣調中，耐氣強志。酒有數等，有西番者，有哈剌火者，有平陽、太原者，其味都不及哈剌火者田地酒最佳」[1]。元代中期，周權寫了首《葡萄酒》詩，詩中有「酒成快瀉宮壺香，春風吹凍玻璃光」之句。但在漢族為主的黃河下游農業區，居民主要飲用的仍然是糧食燒酒。糧食燒酒的原料主要為糯米、秫米等，當時釀酒耗糧很多，元姚燧《牧庵集·神道碑》：「有多至三百石者，月已耗穀萬石。百肆計之，不可勝算」[2]。認為釀酒消耗的糧食已超過百姓食用之糧食，危害甚大。

阿剌吉（araq）酒：元代在繼承宋代蒸餾酒技術的基礎上，製成了阿剌吉酒。阿剌吉是阿拉伯語，原意為汗或出汗。用阿剌吉為酒名，是形容蒸餾時容器上凝結酒精的形狀。蒸餾器一般用上下相接的兩個容器組成，下面的容器盛酒，加熱以後，蒸氣上升，上面的容器冷卻酒精並冷凝成酒，「蒸而雨滴」，加以收集，便成了阿剌吉酒。[3]

❷ · 茶

宋代時，北方游牧民族飲奶茶已成習慣。元代時，飲茶已成為舉國各地各民族各階層的共同嗜好。黃河下游地區也和其他地區一樣，飲茶風俗十分興盛。蒙漢民族都有飲茶習慣，每年由南方沿運河將各種茶葉製品大量運來北方。這個時期，黃河下游地區的茶有「百姓花茶」，是將「木犀、茉莉、菊花、素馨等花」，放在茶盒上下「熏之」。

當時在黃河下游地區的城鄉中遍布茶坊、茶樓、茶館，方便各地茶客，「上下競啜，農民尤甚，市井茶肆相屬」。蒙古族入據中原後，其飲茶習慣更加興盛，創造出以酥油入茶的飲用方式，諸如「蘭膏茶」和「酥簽茶」的製法。之後又流傳到

1　吳存浩：《中國農業史》，農業出版社，**1995**年，第**825**頁。

2　忽思慧：《飲膳正要》，上海古籍出版社，**1990**年。

3　無名氏：《居家必用事類全集》庚集《飲食類》，中國商業出版社，**1986**年。

漢族和其他民族中，豐富了黃河下游地區的茶飲文化。

❸·其他飲料

元代，黃河下游地區吸收了蒙古族的飲食文化，諸如馬奶、牛奶、羊奶、駱駝奶、酸奶等，家畜奶被普遍飲用。漢族居民飲用牛奶較多，羊乳次之。元代典籍評價：「牛乳最宜老人，平時補血脈，益心長肌肉，令人身體健康強潤澤，面目光悅，志不衰……此物勝肉遠矣」[1]；「牛酥真異品，牛乳細烹熬。堅滑如凝蠟，沖融白瀉膏」[2]。元代的黃河下游地區養山羊很多，其中乳羊也廣有飼養，在羊乳中還可以提取酥油：「三山五月尚清寒，新滴羊酥凍玉榇」[3]。

漢族人也對乳酪、羊（牛）酥發生興趣。乳餅是用牛（羊）酥熬製而成的、呈堅硬狀的奶製食品。宮廷食療諸方中有乳餅麵，係將乳餅切作豆子樣，用麵拌煮熟，空腹食之，治脾胃虛弱，赤白洩痢。宮廷食譜中的珍珠粉、台苗羹等都用乳餅為原料。有詩對乳餅贊曰：「刀落雲英薄，羹翻玉版鮮。老夫便豆乳，得此倍欣然。」[4]元代乳酪、酥油、乳餅在元代就被記入漢族文人的著述中。

湯類是元代日常食品之一。有一類湯，主要由中藥材與食物調和而成，也有一些是用蜜餞果品等製成的；或是混合碾成細末，或是熬煮成漿再加開水衝開飲用。總之，元代的湯飲名目眾多，如葵桂漿、桂沉漿、荔枝膏（湯）、五味子湯、仙術湯、杏霜湯、山藥湯、棗薑湯、四和湯、茴香湯等。湯作為飲料，始盛行於宋代，宋徐度《南窗紀談》說：「客至則設茶，欲去則設湯，不知起於何時。然上自官府下至閭裡，莫之或廢。」[5]至元代，湯與茶一樣都是待客必備的飲料。

1　熊夢祥：《析津志輯佚·物產》，北京古籍出版社，1983年。
2　文物編輯委員會編：《山東棗莊古窯址調查》，《中國古代窯址調查發掘報告集》，文物出版社，1984年，第384頁。
3　熊夢祥：《析津志輯佚·風俗》，北京古籍出版社，1983年。
4　文物編輯委員會編：《山東棗莊古窯址調查》，《中國古代窯址調查發掘報告集》，文物出版社，1984年，第384頁。
5　蘇天爵：《元朝名臣事略》卷二《丞相淮安忠武王》，中華書局，1962年。

六、糧食加工和食具製作技術的進步

元代黃河下游地區的糧食加工技術有所進步。麵粉加工設備已出現了畜力和水利推動磨麵的磨房，並用羅來篩分麵粉。元代農家進行糧食脫殼的工具有礱、輾（碾）等。若是將外殼分離的米粒、麥粒加工成粉狀的麵，則用磨、礱、輾（碾）。小型的磨多用人力，較大的用畜力或水力作為動力。其中，以畜力為動力的碾子，常「以牛、馬、驢、騾拽之，每磨必二三匹馬旋磨，日可二十餘石」；水磨「日夜可碾三十餘石」。稻米精加工的工具有杵臼與碓。杵臼用手握杵舂米，碓則是「杵臼之利，後世加巧，借身重以踐碓，而利十倍」[1]，有簡單的機器裝置，以腳踏來帶動石碓、木杵搗米。

陶瓷業是黃河下游地區傳統的手工業，瓷器產地主要在淄博、棗莊等地，至元代大有發展。這些瓷窯中有官窯、民窯。所生產的瓷器種類繁多，主要器物有碗、罐、壺、盤、碟、杯、缽、盆等，其中以碗罐等生活用具的數量最多。這些瓷器以白釉為主，次為黑釉、醬釉，黃釉的數量較少。白釉的白度很高，釉面光潔，胎骨白而精緻，胎薄而勻，製作規整，裝飾技法豐富多彩：有畫花、剔花、篦花、白地黑花、加彩、黑釉粉槓、白釉黑邊等種類。可以看出元代的黃河下游地區製瓷技術水平很高。

本地的城市家庭、飯店多用高麗椐子木刳成或旋成大小不等的托盤，多以漆木為主。「凡碗、碟、盞、盂、託大概俱有」。此外本地還用柳條枝、竹篾等編成「荊盤」「竹盤」和「食飯盒」作為常用食器，食盒多為「作往復人情，隨意買送。以此方盒不分遠近送去。此盒可以蔽風沙，並可收拾。」本地區少數民族就餐時「多用木匙，少使筯，仍以大烏盆、木勺就地分坐而共食之。菜則生蔥、韭蒜、醬」[2]。當時蒙古族等少數民族居民的餐具則以刀為主，也配合食叉使用。比如山東嘉祥石林村的一座墓中出土了一套元代的隨葬餐叉、餐刀，叉長15.5釐米。這套刀叉還

1　忽思慧：《飲膳正要》卷二《食療諸病》，中國商業出版社，1986年。
2　熊夢祥：《析津志輯佚·風俗》，北京古籍出版社，1983年。

配有一件竹鞘，鞘間有隔梁，以便將刀叉分放，十分講究，估計是蒙古貴族的陪葬餐具。

七、多民族融合的元代飲食文化

元是由漢、蒙、藏、女真、契丹、唐兀（党項）、回回、畏兀爾及其他幾十個少數民族組成的多民族國家，從而加速了各民族間飲食文化的融合。從元代文獻中可以發現，當時黃河下游地區的飲食文化出現了多元性特點，諸如記載有漢人茶飯、回回食品、女真食品、西天茶飯、畏兀爾茶飯等。元代蒙古族和其他附屬的許多民族移居本地區後，這些民族喜食羊肉的風習，決定了羊肉在當時肉食結構中的突出地位。從元代記錄宮廷飲食的典籍《飲膳正要》中可以看到，列入「聚珍異饌」門的菜餚，其中用羊肉為主料或輔料的就有70餘種，占菜餚總數的80%左右。

但是，元政府曾頒布不同民族居民食用畜肉的民族歧視法令。如至元九年（西元1272年）元政府下令：「大都為頭漢兒城子裡，不許殺羊羔，違者重罰。」至元二十八年（西元1291年）又令：「休殺羊羔兒吃者，殺來的人根底打一十七下，更要了他的羊羔兒者。」至元三十年（西元1294年）進一步令：「今後母羊休殺者。」禁止漢族屠殺羊羔、母羊的法令，客觀上加快了羊的繁殖。

黃河下游地區的漢族因與蒙古族、回族、畏兀爾族混居，飲食習俗逐漸也產生變化：一是受到蒙古族飲食的影響，食物結構有所改變，肉食以羊肉為主；其二是一日三餐制逐漸普遍化。宋代前期，尚有部分地方的農家在農閒時吃兩餐，稱為朝、餔兩食。宋朝中後期，一日三餐逐漸增多。到了元代，則有了明確的早飯、午飯、晚飯的稱謂，三餐制確立。同時，由於元朝的民族歧視和壓迫政策，使漢族處於社會最底層，飲食水平也處於溫飽線上下，日常飲食僅以果腹。

第八章　明朝時期

明代（西元1368-1644年）的黃河下游地區依託京杭大運河的區位優勢進一步發展。大運河兩岸商賈輻輳，城鎮經濟發展迅速，比如濟寧、臨沂等新興城鎮迅速成為黃河下游地區的經濟重鎮。瀕海地區雖然在一定時期內遭受到倭寇的騷擾，食生產和食生活受到了一定的影響，但是其飲食文化在多元化交流狀況下依然保持旺盛的生命力。明代黃河下游地區的飲食文化總體上趨於開放性發展，呈現欣欣向榮之勢。

第一節　政府施政恢復農業生產

一、移民墾荒

明朝初期，山東飽受戰亂摧殘，經濟極為衰敗，農業受破壞最為嚴重。濟南知府陳修和在洪武三年（西元1370年）向皇帝上書說：「唐貞觀中丞地有陂十三所，歲灌田數千頃，青、徐水利莫與為匹……，泉水散漫四郊，灌溉稻田無慮萬頃，民受其利」，但經戰亂「數罹傷殘，人民轉徙，河渠故道，歲久湮滅，……一遇旱乾水溢，則征徭逋負，流亡繼之矣。流亡者眾，則田不受犁者愈多，榛莽彌望，常數十里無炊煙。」[1]政府遂採取一系列恢復、發展經濟的措施：獎勵墾荒、大興屯田、興修水利、鼓勵種植經濟作物。政策上：減免災區租賦、對新墾地「永不加賦」、對重災區開倉賑濟、從人口稠密地區向人煙稀少、戰爭破壞嚴重地區移民等。山東農業和民生因此獲得恢復。

洪武十三年（西元1380年）朱元璋下詔：「陝西、河南、山東、北平等布政司，及鳳陽、淮安、揚州、廬州等府民間田土，許儘力開墾，有司毋得起科。」[2]為墾荒，

1　顧炎武：《天下郡國利病書》，上海科學技術文獻出版社，2002年。
2　嘉靖：《河間府志·樊深撰·財賦志·戶田》，上海古籍書店，1961年。

中國飲食文化史　■　黃河下游地區卷

178

洪武皇帝兩次將山西農民遷往山東，並在山東境內將東部和南部人口遷入北部地廣人稀處。如據《明太祖實錄》載，洪武二十五年（西元1392年），登州、萊州二府無地居民5635戶遷到東昌府；洪武二十八年（西元1395年），青、兗、登、萊和濟南五府，凡家有五丁以上的以及無田的農民1051戶（4666人口）遷到東昌府編籍屯種。至洪武二十八年，由外地遷入東昌的民眾達5.8萬多戶。為使屯田制迅速推廣，洪武二十八年，政府兩次派官員到湖廣、江西諸縣去購買了耕牛3.23萬頭，分給東昌府的屯田農民；對從山西來山東的農民，「戶給鈔二十錠以備農具」。洪武二十四年（西元1391年）：「又令山東概管農民，務見丁著役，限定田畝，著令耕種。敢有荒蕪田地流移者，全家遷發化外充軍。」以上措施對山東農業恢復、人口增殖起到積極推進作用。到洪武二十六年（西元1393年），僅山東一地，已墾成熟耕地達72.4萬餘頃，在全國12個布政司中，僅次於湖廣。[1]明初的「休養生息」政策，使本地區人口趨於穩定。山東總戶數穩定在75萬餘，人口達到520餘萬。進入明中期以後，據《大明會典》及嘉靖《山東通志》記載，弘治年間山東戶數77萬，人口已達675萬餘；正德、嘉靖時期，山東的戶數達85萬左右，人口數超過750萬；萬曆初，山東的戶數已是137萬

1　《大明會典》卷一七《戶部・田上》，臺灣影印本，1976年。

餘。移民墾荒政策取得了巨大成效，為飲食文化的發展提供了物質基礎。

二、備荒防災

為防災荒，保障百姓的日常飲食生活，明代共設置了幾種儲備糧庫。為轉運糧食設臨清倉、德州倉作為「轉運倉」，為中央政府所屬。省設「常平倉」以供給官俸，州縣設「預備倉」。還有民眾間互相救賑的「社倉」。

❶ · 轉運倉

洪武三年（西元1370年）建臨清倉，二十四年（西元1391年）時儲糧食已有16萬石，供訓練騎兵之用。會通河開通後，又設倉於德州，因臨清倉也在會通河交通要道，故一併稱為水磁倉，以資轉運。宣德年中增造臨清倉，容量達到200萬石。

❷ · 預備倉

預備倉為備災害或青黃不接之時救濟災民。洪武時選耆民運糶米、規定治偷盜之罪者納穀1500石，可以敕獎為義民。所納之穀，放在預備倉。並規定，借賑饑米一石的，到半年後要以2石5斗還官。隆慶時，大郡已不過6000石，小邑止1000石，到萬曆中，上州郡至3000石而止，小邑有的僅存100石。說明當時災荒較多，普通百姓的飲食生活難以保障。

❸ · 社倉

明代於嘉靖八年（西元1529年）開始設置「社倉」，《明史·食貨志》：「弘治中，江西巡撫林俊嘗請建常平及社倉。嘉靖八年乃令各撫、按設社倉。令民二三十家為一社，擇家殷實而有行義者一人為社首，處事公平者一人為社正，能書算者一人為社副，每朔望會集，別戶上中下，出米四斗至一斗有差，斗加耗五合，上戶主其事。年饑，上戶不足者量貸，稔歲還倉。中下戶酌量賑給，不還倉。有司造冊送撫、按，歲一察核。倉虛，罰社首出一歲之米。其法頗善，然其後無力行者。」以此來作為災

年的互救措施。但因種種原因行之不力，執行失力，不久廢除。[1]

三、興修水利

❶．黃河的治理

明嘉靖年間，黃河下游水患頻發。治河專家潘季馴從嘉靖四十四年（西元1565年）至萬曆二十年（西元1592年）間，四次治理黃河，歷時近十年，使黃河在較長的時期內保持了穩定。第一次，他與工部尚書兼總理河漕的朱衡密切配合，指揮9萬多民工，共開新河140里，修復舊河53里、修築大堤3萬多丈、石堤30里。當治河快成功的時候，黃河突然發了一次大水，衝開了新修的大堤，漫入沛縣，一些朝臣幸災樂禍，紛紛彈劾朱、潘二人。但在潘季馴的督導下，河口很快堵塞了，治河一舉成功。此為第二次。潘季馴二任河官時已深知堤防的重要性，三任時已形成「以河治河，以水攻沙」的思想並付諸實踐，先在黃河兩岸大築遙堤，以防河水漫溢，北岸自徐州至清河縣城18400餘丈，南岸自徐州至宿遷縣，共28500餘丈；然後又修築歸仁大堤7600多丈，遏止黃河向南侵入淮河；又在洪澤湖築高家堰，以便「蓄清刷黃」。經過這次大治理後，黃、淮河水歸入正道。黃河上下千里，束水攻沙，連出海口的積沙也被衝入海中，黃淮之水可以暢流宣洩入海。[2] 第四次，潘季馴在黃河兩岸大築遙堤、縷堤、月堤、格堤，共長34.7萬丈，還修建堰閘24座、土石月堤護壩51處，堵塞決口，疏濬淤河30餘萬丈。這次治河取得了很大的成績，使黃淮合力沖刷入海，運河暢通，數萬艘船隻往來轉運。[3] 潘季馴為治理黃河奉獻終生，對明代黃河下游地區農業的恢復、民生、民食的保障做出巨大貢獻。他的治河方略和理論，也為以後的治河專家們所借鑑。

1　楊溥：《預備倉疏》，《中國歷代奏議大全》，哈爾濱出版社，1998年，第888頁。
2　潘季馴：《兩河經略疏》，《中國歷代奏議大全》，哈爾濱出版社，第1317-1319頁。
3　潘季馴：《申明鮮貢船隻疏》，《中國歷代奏議大全》，哈爾濱出版社，第1320-1321頁。

❷·大運河的治理

大運河的會通河故道自濟寧至臨清段385里，是當時國內規模較大的水利工程。因水量不足，不能保證正常的運輸，南糧北調仍然依靠海運和陸運為主。濟寧州同知潘叔正於永樂九年（西元1411年），建議對會通河「浚而通之，非惟山東之民免轉輸之勞，實國家無窮之利也」[1]。明政府採納他的建議，命工部尚書宋禮「發山東及徐州、應天、鎮江民三十萬」併力疏濬。經過宋禮對會通河的治理，大運河基本貫通。永樂十三年（西元1380年）明政府遂罷海運而專任河運。嘉靖四十四年（西元1565年），官方又對會通河南段進行了改造，開鑿了南陽新河，減少了汛期黃河對運河的威脅；隆慶、萬曆年間，又開鑿了夏鎮（今微山縣）到江蘇的泇河，代替了這一段的黃河運道，更減輕了在黃河氾濫時，給魯南造成的災情。同時，有計劃地在黃河下游地區組織清理了諸多的小河道、建築了大量塘壩和小水庫。這樣，在一定程度上克服了水旱災害的危害，這些數量諸多的水利工程對農業生產的發展，起到了顯著的保障作用。

❸·疏濬大、小清河

大清河由河南流經山東的范縣、壽張、東阿、長清、齊河、濟南、歷城、濟陽、齊東、蒲台等地，由利津入海。小清河發源於濟南，流經歷城、章丘、鄒平、新城、高苑、博興，由樂安境內的高家港入海。明代的大小清河，是溝通山東沿渤海地區東西部交通的兩條重要水運航道。明代前期，在大清河的西段、小清河的中段，因河道淤塞，常致水患。據《明經世文編・劉文和集・重修大小清河記》載：「自永樂初，堙塞不通，水失其徑，一值天雨，茫茫巨浸，壞民田廬，弗以數計。」成化十一年（西元1475年），山東巡撫牟俸，勸農參政唐某調發5.7萬多民工，先後疏通了大清河和小清河部分河道500餘裡。大小清河疏濬後，實現了「大小清既通，水循故道，退出鄒平等邑，膏腴可耕之田數萬頃，民用大悅。」[2]

1　宣統《山東通志・田賦志・倉儲》，刻本，1837年。

2　顧炎武：《天下郡國利病書》卷三六，上海科學技術文獻出版社，2002年。

明前期，政府下工夫興修水利，改善農業環境，有益於民生，改善了民食。到洪武末年，山東的農業生產已經顯著改觀。墾田面積已達72.4萬畝，僅次於湖廣、河南而居全國第三位。洪武二十六年（西元1393年）時，山東戶籍達75.3894萬戶，525.5876萬人，居全國各省第五位。生產與社會顯著發展進步，民生民食得到改善。

四、鼓勵耕種

明政府下達多種經營的獎勵法規，鼓勵種植高產作物和經濟作物，使山東農產品生產迅速發展，許多農民專業從事經濟作物生產，並有良好經濟效益，其中以棉花發展最快。據《明太祖實錄》載，洪武二十八年（西元1395年），僅東昌等三府屯田的棉花產量，就達二百四十八萬斤。在擴大栽種高產作物政策的鼓勵下，山東水稻發展較快，對山東民食有顯著的改善作用。

❶·擴種稻穀，國庫充盈

明代山東稻穀種植發展很快。擴種水稻，對調整山東民眾的飲食結構，提高農業的抗災力方面有顯著作用。

《英宗實錄》記載，正統七年、八年（西元1442年、1443年）山東濟南府兩年連奏：「所屬州縣，倉糧多，庫鈔少，每遇起運遼東，賞軍鈔無從出辦。今年存留糧米，乞令每一石折鈔一百貫，儲庫備用」。正統十三年（西元1448年）九月戶部奏：「山東臨清、德州倉，收儲小麥數多，恐歲久朽爛。乞許附近人民借食，俟年來秋成抵還粟米。」景泰三年（西元1452年）七月，山東萊州府奏：「本府所屬存積糧多，無從支用。乞將今歲以後稅糧，每麥一石二斗、米一石俱折闊白綿布一疋，收貯官庫，以備沿海衛所並遼東支用。其見貯糧賣出存三年之積，餘貸借貧民，俾其秋成還官，易故以新，可無腐敗」。從以上記載中可看出明初重農措施成功，糧食豐足、國庫充盈，已經開始出現倉儲飽和的現象，這也為黃河下游地區飲食文化

的發展提供了基礎保障。

❷·發展蠶桑與紡織業

從魏晉開始，黃河下游地區的百姓就有養殖蠶桑的傳統，這一傳統不僅是為了能滿足製造衣料，同時蠶桑的養殖對於下層百姓擴大肉食來源，豐富飲食生活起到重要的作用。明代山東放養柞蠶極為普遍，幾乎遍及所有山區，成為農家重要的收入來源。利用柞蠶絲紡織出的絲織品，稱為山繭或山綢，其色澤珠寶般光豔；其質地剛柔相間，具有冬暖夏涼、久而不敝的優點。由於柞蠶放養面積比桑蠶規模為大，生產成本低，故獲利較高。而且柞蠶蛹肥碩，營養成分好，是當地民食營養的重要補充。

這一時期，黃河下游地區的棉花紡織也使山東農民收入增加。棉籽榨油尚可食，從而改善了農民的飲食生活。洪武以後，在黃河下游各地植棉面積都有發展。其中尤以東昌、兗州、濟南三府所屬州縣的植棉最盛。

從明中期起，山東除植桑種棉發展紡織業以外，本地區因地制宜，也大力發展了各種經濟作物。比如茜草、蘭靛、紅花等染料作物；梨、棗、桃、栗等果木栽培，[1]明顯提高了農民收入，在改善民食的同時，也繁榮了地區經濟。

第二節　食物原料更為豐富

明代瓜果蔬菜種類品種更為豐富。水果種類有：葡萄、蘋果、石榴、柑橘、桃、梨、杏、棗等；乾果有核桃、榛子、瓜子、花生、杏仁；水生蔬菜有蓮藕、荸薺、藕、菰等。當時已出現使用石炭（煤）作為烹飪燃料。烹飪的設備和工具也比前更加精巧。鄭和下西洋，從西亞和歐洲帶回來原產於南美洲的高產作物蕃薯、馬

1　嘉靖《山東通志》卷七《風俗總論》，天一閣藏明代方志選刊。

鈴薯、玉米，相繼在中國栽培。玉米從明代開始，已經在山東小面積栽培。運河商貿在漕運帶動下，使本地區的糧食、乾鮮果品、水產品、土特產品等商品化，很快進入了商貿流通。濟南、濟寧、臨清、德州、章丘等城市的商品經濟十分活躍，飯店酒家不可勝數，烹調技藝精湛。魯菜之名，享譽京城。商品經濟的發展對改善黃河下游地區的民生、民食起到了相當大的促進作用。

一、以麵食為主的飲食生活

明代黃河下游地區的冬小麥已逐漸上升為糧食作物之首。因而，本地區主食仍以麵食為主，米食為輔，而貧民則以小麥、雜糧搭配為食。

饅頭：與前朝同，有以酵麵作坯料，再以剪刀在饅頭頂部剪出花樣，並以胭脂染色的「剪花饅頭」。其製作工藝記載於《飲膳正要》。還有以發麵作皮，以羊、豬肉作餡的「平坐大饅頭」、以黃雀肉作餡的「黃雀饅頭」等。

餅類：本地區各種麵製餅類廣泛見於記載，如：黑子兒燒餅（黑芝麻燒餅）、牛奶燒餅（加牛奶和麵）、肉油餅（動物油合麵、包餡、入爐烤熟）、燒餅（加油合麵）、煎餅（鏊鍋上攤製而成，以葷素炒菜、炒雞蛋、果仁、各類調料作菜以包入煎餅）。並有：七寶卷煎餅、金銀卷煎餅等許多品種。

糕：由粳米粉、糯米粉、加多樣輔料蒸成的糕，其品種有多種，如：鬆糕、生糖糕、米糕等。

火燒：也是油合麵製坯，以酥面夾心為餡，經烤爐中烤製而成的一種燒餅。迎火面烤成金黃，再翻轉烤另一面，最後刷香油出爐，焦脆香甜。

餛飩：明代黃河下游地區新增加的餛飩品種有「多肉餛飩」，還有以乳、雞蛋作餛飩皮的新工藝問世。

角子（餃子）：明代在宋、元角兒的基礎上，製皮、製餡技術和原材料都有進步，熟製方法也有水煮、籠蒸、油煎等多種方法。比如：香椿樹角兒（用香椿芽作餡料的餃子，具有特殊的香味）、湯角兒（水角兒）、蜜透角兒（以胡桃仁、榛仁、

松籽仁加糖製餡或糖豆沙為餡包成餃子，油煎熟拌糖蜜而成）；水明角兒（燙麵作皮的角兒）。

包子：《金瓶梅詞話》中載有包子，說明當時魯西南地區包子已是常見的麵製食品。

捲子：即花捲，發麵團製成分層（用油抹加鹽和調味料）坯料，蒸熟。在明代，本地區捲子的品種已不少。比如在《金瓶梅詞話》中就記有玫瑰搽穰捲兒，《宋氏養生部》卷二有蒸捲的工藝解釋。捲子有甜味、鹹香味兩種。

玉米麵果餡蒸餅：見《金瓶梅詞話》，說明在明末的黃河下游地區，玉米麵已列為麵食原料。蒸餅漢魏已有，為麥麵之主食。明朝起，有了玉米麵蒸餅。玉米高產，很快即成為本地區農家的主食。

艾窩窩：最早載於明代《金瓶梅詞話》。「艾窩窩」是魯西南的一種用糯米粉包糖餡經蒸製而成的甜食品，原是宮中食品，後來傳入民間，在明代多是由小茶館兼賣的一種小點心，也為富豪食用。後在民間則多以玉米雜糧等製成的窩窩頭，摻入野菜和糠麩蒸製而成，作為度荒食品。

明代麵條類食品：明代食肆廣有現抻現下鍋煮的抻麵。據《宋氏養生部》記載，明代抻麵的工藝技術已具備了現代抻麵的雛形。增加的麵條品種有：臊子肉麵（也稱打滷麵）、雞麵（用濃雞湯和麵製成麵條，蒸熟再加澆頭即成）、齏麵（是一種用醃漬菜做成澆頭的水煮麵條）、雞子麵（蛋黃、蛋清分別和麵製成的麵條）、炸醬麵等。

餺飥：明代「紫餺飥」是用黑豆汁加黃豆粉、麥麵粉製成的紫色水煮餺飥，見於《宋氏養生部》。

明代山東麵食技藝已走進京華並受歡迎。明代北京有一「傅家麵食行」，是山東麵點師在北京開的麵食店，其麵點技藝拔尖。禮部侍郎程敏政曾寫《傅家麵食行》一詩稱讚：「傅家麵食天下工，製法來自東山東。美如甘酥色瑩雪，一塊入口心神融。旁人未許窺炙釜，素手每自開蒸籠。侯鯖尚食固多品，此味或恐天專功。並洛人家亦精辦，斂手未敢來爭雄。主人官屬司徒公，好客往往尊罍同。我雖北人本南

中國飲食文化史 ■ 黃河下游地區卷

產，飢腸不受餅餌充。惟到君家不須勸，大嚼頗懼冰盤空。膝前新生兩小童，大者已解呼乃翁。願君餫飥常加豐，待我醉攜雙袖中。」由此詩可以看出，明代山東的麵食烹飪技藝已達到了很高的水平，並與京城和各地常有交流。看來那時候食品加工技術已有高低之分，在京城裡還有太原、洛陽人家經營的麵食鋪，雖然水平也不錯，但仍比不過「傅家麵食行」。可見，當時麵食行業中，已憑產品質量、服務水平來進行市場競爭。

二、米類也成為日常主食

明代北方的水稻栽培不斷擴大，除粟、粱、黍米外，大米也成為日常主食，其加工方法更加精細。在《金瓶梅詞話》中記述的大部分家宴席均有米飯，說明米食的普遍。在坊間最普遍的主食仍為各種粥食和米飯。

《金瓶梅詞話》第十回中介紹了宴席上的白米飯——軟炊香稻，第五十二回中有寫到「綠豆白米水飯」，說明那時山東沿運河地區的富裕人家中，白米飯和白米粥已成為日常主食。此外，市民主食中也經常吃白米飯、雜糧飯，及各種粥類，如小米粥、豆粥等。當時米類食糧還有糯米、穀米、黃米、薏苡米、高粱米、稗米等種類。[1]當時已經出現了玉米，在《金瓶梅詞話》第三十一回、三十五回及明代李時珍的《本草綱目》中都已介紹了玉米麵。

三、自家釀酒興旺

高濂著、萬曆年刊行的《遵生八箋・飲饌服食箋》，介紹了明代釀酒業發展的一些情況，主要的釀酒技術有：

1　李時珍：《本草綱目・穀部》，重慶出版社，2010年。

❶·葡萄酒法

「用葡萄取汁一斗，用麴四兩，攪勻，入甕中封口，自然成酒，更有異香。」是說釀製葡萄酒是用酒麴加入葡萄汁製成的。

酒麴中含有許多微生物，包括酵母、黴菌。但用酒麴接種後，在封閉甕口的無氧發酵的條件下，黴菌不能生存，只有酵母才能利用葡萄汁中的糖，將糖轉化為酒精。這種葡萄酒，既有葡萄的香味，又有酒麴的香味。所以葡萄酒才會「更有異香」。據典籍記載，我國釀製葡萄酒在酒中使用人工酒麴接種的技術，要比中亞和歐洲人工接菌釀造葡萄酒更早。

❷·蜂蜜酒法

「又一法，用蜜三斤，水一斗，同煎入瓶內，候溫入麴末二兩，白酵二兩，濕紙封口，放淨處，春秋五日，夏三日，冬七日自然成酒。」《遵生八箋·飲饌服食箋》在這裡介紹的蜂蜜酒，採用的是調和煮沸（殺菌）後在瓶中候冷涼到溫（可以理解為不冷不熱，接近人的體溫時）再加入酒麴末和白酵末，然後以濕紙封口（濕紙可以將瓶口封嚴）。蜜水（事先經過煮沸殺菌的）加入含有大量酵母的兩種麴將

▲圖8-2　明代宣德年間青花瓷酒杯

▲圖8-3　明代天啟年間青花瓷酒壺

蜜汁中所含的單雙糖轉化為酒精。

❸ · 菊花酒法

採用人工酒麴釀製菊花酒，在《遵生八箋・飲饌服食箋》中的記載為：「十月採甘菊花，去蒂，只取花二斤，擇淨，入醅內攪勻。次早榨，則味香清洌。凡一切有香之花，如桂花、蘭花、薔薇、皆可仿此為之。」這裡介紹的是菊花酒的一種釀製方法，是將菊花於酒醅中浸泡一夜後，然後再壓榨出酒，使菊花香味進入酒中。

❹ · 五香燒酒

書中介紹的作法為「每料糯米五斗，細麴十五斤，白燒酒三大壇，檀香、木香、乳香、川芎，沒藥，各一兩五錢，丁香五錢，人參四兩，各為末。白糖霜十五斤，胡桃肉二百個，紅棗三升去核。先將米蒸熟，晾冷，照常下酒法，則要落在甕口缸內，好封口，待發微熱，入糖並燒酒，香料桃、棗等物在內，將缸口厚封，不令出氣。每日開打一次，仍封，至七七日，上榨如常。服一二杯，以醃物壓之，有春風和煦之妙。」[1]這種五香藥酒並不全同於當今的藥酒，它是將多味藥物加入酒醅中，而後由酒麴糖化澱粉、酵母生成酒精、再由酒精溶出藥用成分，肯定還有過許多複雜的化學變化，形成了五香酒的優美滋味和色澤。

當時山東的農家「中人以上」大多數是自己釀酒、醬、醋等物，而不去買。明代《古今圖書集成・方輿江集・兗州府物產考》有記：「酒醪醯醬，中人以上皆自儲蓄，不取諸市。而酒以黍米、麥麴而不用藥味。近泉諸邑，芳洌清甘，足稱上品，優以苦為尚，所謂青州從事者也。」明代名醫李時珍對當時的各種名酒曾做簡介：「江西麻姑酒以泉得名，而麴有群藥」；「山東秋露白，色純味烈」；「蘇州小瓶酒，麴有蔥及紅豆，川烏之類，飲之頭痛口渴」；「淮南綠豆酒，麴有綠豆，能解毒，然亦有灰，不美。」可見明代的鄉間酒坊已經普遍採用蒸餾法製取白酒。

李時珍對飲酒的道理和應該注意的原則也有精闢的觀點：「酒，天之美祿也。麴

---

1 陳夢雷：《古今圖書集成・經濟彙編・食貨典》，中華書局，1934年。

麯之酒，少飲則和血行氣，壯神禦寒；痛飲則傷神耗血，損胃亡精，生痰動火。」他引邵堯夫詩中「美酒飲教微醉後」之句，分析論證道：「此得飲酒之妙，所謂醉中趣，壺中天者也，若夫沉湎無度，醉以為常者，輕者至疾敗行，甚至喪邦亡家而殞軀命，其害可勝言哉。」[1]他從中醫學原理和實踐經驗出發，用淺顯明了的科學道理分析出少量飲酒的益處、放縱酗酒的危害，以及飲酒務必適量的原則。

四、注重調味品釀造技術的積累

明代黃河下游地區的鹽場數量增多。據萬曆《續山東鹽法志》記載，明初山東鹽場19處，共有灶戶13571戶，灶丁45226名；嘉靖年間，灶戶有3908戶，灶丁有38739名；萬曆十二年（西元1584年）時，共有灶戶3988戶，灶丁44066名。[2]明初，山東鹽場額定歲辦大引鹽14.33萬餘引（每一大引鹽400斤）；弘治年間，改辦小引鹽（一小引鹽200斤），引額倍之[3]；萬曆年間，山東額定引鹽15.45萬餘道，每引鹽600斤，[4]產量增加到三倍有餘。

明代山東鹽場的製鹽工藝分煎、曬兩種。一般離海較遠的鹽場，多採用煎製法。《天下郡國利病書‧山東鹽法志》：「每歲春夏間，天氣晴明，取池鹵注盤中煎之。盤四角撐（同『支』）為一纖葦攔盤上，周塗以蜃泥，自子至亥，謂之一伏火，凡六乾燒鹽六盤，盤百斤，凡六百斤。」而離海灘較近的鹽場，則多採用晒製法：「每灶各砌磚石為大曬池，旭日晴霽，挽坑井所積滷水滲入池中曝之，自辰逮申，不煩鐰鬵之力，即可掃鹽。」大鹽池一次可曬鹽一二千斤，小鹽池一次亦然可得五六百斤。[5]說明當時曬鹽法比煮鹽法成本低，省工時，產量高。

1　李時珍：《本草綱目‧穀部‧酒》，重慶出版社，2010年，第1557-1558頁。
2　嘉慶《山東鹽法志‧附編‧援證五、賦課》，刻本，1808年。
3　申時行等：《大明會典‧戶部‧鹽法》，上海古籍出版社，1995年。
4　嘉慶《山東鹽法志‧附編‧援證五、賦課》，刻本，1808年。
5　孫祚民：《山東通史》，山東人民出版社，1992年版，第350-351頁。

明人鄺璠的《便民圖纂》一書以編撰者見識廣、閱歷豐、撰述精而稱譽流傳。該書的宗旨是「便民」，是以農業社會的廣大下層民眾為基本對象的生產技能、生活知識的指導書。書中記錄了許多農業生產技術知識、食品加工生產技術和簡單醫療護理方法等，既是傳統習俗的，也是現實的，反映了十五至十六世紀中國社會的現狀。該書的文獻依據，主要是元代的三部農書《農桑輯要》《農書》《農桑衣食撮要》和明代初期劉基的《多能鄙事》，但抄錄整理過程中融進了編撰者的經驗與認知。書中關於酒、醋、醬、醃漬等發酵食品的記述，可以看作是歷史經驗的總結。

該書「製造類」所記相關內容如：造酒麴、菊花酒、收雜酒、拗酸酒、治酒不沸等諸種方法，在十五至十六世紀的中國，是尋常百姓家應當具備的極具普遍實踐意義的常識性知識。家釀酒和以酒為饋禮是普遍的民俗。造酒習俗與知識，與造醋風習傳統緊密相關，書中僅僅記錄了「千里醋」「七醋」這樣兩個品種與一條收醋法，值得注意的是它們均錄自元代的《居家必用事類全集》。這表明，「千里醋」和「七醋」是百姓使用最為普遍的傳統醋品種。

另外，《宋氏養生部》對醬及醬文化也有詳細的記載，如伏醬、麵醬、熟醬油、逡巡醬、勾醬、熟黃醬、生黃醬、小豆醬、榆仁醬等。反映了當時人們注重對飲食釀造技術的經驗積累，這是歷史文化的一大進步。

第三節　商品經濟的發展對社會風習的影響

明永樂年間，明政府疏濬了大運河，打通了南北商品交換的商道和漕糧運道。山東段大運河，位於整個大運河的中繼段，是南來北往商船的必經之地，「濟南省會之地，民物繁聚，兗東二郡，瀕河招商，舟車輳集」[1]，出現了如臨清、濟寧、德州、章丘等商業繁榮的城市。

1　嘉靖《山東通志·風俗總論》，天一閣藏明代方志選刊。

在這些地區，商品流通日趨加強，對周邊地區商品生產起到了積極的拉動作用。逐漸擴大形成了東昌、兗州兩府運河經濟區與濟南、青州兩府間的魯中經濟區，這是明代北方商品經濟相對活躍與發達的兩大區域。同時，也帶動了沿黃、渤海地區和山東半島地區的經濟發展。

一、城鎮的繁榮發展與商品集散地的形成

❶・城鎮的繁榮發展

隨著該地區商品經濟的發展，不少農村已是「浸淫於貿易之場，競爭於錐刀之末」[1]。嘉靖本《山東臨朐縣志・風土誌・民業》中記載：「民勤耕農，務蠶織。……西南鄉以果樹致饒益多。麥收者，好造麴，交易以為利。亦或養蜂收蜜。懷資者或肇其土之所有，走江南迴易以生殖。或販魚鹽。其西南山社無業者，或伐木燒炭，燒石作灰，陶土為器，負販以給徭役。近社之貧者，大抵以菜為業，又或織葦，若秫為席薄，或編荊為筐筥，以供衣食。餅師酒戶則鱗次於市，鮮不勤生者。古稱通工商之業，便魚鹽之利。」農民廣泛從事多種經營，適應日益發展的商品經濟需要。

在明代，臨清城地處運河與衛河交匯之處，明景泰年間已是「商賈萃止，駢檣列肆」[2]的繁華城市。正德年間，臨清的商業區已擴展到外城，形成「延袤二十里，跨汶、衛二水」[3]的規模。嘉靖、萬曆朝，臨清城市經濟已達鼎盛，市肆櫛比，店鋪林立，僅綢緞店就有32座，布店73座，典當鋪百餘家，雜貨店65家及其他商家百餘店。「四方商賈輳集，多於居民十倍，誠繁華之地，貿易之所，天下之都會。」[4]之

1　萬曆《泰安州志・輿地志・風俗》，刻本，1602年。
2　乾隆《臨清州志・公署志》，刻本，1785年。
3　乾隆《臨清州志・城池志》，刻本，1785年。
4　乾隆《臨清州志・公署志》，刻本，1785年。

後，明代改臨清為州，成為北方地區的著名商業中心。

❷．濟寧、臨清沿運河商品集散地的形成

位於山東運河南部的濟寧，是南北通道咽喉之地。濟寧乃「古之任城，濟州治所也。去府僅六十里，在運河北岸，其地南控徐沛，北接汶泗，為河渠要害。江淮貨幣，百賈會集。」[1]「其居民之鱗集而托處者，不下數萬家，其商賈之踵接而輻輳者，亦不下數萬家。」[2]它無疑是明代山東南部著名的漕運碼頭與商品集散地。

南北商人在臨清、濟寧兩地，利用大運河航道，「齊之魚鹽、魯之棗粟、吳越之織錦刺繡、閩廣之果布珠翡、奇珍異巧之物，秦之𦆑（jì）𣯶（cuì），晉之皮革。鳴棹轉轂，縱橫磊珂，以相灌注。」[3]同時，再把本地盛產的棉花、水產品、梨棗等農副產品收購集中販往各地。在運河地區，通過以上轉販貿易「凡日用所需，大率出自江南。」[4]

這些城鎮的興起，不但帶來了經濟的發展，也進一步發展了黃河下游地區的飲食文化。因為大運河沿岸的城市興起，各地具有特色的飲食才逐漸開始形成，比如濟寧菜、微山湖菜等。

❸．經濟作物商品化生產中心的形成

明代發展棉花、水果等經濟作物的生產，促進了本地區農產品商品化與商品經濟農業的發展。個別地方甚至出現植棉達「萬畝之家」的大規模經營戶[5]；水果業者，有人經營大宗梨棗果品，「東昌屬縣獨多，種類不一，土人製之，俗名曰膠棗、曰牙棗，商人先歲冬計其木，夏相其實，而直（值）之，貨於四方」[6]。專門以種植果木為業的農戶，「每歲以梨棗附客江南」，以果品收入作為衣食日用及交納賦稅的

1 萬曆《兗州府志・風土志》，刻本，1573年。

2 乾隆《濟寧直隸州志・地域・街衙》，刻本，1785年。

3 康熙《章丘縣志・藝文志》，於慎行《安平鎮新城記》，刻本，1691年。

4 嘉靖《高唐州志・地理志・市鎮》，刻本，1553年。

5 康熙《濮州志・風俗記》引萬曆舊志文，刻本，1673年。

6 陳夢雷：《古今圖書集成・東昌府部匯考・東昌府物產考》，中華書局，1934年。

開支。[1]在商品經濟的刺激下，運河地區有過「千畝之家，千樹梨棗，牛數百頭，馬百蹄，園畦蔬果」的農業大經營主。[2]

魯中稻、棉特產的發展：濟南、青州等魯中地區宜植稻、棉，以蠶繭蠶絲、水果藥材、煙酒土產物美價廉聞名；有金絲小棗、銀魚山藥、棉花布匹、草帽辮料等特產。南部山地丘陵兼礦產煤炭、果木農桑之利；沿魯中山區富產鐵製品。膠東沿海地區以其榨油和粉絲等特產在海內外聞名。

二、海運增進食物交流

黃河下游地區毗鄰海洋，是海運必經之地。明代海運主要是把南方的糧食和物資運到天津附近港口或遼東港口，為北方駐軍做軍需補給。而山東登州和萊州港口是海運的重要基地，洪武三年（西元1370年）令山東「召募水工，於萊州洋海倉（今萊州海倉口），餉永平衛」，次年又「發兵五萬戍遼，命鎮海侯吳禎，帥萬人由登萊轉運，歲以為常」。這裡成為支援遼東的後勤基地。

萬曆至崇禎年間，每年僅自登州運抵遼東的糧食即達70萬石。[3]路線是：先集中於廟島一帶，然後載船向北，經長山列島各島、抵老鐵山，再沿牧羊城、羊頭凹、雙島、豬島、中島、北倍島、蓋州島、娘娘島、廣寧到遼陽和盛京（今瀋陽）。這條海上運輸線，在明代軍運和邊防中有重大作用。明代還有一條自江蘇淮安通往天津搭海運的路線，經過山東沿海的安東衛、石頭臼所、靈山衛，北上到成山衛（今榮成）、劉公島、威海衛，折道向西，經福山芝罘島到登州，再向西經黃縣的桑島、萊州大洋、海倉口，再向西北經黃河海口，候鎮店，經大、小清河海口入直沽，抵達天津。[4]明代海運將南方的糧食和物資運到天津港或遼東，促進了南北飲食

1　康熙《堂邑縣志·人物》，刻本，1679年。
2　嘉靖《高唐州志·地理志·市鎮》，刻本，1553年。
3　光緒《登州府志》卷二二，刻本，1881年。
4　光緒《登州府志》卷二二，刻本，1881年。

文化的交流。

三、社會風習的改變

自明中以來，商品經濟的發展引起了社會風氣的明顯變化：不分地位身分，均參與經商活動。過去經商嗜利，為讀書人所不齒，「號為諸生，不窺市門，不入酒肆，或有干謁嗜利，輒共訕笑，遊宦而以貨歸，士論亦鄙之」[1]，在明代則出現「逐末者，多衣冠之族。」[2]封建士大夫從事經商嗜利活動成普遍現象。在濟南府的武定地區，「頻年貧者，每徙魚鹽之利，……或販梨棗，買鮓艋下江東，爭逐什一，農事不講久矣。」[3]在泰安州，「風移俗習，浸淫於貿易之場，競爭於錐刀之末。」[4]在東昌府聊城，居民皆「逐時營殖」；在館陶則「爭棄農衿賈」[5]。博平地方也是「務本者日消，逐末者日盛。」[6]在兗州府的鄆城、巨野、嘉祥、金鄉、魚台、濟寧等地，「民逐末利」尤盛。在齊州府地區，「富人責商賈為利」[7]，而一般貧民，「農桑之外，逞逐商販」，「變而逐末多也」。[8]同時商人的地位也大為提高，人們已「不賤商賈」[9]，只要是「家累萬金」的大商巨賈，「雖身居布衣，一時交鄉紳無不與之往來、結婚姻，即邑侯亦優之禮貌」[10]，「騶從如官者」[11]。人們已經改變歧視商人的傳統觀念，商品經濟活躍，正反映了社會的進步。

1　康熙《東阿縣志‧方域志‧風俗》引明舊志文，齊魯書社，1998年。
2　萬曆《東昌府志‧地理志‧風俗》，刻本，1600年。
3　萬曆《武定州志‧地理志‧物產》，刻本，1588年。
4　萬曆《泰安州志‧輿地志‧風俗》，刻本，1602年。
5　萬曆《東昌府志‧地理志‧風俗》，刻本，1600年。
6　道光《博平縣志‧民風解》引萬曆聚志文，刻本，1831年。
7　陳夢雷：《古今圖書集成‧職方典‧青州府風俗考》，中華書局，1934年。
8　嘉靖《青州府志‧地理志‧風俗》，上海古籍書店，1965年。
9　嘉靖《山東通志‧風俗總論》，天一閣藏明代方志選。
10　濟陽縣志編纂委員會：《濟陽縣志‧藝文志》，衛國玉《衛公諱洪亮字明宇墓誌》，濟南出版社，1998年。
11　康熙《濮州志‧風俗記》引萬曆舊志文，刻本，1673年。

其次，人們的衣食住行、社會習尚也發生了明顯變化。明初著令：「凡官民服色、冠帶、房舍、鞍馬、貴賤各有等第。上可以兼下，下不可以僭上，違者以僭越罪治之」。但自明中期以後，人們在物質生活方面越禮逾制，追求奢華的現象比比皆是。在服飾上，「齊民而士人之服，士人而大夫之服」2已很常見。「用有珠玉飾帽者」，「甚至以綾綺為襪，首帕為裙為裡、為褻衣用者矣」，「時興花樣，日盛月新」，「一味華美」。3同時，食物質量也有變化，在飲食消費觀念、食俗、食禮方面出現了革新、改變。

第四節　日常飲食習俗

一、《金瓶梅詞話》中的日常飲食

從《金瓶梅詞話》中反映出，作者對當時魯西南運河邊上的臨清城，以及民間生活有非常仔細的觀察和總結。那時，普通民眾的早飯是點心、粥和餅類，他們常吃新鮮的蔬菜、醃漬的蔬菜和醃製的肉和魚，豆腐是民間最常見的好菜，是一種庶民食品。《金瓶梅詞話》中對來自江南的優質酒，往往只略稱為「南酒」，而談到黃河下游地區的各種酒類，則列舉有羊羔酒、黃米酒、葡萄酒和華北各地都生產的燒酒。《金瓶梅詞話》中將斟酒稱為「篩酒」，這是因為古代的酒和醪是混合在一起儲藏的，待要吃的時候，須用網眼篩子墊布過濾，去除其他雜物，並隨即加溫。在來客之前，用專門的槽進行過濾，這稱為篩酒。元明時期才將篩酒這個詞賦予「斟酒」的含義。明代的釀酒加工業已經將釀好的酒醪經過澄清、過濾。店鋪裡市售的清酒比濁酒更為普遍，已經不必等客人來了再進行篩酒，直接買回瓶裝或壇裝的清酒就

1　《大明會典・禮部》，臺灣影印本，1976年。
2　崇禎《鄆城縣志・方輿志・風俗》，天一閣藏明代方志選。
3　萬曆《青州府志・風化》，刻本，1616年。

中國飲食文化史　黃河下游地區卷

196

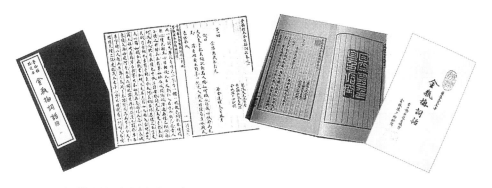

▲圖8-4　明代《夢梅館校定本金瓶梅詞話》

可待客。但是，在口頭上仍把斟酒這個動作稱為篩酒。筆者李漢昌發現，在煙台一帶的酒席上，許多人直到今天，仍將斟酒稱作篩酒。

　　從《金瓶梅詞話》中可以看到，明代黃河下游地區豪紳家宴各個層次的宴類，以及菜餚的豐儉程度和相關費用（見表8-1）。

表8-1　《金瓶梅詞話》中明代豪紳家宴食單分析

宴類人數	菜餚名類、數目	主食	酒品	價值	備註
二人便宴	四盤菜餚（噶飯）	溫陶麵、白米飯	橄欖酒二大壺	銀一錢三分半	第九十六回
三人家宴	十樣小菜	榛松仁、白糖粥	金華酒一壺		第二十二回
僕敬賀主人宴	燒鴨、燒雞、燒鮮魚、火燻肉四大菜、四碟小菜		金華酒一罈	計一兩五錢銀	第三十四回
二人便飯	煎麵筋、燒肉、另四碟小菜	飯	一壺酒		第三十五回
送生日宴	四盤羹菜、一盤壽桃	一盤素麵	一罈酒		第十五回
五人素食物齋飯	四碟素菜、鹹食	四小碟薄脆、蒸酥糕餅	無		招待尼姑　第三十九回
送元宵節禮食	四盤蜜食、四盤細果、兩盤元宵				第十五回

招待御史大宴	二席：肴列珍饈，湯陳桃浪，100瓶酒，1000份點心，百斤熟肉			約1000兩銀	第四十九回
宴梵僧	果子、小菜各四碟、頭魚、鴨、烏皮雞、魚鱸公各四碟；羊角蔥炒核桃肉、陳魚片、灌腸、燒泥鰍、肉丸湯（二龍戲珠）、醃臘鵝子各四碟、葡萄、李子果碟	一大碗鱔魚麵，一盤菜卷子	滋陰白酒		第四十九回
招待過境太尉	二十二桌席面大菜，有燒鹿、花豬、百寶攢湯，五果五蔬、五老定勝方糖	大飯燒麥	美酒	銀106兩	第七十六回

二、日常菜餚的發展

日本飲食文化學者筱田統在研究我國古代飲食史的論文中寫道：「明代山東農家的副食，自古以來是以蔬菜為主的，畜禽肉類只是偶爾供應的膳食，蛋白質的不足是以豆類來補充的（豆腐、豆芽、豆腐腦、豆汁、豆醬等等），有時也能吃到點魚和其他水產品。沿海、沿河湖的農民，當然可以經常吃到魚和水產。黃河下游地區的農家自古以來用植物油作為調味油，用在炒菜、燒湯和調拌醃製菜的調味料。明代酒席所介紹的佳餚，原料有牛、羊、雞、鵝、鴨等肉類，而水產品則有鱖魚、鱘魚、鰉魚、鮃魚、鯉魚、鯽魚、鯰魚、螃蟹和蝦。至於肉和魚的烹調方法，則是千差萬別，不可一一記載。明代可以上席的加工過的動物性食品有：臘肉、燒雞、烤鴨、糟蛋和糟魚。糟魚是一種將鹽醃製過的魚片和米飯混合起來進行發酵（產酸）後，所形成的發酵魚片食品。該食品始於漢代，盛行於漢唐，明清以後漸少見。今僅存於中國的西南邊疆。」[1]

1　筱田統：《生活文化研究》，日本版，1952年。

明代菜餚的發展情況，可以由明代的嘉靖朝為界，劃分為兩個不同的發展階段。嘉靖以前，社會各階層成員的飲宴和日常飲食消費的標準，均遵循洪武時代禮制的嚴格規定和限定，很少有違禮逾制的現象發生；到嘉靖隆慶以後，隨著商品經濟的發展和社會價值觀的變化，在大中城市和商埠，各種商品逐漸豐富，消費的誘惑力日益加強。從而開啟了社會禁錮已久的消費和享受慾望，「敦厚儉樸」的風氣向「浮靡奢侈」轉化。這一時期民間出現了很多肉製品的製法，並見於記載。肉類菜餚主要有：

牛脯，明宋詡《竹嶼山房雜部・宋氏養生部》：「烹熟，壓乾。油中煎，再以水烹去油，漉出。以酒挼之，加地椒、花椒、蒔蘿、蔥、鹽，又投少油中炒香燥。」

生爨牛，《竹嶼山房雜部・宋氏養生部》：「視橫理薄切為膔，用酒、醬、花椒沃片時，投寬猛火湯中，速起。凡和鮮筍、蔥頭之類皆宜先烹。」

熟爨牛，《竹嶼山房雜部・宋氏養生部》：「切細膾，冷水中烹，以胡椒、花椒、醬、醋、蔥調和。有軒之和宜酸虀、芫荽。」

鹽煎牛，《竹嶼山房雜部・宋氏養生部》：「肥脆者薄膔。先用鹽、酒、蔥、花椒沃少時。燒鍋燼，遂投內速炒，色改即起。」

牛餅子，《竹嶼山房雜部・宋氏養生部》：「用肥者碎切機上報，斫細為醢，和胡椒、花椒、醬、混白酒成丸餅。沸湯中烹熟浮先起，以胡椒、花椒、醬油、醋、蔥調汁澆淪之。」

火牛肉，《竹嶼山房雜部・宋氏養生部》：「軒之，每為二斤三斤計一斤，炒鹽二兩，揉擦勻，和醃數日。石灰泡湯，待冷，取清者洗潔，風戾之，懸煙突間。」

熟牛耙，《竹嶼山房雜部・宋氏養生部》：「一用精者，視理薄切為膔，和以鹽、酒、花椒布苴。壓乾作沸湯，微煿，日暴之。一用精者，切為軒，以花椒醬沃頃之，加酒、水、醬油、醋寬烹至汁竭為度。俟冷，或析為細縷。」

烹羊，《竹嶼山房雜部・宋氏養生部》：「取肉烹糜爛，去骨，乘熟以布苴壓實，冷而切之為糕。惟頭最宜熟肉，宜燒蔥白、醬或花椒油，或汁中惟加醬油淪之。」

燒羊，《竹嶼山房雜部・宋氏養生部》：「一肉烹麋爛軒之。先合燒料同鮮紫蘇葉水煎濃汁，加醬調和入肉。一以燒料汁烹羊肩背，俟熟，加醬調和，撈起，架鍋中炙燥為度。於刀切二制。」

油炒羊，《竹嶼山房雜部・宋氏養生部》：「用羊為軒，先取鍋熬油，入肉，加酒水烹之。以鹽、蒜、蔥、花椒調和，宜羜羝（詩注曰羜未成羊也）。」

火羊肉，《竹嶼山房雜部・宋氏養生部》：「用肩肘每斤炒鹽一兩，揉擦深透，送器中三五日。取石灰泡湯，俟冷，洗潔置於寒風中戻之，懸近煙突間。」

烹豬，《竹嶼山房雜部・宋氏養生部》：「宜首宜蹄，烹麋爛去骨，以布苴壓糕。冷宜醬、鹽，熱肉。宜花椒油、花椒鹽、蒜醋蒜水。凡烹時其汁中冬月，加鹽少許及白酒，夏月別加白礬少許。須日把去其油並滓，而用其清。再續以水是謂原汁，愈久愈美，烹肉益佳。」

蒸豬，《竹嶼山房雜部・宋氏養生部》：「取肉方為軒，銀錫砂鑼中，置之水，和白酒蒸至稍熟，加花椒醬，復蒸麋爛，以汁瀹之有水鍋中慢烹，復半起其汁，漸下，養麋爛，又俯仰交翻之。」

鹽酒燒豬，《竹嶼山房雜部・宋氏養生部》：「取肥嬌蹄每一二斤，以白酒、鹽、蔥、花椒和浥，頃之，加少水鍋中，紙封固，慢煬火俟熟。」

鹽酒烹豬，《竹嶼山房雜部・宋氏養生部》：「烹稍熟，乘熱以白酒、鹽、蔥、花椒遍擦架鍋中，少沃，以熟油蒸香，又少沃以酒微蒸取之。」

鹽煎豬，《竹嶼山房雜部・宋氏養生部》：「用肉方破入鍋，炒色改，少加以水烹熟。汁多則杓起漸沃之，同花椒、蔥、鹽調和、和物俟熟。宜芋魁、白菜、茄、山、薤頭絲、瓠、胡蘿蔔、甘露子、秔糯米粉。」

醬煎豬，《竹嶼山房雜部・宋氏養生部》：「同鹽煎，惟用醬油炒黃色，加花椒、蔥和。物宜合麵筋、樹雞醬。」

鯉魚，明代以魚為原料的肴饌有：醬燒鯉魚、清燒鯉魚等。

三、救荒飲食習俗

元末明初的戰亂災荒，給登上明朝皇帝寶座的朱元璋以刻骨銘心的印象。他曾帶著皇太子到災區視察，並經常對其他皇子和大臣們進行「以農為本、以民為本」的教育。朱元璋的皇子朱橚（sù）於明洪武十一年（西元1378元）受封為周王，洪武十四年（西元1381年）就藩於開封，並親自撰寫《救荒本草》刊行於世。《明史》記載他：「好學能詞賦，嘗作《元宮詞》百章。以國土夷曠，庶草蕃蕪，考證其可佐饑饉者得四百餘種，繪圖疏之，名《救荒本草》。」《本草綱目》和《四庫全書》都評價《救荒本草》「詳明」「詳實可據」。《救荒本草》在很早就流傳到國外。日本先後有刊刻和手抄多種版本傳世。在日本德川時代對該書非常重視，對該書的研究文獻就多達十五種之多。德國植物學家布列什奈德（E.Bret Schneikder）在咸豐元年（西元1851年）研究了該書，並對其中的記錄176種植物作了鑑定，美國植物學家李德（A.S.Lead）對該書的配圖精確也給予高度評價。

一般來說，在災荒年間首先要採集野生植物救荒，品種有菱、芡、榛、栗等，平日可以作為蔬果食用，也可以貯藏備荒。其次，人們廣泛種植抗災性強或生育期特別短的作物，比如莧菜、登箱子、薏苡、蕎麥等。再次，要選育一些生育期與一般品種不一樣的品種或做過特殊處理的種子用於災後補種，比如小麥、綠豆等。此外，還要重視木本食物，比如大棗、栗子、柿子這些容易貯藏且能充飢的植物。

《救荒本草》共收錄植物414種。它寫得通俗、實用，並講究科學。為使飢民們讀懂，作者對植物名稱、古名、地名和特徵，和難讀難懂的字都一一加以注音。全書中的注音字在數萬個以上。另外，作者努力運用形象的方法介紹植物名稱，敘述植物根、莖、葉、花、果實、種子形態、顏色、性味、質地。方便人們在野外找到它們，並對414種救荒的野生植物有形象的文字描述，並配有生動逼真的插圖。

書中將度荒植物分成三類。其一是採摘後能直接食用的，有野生果樹果實和野生植物如：酸漿草、樓子草、薤菜、水芹、野胡蘿蔔等二三十種；其二是需要經過醃製、乾製後乾藏備荒用的；其三是採集後要加水蒸煮、浸淘、漂洗換水，浸去異

味才可食用的野菜種類。書中提醒大家，儘管經過處理，有的有毒的野生植物中所含毒素可能尚未全被去除，還必須謹慎食用。書中還介紹了用含澱粉的植物製粉的加工食用方法。

《救荒本草》的科學性，還體現在作者對可食野生植物的形態描繪得細緻準確。書中仔細地介紹了它們的名稱、原產地、分布地、生態環境、生長習性、各器官特徵與可食部分；介紹了它們的寒熱之性、甘苦之味，和淘洗、烹煮、煎熬、調曬的方法。對某些植物在不同生境下的產量和品質，也有仔細的描述。

由於明代多災荒，除了寧王朱權撰寫了《臞仙神隱書》外，明代還有《野菜譜》二卷、《汝南圃史》《農政全書》《養餘月令》《救荒野譜補遺》《沈氏農書》和李時珍的《本草綱目》的部分章節等十種指導災民度災的專著。尤其是明末崇禎年間戴羲所輯《養餘月令》，該書共三十卷，是按月令編排的。在各月分中設有相應欄目，分別為：藝種、收採、烹製、調攝等。從二十一卷起，又分別介紹了蠶、魚、竹的育法、育式、品目等。其中對救荒草本多有介紹。

第九章　清朝時期

清代是黃河下游地區飲食文化發展的重要階段。東北地區的滿族和中北地區蒙古族的飲食文化進入了黃河下游地區，為該地區增添了新的文化元素。山東曲阜衍聖公府的最高文化象徵地位在這一時期得以確立，並逐步形成了衍聖公府獨有的飲食文化，成為黃河下游地區乃至全國飲食文化的重要標竿。流經黃河下游地區的京杭大運河成為溝通南北的重要交通樞紐，各地區間文化交流不斷加強，黃河下游地區的飲食文化呈現豐富多彩又具地方特色的繁榮景象。

第一節　農業發展狀況

一、獎勵墾荒　恢復農業生產

清順治年間頒布獎勵墾荒的政策。山東規定：土地無主者即為官屯，由官方招佃承墾，「其種田之人，不拘土著及流來人民，有工本願種，官給地，量助牛、種，分收籽粒三分之一，三年之後，准為永業」[1]。地主豪紳乘機大肆侵占荒田、兼併土地。山東耕地面積有了較快回升。順治十八年（西元1661年），耕地面積達到74.1萬多頃；康熙二十四年（西元1685年），為92.5萬多頃。從西元1724年至1822年近百年間，耕地面積歷次統計都在98.4萬至99.4萬頃之間浮動。[2]

康雍時因戰爭使農民逃亡，人口變動很大，田地荒蕪，影響徵集糧賦，故出台復墾政策，令各地方對拋荒田勘察，再申請豁墾（扣除荒地的應交糧賦）。康熙年間，申請豁墾的土地面積巨大，山東是開墾、復墾耕地重點地區。據清道光《山東通志》記載：全省承糧面積，順治十五年（西元1658年）為741336頃65畝；至雍正十三年（西元1735年）為994459頃7畝，增加面積253122頃42畝。所增面積是該時

1　臺灣「中央研究院歷史語言研究所」編：《明清史料》丙編，中華書局，1987年，第330頁。
2　孫毓棠等：《清代的墾田與丁口的記錄》，《清史論叢》第1輯，中華書局，1979年；《清代的墾田與丁口的記錄》，《清史論叢》第2輯，中華書局，1985年。

間內的開墾額。

但荒地認領政策未能增加國庫收入，也未能改善農民生活。經康熙帝運籌，由雍正帝從山東開始，試行「攤丁入畝」[1]新政，並擴大到全國，終獲效顯著。從乾隆四十一年（西元1776年）到咸豐元年（西元1851年），糧食平均產量在75年中大約提高了50.2%，年增產率平均為0.67%。[2]

二、人均占有耕地的矛盾

自雍正四年（西元1726年）開始實行「攤丁入畝」政策，上繳國家田賦逐年增加。在人口不斷膨脹的情況下，要不斷提高農作物產量和產值，農民才能餬口；山東積極推廣甘藷、玉米等高產農作物；倡導發展菸草、花生、棉花等經濟作物來增加農產品產值。筆者李漢昌教授根據典籍資料，採用史學研究的類比方法，對各時期人口數、增長率、田畝數、人均耕地面積進行了統計（見表9-1）。

1 攤丁入畝：又稱「攤丁入地」或「地丁合一」，是清朝政府的一項重大稅制改革，將中國實行了兩千多年的人頭稅（丁稅）廢除，併入土地稅中。從而，放鬆了政府對戶籍的控制，增加了自由勞動力，推動了商品經濟的發展。
2 珀金斯：《中國農業的發展（1368-1968年）》，上海譯文出版社，1984年。

表9-1　清代歷代山東省人口數、田畝數與人均田畝數[1]

年　代	田地（畝）	增長率（％）	人口數（萬）	人均畝數
順治十八年（1661）	74133665	──	1000	7.41
康熙二十四（1685）	92526840	24.8	1270	7.29
雍正二年（1724）	99258674	7.28	1872	5.30
乾隆十八年（1753）	99347268	0.09	2401	4.14
嘉慶十七年（1812）	98634511	-0.71	2896	3.41
咸豐元年（1851）	98472844	-0.16	3424	2.88
同治十二年（1873）	98472846	0	4262	2.31
光緒十三年（1887）	125941301	27.89	4899	2.57

註：表中的人口數與人均畝數為筆者補充。

　　從表9-1中可看出，由清順治十八年（西元1661年）至清光緒十三年（西元1887年），山東耕地面積由0.741億畝增到1.259億畝，耕地面積增加69.88%；而人口卻由1000萬人增加到4899萬人，人口增加389.9%。人均耕地卻由7.41畝降到2.57畝。此時期內，雖然每畝均產糧量約提高50斤，但每畝年均收穫僅有約400斤毛糧。若去除糧賦或遇災年，農民仍要挨餓。受益多的是擁有大量土地的官紳地主。

1　梁方仲編著：《中國歷代戶口、田地、田賦統計》乙表61《清代各朝各直省田地數》，上海人民出版社，1980年。

第二節　飲食資源的發展

一、高產作物的推廣

❶ · 玉米

玉米原產於美洲墨西哥一帶，中國大約在明朝永樂年間由鄭和帶回。後於清初才開始大面積推廣種植。清朝大力推廣引進的高產作物玉米、蕃薯和馬鈴薯，加快了清代人口的增長。

玉米在黃河下游地區栽培面積迅速擴大的原因，一是政府積極主張山區農業墾殖，而玉米又適宜於山地栽培。二是當時天災頻繁，地租賦稅日益加重，農民紛紛進荒山墾殖。三是玉米在冬小麥收穫後可再種一茬，收玉米後也來得及秋播冬麥，顯著地提高了每畝土地的糧食產量。此外由於玉米有耐旱、耐澇、高產、耐土地瘠薄等特點，適宜在黃河下游地區的山區種植。玉米迅速推廣後，改善了飢餓農戶的處境，發揮了救災餬口的重要作用。至道光年間，玉米已是「每飯必須為餅，與粥糜同煮謂之疙瘩；屑榆皮和之，切為條，謂之拔子。」光緒年山東《文登縣志》指出：榮成縣，「六穀之外，高田多包穀，窪地宜者」；「一歲之入，幾居其半。近年漸種玉粟」。由於玉米被引進並在本地擴大栽培，民食供應已見好轉。玉米也逐漸成為貧苦農民的主要食糧。清代山東農家玉米的主要食用品種有：

玉米麵餅：已成為日常主要食物，即將玉米籽粒帶皮細磨麵，調合成麵團（經發酵或不經發酵），貼在鐵鍋內烙熟，成為有焦黃顏色的玉米餅子。它是山東農家在十七世紀至二十世紀上半葉的主食之一。每逢大災時期，則可向玉米麵中多加糠麩和切碎的蔬菜一起烙熟成菜餅充飢。

玉米麵窩頭：將玉米麵和成麵團，經發酵或不發酵後搏捏成底下為半空心狀，放入籠屜中蒸熟。窩頭是十七世紀至二十世紀上半葉黃河下游居民的主食之一。

玉米麵煎餅：是起源於魯中地區的玉米麵粗糧細作的主食。製作方法是：將玉

米麵（也可適量加入黃豆麵、豌豆麵、小豆麵或適量麵粉）調水成稀粥狀。採用特製的鏊鍋，下面以麥草加熱，將稀玉米麵漿一勺放入熱鍋中部，立即用特製的「刮勺」，將其均勻迅速地攤薄於（鏊）鍋全部面積，要刮攤得很均勻，稍待，熟後，用專用小刀，將其翻個；加熱幾秒鐘出鍋，即成香甜可口的煎餅。玉米麵煎餅因含水量少，適宜短期儲存。它的口感特別好，受到黃河下游地區人民的歡迎。幾個世紀以來，一直作為主食品。

煮嫩玉米：在玉米處在蠟熟初期、中期時採收，帶包葉摘下玉米雌穗（入鍋前去掉包葉或不去包葉均可），在鍋中煮或蒸或去掉包葉烤熟，則成香甜可口的嫩玉米。煮嫩玉米的食用方法源於災年，為充飢，忍痛食用未成熟的玉米，這種食法被稱作「啃青」。明知可惜，卻因飢餓無奈而為之。

玉米麵粥：十六世紀至二十世紀上半葉的黃河下游地區，廣大農民一直處於糧食不夠吃用的貧苦狀態下，玉米粥或玉米菜粥是每日兩頓（農忙三頓）用來填飽肚子的主要食物。

❷ · 蕃薯

蕃薯在明萬曆二十一年（西元1593年）經華僑商人陳振龍帶回福建。最初在福建、廣東種植成功，後於十八世紀引入黃河下游地區。

清初，由福建生員陳經綸向福建政府報告其父華僑商人陳振龍由南洋引進蕃薯事：其父在菲律賓見當地人栽培蕃薯，「生熟可茹，詢之夷人，咸稱薯有六益八功，同五穀，……但此種禁止引入中國，未得栽培。……綸父目擊朱薯可濟民食，捐資陰買，並得島夷傳種法，帶歸閩地。……」當地巡撫金學示：「可傳爾父，既為民食計，速即覓地試栽……」當年陳經綸在自己家「草帽池邊試種成功」。福建巡撫金學曾主持編刻了種薯書《海外新傳》，在福建推廣蕃薯，「秋收大獲，遠近食裕，荒不為害民……」

乾隆十四年（西元1750年），陳經綸五世孫陳世元到山東膠州做生意，「時東省旱澇蝗螕，三載為災，皇恩發帑，賑恤數百萬元」。陳世元見山東人民挨餓，心中

不忍。他和友人共同捐資，於次年運送薯種、帶農具，雇會種薯農民數人，到山東膠州試驗種蕃薯成功。於是，地方官員「刻《海外新傳》舊本，教以藏種之法」。乾隆十七年（西元1753年），「東省藩憲李公……復取金公舊刻，再為詳晰，發明後見，以種薯為救荒第一義，自此家傳戶習」。

此後陳世元命其長子陳雲，「移種甘藷於膠州州治……州尊宋匯收入志。乾隆十九年（西元1755年）移種濰縣。次年陳世元長男雲，次男燮，移種河南朱仙鎮，又移種河北。」「（乾隆）二十二年（西元1758年）雲偕三男樹同余、劉二友人，又由膠州運種至京師齊化門外，通州一帶，俱各教以按法布種，地縱履遷，效皆不爽……」[1]陳振龍、陳瑞元、陳雲等陳氏七代長幼及其友人，鍥而不捨，以「救荒為第一要義」，從海外引進薯種，堅持試種推廣。他們愛國愛民、以救災救飢為己任的精神，歷史不會忘記。他們的豐功偉績，將永遠銘刻在山東農業史和飲食史的豐碑上！

蕃薯的引進對於民食民生具有很大意義：

（1）高產蕃薯對抗災保民食的意義　蕃薯平均產量可達每畝2500公斤以上。蕃薯營養豐富：含有澱粉20%、糖分3%、蛋白質2.0%、脂肪0.2%。每百克鮮薯可消化熱值為114千卡。其營養成分中，除脂肪稍低，其餘成分都高於大米和麵粉。含有維生素A、維生素C和維生素B_1、維生素B_6，富含纖維素與其他保健成分。就甘藷所含熱量而言，成年人每天吃2公斤蕃薯，可滿足一日活動需要的2400千卡熱量，且無飢餓感或營養問題。按每四斤蕃薯折一斤毛糧計，畝產2500公斤的蕃薯的所含營養熱量，則相當於糧食產量的5-10倍之多。自清以來山東就有「一季蕃薯大半年糧」之說。《金薯傳習錄》載，乾隆十七年（西元1753年）山東布政史李渭曰：「一畝秋收，可得數千斛，勝種穀十倍……此救荒第一要義也。」自清乾隆二十年（西元1756年）起，蕃薯在北方廣為栽培，對救災與保障民食意義重大，成為北方重要的高產糧食作物。

1　陳世元：《金薯傳習錄》第九、十、十一、十二篇，上海古籍出版社，1995年。

（2）蕃薯的多種食用方法　金學曾在《海外新傳》書中全面介紹了蕃薯食性：「薯初結時即可食，味淡多汁，及食則甜，煨食、煮食、燒（烤）食、蒸食，亦可生食。」它有多種食用方式，既可以：「切片曬乾，碾作饘粥」與「磨作粉餌，滾水灼作丸」，也可以「拌麵可做酒、舂細水濾去渣，澄曬成粉葉（粉皮），可作蔬。」清代山東布政史李渭曾指出紅薯的特點：「質理膩潤，氣味甘平，無毒，補虛乏，益氣力，健胃脾，強腎陰，與薯蕷同功。久食益人……蒸熟氣味極香，似薔薇露。」對蕃薯飲食營養意義有很高的評價。

（3）蕃薯的抗蟲災意義　李渭特別指出種植蕃薯的抗災意義：「至於蝗蝻為害，草木蕩盡，惟薯糧埋地中，蝗食不及，即令枝葉皆盡，尚能發生，若蝗信到時，急令人發土掩覆，蝗去之後，滋生更易，是天災物害皆不能為之損……，此救荒第一義也。」這就說明蕃薯因結薯土中，可以避免蝗蟲危害。他介紹了當年山東地區農民對甘諸地覆土蓋秧預防蝗災的經驗。

（4）推廣蕃薯對人口的影響　美國芝加哥大學何炳棣教授曾撰文指出：引進高產作物蕃薯是「我國第二個長期糧食生產的革命」，他還指出：「糧食生產和人口爆炸，是互為因果的……今日中國是全世界最大的蕃薯生產國，產量占全世界的百分之八十三。」[1]

夏鼐在《略談蕃薯和薯蕷》一文指出：「我國的人口在西漢末年便已接近六千萬，……到乾隆六年（西元1741年）便達一萬萬四千餘萬……道光十五年增至四萬萬以上……這樣的人口激增……，與明朝末年輸入……蕃薯和玉蜀黍，恐關係更大。」[2]在清代中期，蕃薯對黃河下游地區人口不斷迅猛增加，起到了重要的推進作用。

此後，蕃薯在清代黃河下游地區的糧食作物中發展很快。與玉米相比，它具有更適宜於旱地生長的特點，而且更高產。清代蕃薯，已經成為黃河下游地區重要的

1　何炳棣：《美洲作物的引進、傳播及其對中國糧食生產的影響》，《大公報在港復刊三十週年紀念文集》下卷，第**673-731**頁。

2　夏鼐：《略談蕃薯和薯蕷》，《文物》，**1961**年第**8**期。

糧食作物。曲阜人稱：蕃薯「甚為穀於菜之助焉」[1]，道光年間的林伯桐曾說：「車路最多紅薯，四鼓公車已載途矣」[2]。我們觀察近兩個世紀以來的農作物比重，本地區玉米與蕃薯的播種面積大都是同步上升的。有清一代，隨著人口的快速增長，糧食中的高產作物幾乎以同步趨勢在種植業中占據了主導地位。其重要意義，是使中國飢餓的農民能吃得更飽些；災年可減輕飢餓的摧殘。這些高產作物，在客觀上有力地支撐了黃河下游地區人口的急遽膨脹。

❸ · 花生

在乾隆年間有海外花生種子引入山東，乾隆十四年（西元1749年）《臨清州志》、乾隆四十七年（西元1782年）《安丘縣志》均有記載：「本地出落花甜，即落花生。」嘉慶時期花生在山東的種植，逐漸由運河地區向東部地區發展，從而形成了泰安和青州周邊的兩大種植區。「其生頗藩」，「連阡接陌，幾與菽粟無異」[3]。在安丘縣，花生自「嘉慶十年（西元1805年）以後始有種者，獲利無算，汶河兩岸，廢田盡成膏沃」[4]。花生是豆科作物，有根瘤菌，可以從空氣中將氮氣共生固氮，不斷供應滿足花生自身所需要的氮素營養，故可以省肥料。山東《費縣志》曾記載，花生栽培「工省易收，不與其他農作物爭肥爭地」，凡「地多沙土，不蕃五穀，宜此種。」道光年間，花生推廣到膠東與魯南地區。清中期，山東已成我國主要的花生生產基地，產品行銷全國。花生增加了農戶收入，改善了地區食油供應，對豐富民食營養有重要的意義。

二、經濟作物產銷兩旺

黃河下游地區自古以盛產的乾鮮果品、經濟作物品質優良、品種多樣聞名於

1　潘相：《曲阜縣志》卷三十七，刻本，1774年。
2　林伯桐：《公車見聞錄·養生》，修本堂叢書本。
3　咸豐《寧陽縣志·物產》，刻本，1852年。
4　道光《安丘縣志·方產考》，刻本，1843年。

世。有清一代，在不斷引進海外品種、改進栽種技術、擴大南北貿易等方面有顯著進步。

❶·果品

　　黃河下游地區盛產溫帶干鮮果品，如紅棗、葡萄、花紅、桃、杏、李等，很早就是本地區特產，特別是山東的紅棗，粒大、皮紅、味甜而勝於外地。清代開始，山東紅棗的種植面積不斷擴大。乾隆《平原縣志》載，該縣「棗樹最盛」。東昌府的棗是運河碼頭受歡迎的食物。「每逢棗市，出入有數百萬之多」[1]。兗州府東阿縣「地頗宜棗，人往往販之江南」。遠近聞名的山東樂陵小棗，含糖分多，品質好，栽培面積逐年擴大，「以車販鬻四方」[2]。而滕縣、嶧縣產棗多，並遠銷江南。東阿縣也有「地頗宜棗，人往往販之江南」[3]的記載。

▲圖9-1　清代乾隆時期的淄博窯茶碗

▲圖9-2　清代乾隆時期的淄博窯茶釉瓶

1　宣統《聊城縣志·方域志·物產》，刻本，1910年。
2　王培荀：《鄉園憶舊錄》卷三，刻本，1845年。
3　陳夢雷：《古今圖書集成·職方典·兗州府物產考》，中華書局，1934年。

山東中部益都縣等地，盛產柿子、核桃。「核桃一曰胡桃；柿，結實尤繁，殖者盈畝連陌，（咋）為餅，與核桃同販之膠州、即墨、海估載之以南，遠達江楚，至閩粵，大為近郊民利」[1]。清代黃河下游地區發展果樹栽培業，也是溫帶地區農業大發展的適宜途徑。

❷ · 蔬菜與茶葉

清代黃河下游地區蔬菜栽培和花卉等經濟作物的商品性生產日漸興旺：「開園圍種蔬菜，利倍於田，而勞亦過之」[2]；嶧縣生薑的種植面積日益擴大，故可「鬻薑於外商，利數倍」[3]。

清代初期山東已種茶：「茶，萊陽縣出。」[4]亦有「茉莉，諸城人業此，分銷各處，然不及閩廣所產」[5]的記載。清末期，在煙台、青島輸出貨物中有紅茶與綠茶。清代山東費縣產蒙頂茶，係出自蒙山之巔所產之茶；蒙陰、歷城也有茶葉栽培加工。蒙茶：「茶如花狀，士人取而製之，其味清香異他茶」，其滋味「前苦後甘，生津止渴，寧嗽化痰，回味尤良。」被譽為「若教陸羽公持論，應是人間第一茶」[6]，當時曾作為地方貢品。

第三節　食物加工技術大發展

一、榨油業

咸豐年間，膠東沿海地區傳統手工榨油業發展很快。光緒元年（西元1875年），

1　道光《青州府志》卷三二《物產》，刻本。1814年。
2　順治《登州府志》卷八《風俗》，增刻本，1695年。
3　光緒《嶧縣志》卷七《物產路》，刻本，1904年。
4　順治《登州府志・物產》，增刻本，1965年。
5　道光《山東通志・物產》，刻本，1837年。
6　隆慶《兗州府志・物產》，天一閣藏明代方志選刊。

煙台豆餅年出口量已超過100萬擔。此後，山東以外銷出口為主的榨油業，大部集中於膠東沿海地區，煙台成為膠東地區的榨油業中心。

　　清後期，膠州灣出產的豆油、豆餅開始轉由青島出口。西元一九○四年膠濟鐵路全線通車，榨油業運銷加快，貿易活躍，沿鐵路線的榨油業發展較快。[1]從鐵路通車到西元一九一一年的六七年間，沿鐵路線的榨油業很興盛。濰縣有油坊30家；安丘有油坊數家；平度油坊年出產豆油和花生餅各約180萬斤，七八成油出口；膠州年船運上海豆油200萬斤，豆餅7000餘片（1片約30斤），輸出的豆油約20%當地自產；八成由附近地區運入。西元一九○九年的前後幾年間，膠濟鐵路沿線的蛤蟆屯相繼設立30多家油坊，榨油生產、貿易特別繁榮，成為青島榨油業中心。[2]二十世紀的前十年，煙台從東北輸入大豆平均每年約200萬擔；煙台豆餅的年輸出量平均在100萬擔以上；豆油輸出量幅度在每年7.4萬擔至16.3萬擔間。青島開埠後，西元一九○五年豆餅輸出達33.9萬擔，豆油輸出達21萬擔。[3]

二、澱粉加工業

　　黃河下游地區的粉絲加工業是農村的副業手工業，最著名的為「龍口粉絲」，產地為膠東的寧海、招遠、煙台、萊陽、福山、棲霞、海陽、蓬萊、黃縣等地。統一由龍口港發運，故名之。龍口粉絲生產歷史悠久。清代中葉時，每年有大宗粉絲船運南方銷售。煙台開港以後，粉絲開始輸往香港地區，以及美國及東南亞地區。西元一八六六年，煙台出口粉絲達4萬餘擔，西元一八九○年增至15萬擔，20年中增長近4倍。

　　清末，煙台出口粉絲年總產量達4500萬斤，包括山東各地年出口量：寧海10萬

1　杉山五郎：《最近山鐵沿線事情》，1916年，第174頁。
2　光緒《平度縣鄉土志》，抄本，商務印書館，1908年。
3　東亞同文會編：《支那省別全志‧山東省》，1915年，第712-713頁。

包、蓬萊5萬包，福山與萊陽合計5萬包，黃縣3萬包、招遠2萬包。[1]隨產業規模的擴大，開始出現粉絲商業化生產。清末，煙台收粉莊約有30家，分別由煙台幫、潮幫、福建幫商人經營；龍口有收粉莊16家。[2]當時山東省平均年生產粉絲40萬擔，年輸出粉絲20餘萬擔。一九一一年，煙台、青島、龍口三港輸出粉絲達到28.7萬擔，占全省粉絲年總產量72%。[3]

三、麵粉加工業

清中期之前，城鄉麵粉加工仍以石磨加工為主，當時各地城鄉均有磨坊分布。麵粉中的精品為「飛麵」，是在小麥磨粉曬乾之後，經過重羅篩粉，飛揚堆積四邊的細麵粉為「飛麵」，此為上品麵粉。清代的「飛麵」以山東出產的質量為最佳，作貢品入宮。清代後期外國洋麵進口到山東，為抵制洋麵粉，山東曾建起不少小型製粉廠。此外，大米粉、糯米粉多用以加工糕點；山藥粉、百合粉、荸薺粉，則為富裕人家的營養品。清代地瓜、玉米栽培面積擴大，故農村家庭以碾磨加工地瓜麵、玉米麵為主要糧食。小麥面積有限，富家平時的主食多為小麥麵粉和大米，窮人則為年節之食，農村的主糧逐漸轉而以雜糧為主。

四、鹽業

康熙年間，為克服明代鹽場廣而散的狀況，政府對19個鹽場進行了整頓。到雍正初年，裁併為10個鹽場，同時也放鬆了對灶丁的人身控制。雍乾時期實行「攤丁入畝」，把灶丁的丁銀全部攤入地畝徵收，取消了灶丁的人頭稅，在一定程度上允許灶丁將餘鹽私販，提高了灶丁的積極性。由此，促進了山東製鹽業的大發展。煎

1　東亞同文會編：《支那省別全志‧山東省》，1915年，第736頁。
2　東亞同文會編：《支那省別全志‧山東省》，1915年，第744-747頁。
3　東亞同文會編：《支那省別全志‧山東省》，1915年，第744-747頁。

鹽鐵鍋數量成倍增加，鹽產量大大提高。額定鹽引由康熙末年的45萬引，增加到乾隆中期的55萬引。額定鹽票由10萬餘引（每票引鹽225斤）增加到25萬餘道。[1]嘉慶初年除已定引額外，還有餘鹽15萬引。[2]製鹽業呈現出前所未有的繁榮。

清代黃河下游地區所產之鹽分海鹽、土鹽兩種，以海鹽為主。土鹽出自魯西南城武、單縣、金鄉、魚台、鉅縣、肥城、汶上等縣，但在全省鹽產量中所占比重很少。蘇北和黃海沿岸的海鹽則有較大發展。清朝末年，山東海鹽產地有8處，共有鹽田面積50餘萬畝。[3]光緒二十三年（西元1897年）德國強租膠州灣後，大力開發膠澳鹽場，讓民間註冊納稅曬鹽，於陰島設立巡捕局管理鹽務。至第一次世界大戰爆發前，膠澳鹽場已有鹽田4.8萬畝。[4]第一次世界大戰爆發後，日本強占膠州灣，在青島設立鹽業有限公司，繼續經營膠澳鹽場，使鹽田增至9萬餘畝，年產量近400萬擔，占當時山東全省鹽產量50%以上。[5]

五、釀酒業

光緒二十年（西元1894年），愛國華僑張弼士（西元1814-1916年）向清政府申請獲准在煙台開設張裕釀酒公司，引進法國優良釀酒葡萄，建立了葡萄生產基地。經幾年奮鬥，終於建成了中國第一個近代體系完整的葡萄酒釀造企業。一九一五年，在巴拿馬萬國商品博覽會上，張裕白蘭地獲最優質獎狀和金質獎章。煙台張裕葡萄釀酒公司選用貴人香、李將軍、龍眼、雷司令等當地的優質白葡萄品種為原料，取第一次壓榨的自流汁，在低溫下發酵四十多天製成原酒，並在兩年內三次換桶陳釀，然後以此酒為酒基。之後，取肉桂、荳蔻、苦艾、藏紅花、公丁香等二十

1   田原天南：《膠州灣》，1915年，第410頁。
2   安作璋：《山東通史·明清卷·典志》，山東人民出版社，1994年，第281頁。
3   東亞同文會編：《支那省別全志·山東省》，1915年，第736頁。
4   東亞同文會編：《支那省別全志·山東省》，1915年，第744-747頁。
5   安作璋：《山東通史·明清卷·典志》，山東人民出版社，1994年，第281頁。

多種名貴藥材的浸泡液與之勾兌，再經半年以上的儲藏陳釀而成。顏色橙紅，汁液澄明，酒香清幽，藥香醇厚，口味酸甜微苦。

煙台紅葡萄酒：由張裕葡萄釀酒公司採用解百納、玫瑰香等著名葡萄為原料精釀而成，色澤通紅透亮，香味純正馥郁，久置甜酸醇厚。一九一四年在山東和南京的展覽會上分別獲得金質獎和最優等獎，一九一五年在巴拿馬國際商品賽會上獲得金質獎章。[1]

青島啤酒：一九〇三年青島建立啤酒廠，是我國最早的啤酒廠之一。它選用優質大麥芽、大米，膠東啤酒花、嶗山礦泉水為原料，以傳統的啤酒工藝與設備，釀製成優良的淡色啤酒，即「青島啤酒」。在亞洲市場頗得讚譽，暢銷國內外。[2]

由於高產作物玉米、甘薯的引進和商品糧食生產的發展，糧食酒發展較快。如章丘「每歲上農釀酒數十石，中者十數石，下者數石」；滕縣「釀戶大者池數十，小者三四池，日一釀，釀費粟一石二斗」；禹城「邑百里地，計燒鍋四十餘所，每年敗毀米麥高粱不下數千石」。[3]即墨老酒是傳統的黃酒類佳釀，始產於宋代，至今已有近千年歷史，以優質粟米、嶗山礦泉水為原料精釀而成，其味醇和郁馨，其色黑褐透明，其液盈盅不溢，其功舒筋活血，暢銷國內。至道光年間，行銷日本和東南亞各國，受到廣泛歡迎。[4]

---

1 車吉心、梁自絜、任孚先主編：《齊魯文化大辭典》，山東教育出版社，1989年，第796-802頁。
2 車吉心、梁自絜、任孚先主編：《齊魯文化大辭典》，山東教育出版社，1989年，第796-802頁
3 車吉心、梁自絜、任孚先主編：《齊魯文化大辭典》，山東教育出版社，1989年，第796-802頁。
4 車吉心、梁自絜、任孚先主編：《齊魯文化大辭典》，山東教育出版社，1989年，第796-802頁。

第四節　趨於成熟的地區飲食文化

一、國內外飲食文化的交流

（一）漢滿飲食文化交流

清軍在西元一六四四年進入山海關之後，為穩定統治，清統治者調整了滿族的典制傳統和風俗習尚。各地滿族居民的飲食生活、日常食俗與年節食俗，幾乎完全與漢族一致。如春節吃餃子、守歲、拜年。立春日，割雞豚，炊麵餅，並雜以生菜、青韭芽、羊角蔥，生食水蘿蔔就餐，稱謂「咬春」。端午節時，滿人和漢族一樣，都吃粽子、飲硃砂酒，以避暑邪。過中秋節，滿人和漢族一樣，全家團聚吃月餅，家家有豐盛的晚餐。此外，滿族家庭還一定要吃羊肉火鍋、豬肉什錦火鍋、烤羊肉等傳統美食。他們在臘月初八日，也和漢族一樣吃臘八粥。只是滿族人做臘八粥的原料採用的是有東北特色的八種原料：高粱米，黍米、黏米、薏米仁、麥角米、大米、小米、江米，並且一定要用紅小豆湯來熬粥，熟後傾於小缸、盆內；一待小豆粥凝固後，於其上面再擺放各色各樣的粥果，如栗子仁、木樨仁、紅棗、核桃仁、松子仁、榛子仁、葡萄乾、青梅、青紅絲、蜜餞食品等。

滿人入關後，在國家政權特惠政策的保護下，滿族貴族常在黃河下游地區的濟南、淄博、濰坊等城市泡茶樓，邊喝茶邊聽大鼓書。吃著館內供應的各色香茶、五香瓜子、白瓜子、五香鹹栗子、糖炒栗子、鹵煮花生、燜蠶豆、冰糖葫蘆等茶食。在名泉遍布的濟南，無論趵突泉還是黑虎泉，都是滿人常聚集品茶之地。漢滿飲食文化已融為一體。

（二）中外飲食文化交流

清代前中期的黃河下游地區，已經有西洋膳食隨著貿易人員、傳教士和旅行者

而傳入。尤其在青島、煙台、濟南等城市，商賈雲集，市場繁榮，出現有兼賣麵包、餅乾、洋酒的食品店，以及洋人餐飲店鋪和西式食品工廠。一九〇三年，愛國華僑張弼士在煙台創辦了我國第一家西式葡萄酒廠——張裕葡萄釀酒公司；一九〇三年，青島啤酒廠建立；此外，在濟南、淄博等地也出現有蛋糕、麵包、餅乾和西式糖果的加工廠。同時，本地區的食品種類和傳統食品，如魯菜和山東風格的肴點：麵條、餃子、包子、春捲、合子、元宵和湯圓等也傳入世界各地，在日本東京、加拿大溫哥華的中餐館中很容易吃到地道的魯菜。

❶·與日本的交流

清代中日商貿活躍程度超過了明代。同時，日本留學生和僧人不斷將山東的飲食帶入日本和韓國；山東地區赴日本打工的人口也逐漸增多，在日本橫濱等城市的中國餐館越來越多，逐漸在日本形成了以中國飯店和商店為代表的「中國街」。

有日本學者研究認為：日本並不是將中國文明作為一個體系，一下子全部容納接受了的，而是將包括中國飲食文化在內的構成體系的各個要素引進來，並加以分解；然後嫁接移植到日本飲食文化體系當中去的。比如，山東、福建等地的中國人在日本港口開設專門為中國人服務的中國飯館，帶來了「中國料理」。它首先被日本人稱為中國料理。日本著名漢學家石毛直道教授分析道：「所謂料理，暫定義為由料理技術、料理用具、料理素材構成的體系。明治維新以前，中國起源的食品，被引進到日本人的飲食生活中。但那個時代，中國料理技術和料理用具尚沒有得到普及。所以，即使使用中國起源的食品，也由於採用了日本料理素材和調味料加以調味、用日本本土的料理技術進行加工，烹製出的食物也就不屬於中國料理，而成了日本料理。」[1]

因中國菜有多用肉類的特點，石毛直道先生認為：「撇開幾個例外，近代以前

1　石毛直道：《中國飲食文化的海外傳播》，《第七屆中國飲食文化學術研討會論文集》，東京，2001年。

的日本沒有真正的中國料理。之所以能這樣判定，是與日本社會飲食文化傳統上忌食（畜）肉有關。」日本在近代以前，中國文明對日本的發展有很大的影響，飲食也不例外。如使用筷子進食的習慣，以及茶、豆腐、麵類（麵條）等食品都是從中國引進，然後移植到日本食文化中去的。但是，所有這些，是通過順應日本文化而經過變形日本化之後，才納入日本食文化體系中的。在中國飲食中，筷子是與匙並用的食具，而在日本變形為無湯匙只用筷子的飲食方式。飲茶方面，日本本身創造出的茶道也得到了發展。即便豆腐和麵類，也都是經傳統的日本料理技術改造之後，才變成與中國不同味道的料理食品。[1]

石毛教授的上述認識是有道理的。飲食文化的國際間、民族間的交流，都可能是一種對於異源文化的同化過程。元明兩朝中原的漢族居民，面對新的王朝所帶來的新的飲食、習俗等異源文化，也經歷漫長的接受、同化過程，並進而與本民族飲食文化相互融合，構建新的共同的飲食文化。用現代科學思維方法來分析這些異源文化之間的相遇和變化，可以看出首先互相排斥，而後漸漸相容，再互相接受，最後互相融合的過程。這時，兩種文化之間，已經是你中有我，我中有你。其間，確實經過了因素分解、選擇融合、組合創新、形成新品（新習慣或新的系統）的漫長時間。

❷ · 與朝鮮半島的交流

中國的農業技術、作物品種、食品加工技術，自西周開始經多次移民而傳入朝鮮半島。清朝在壬午事變和義和團運動後，由山東移居朝鮮半島的人口劇增，同時中國山東地區的食文化也迅速隨之進入朝鮮半島。二十世紀初，朝鮮半島各大城市中，到處都有中國飯店。二十世紀前20年，僅漢城就有中國燒餅店200家。中國的水餃、蒸餅、煎餃、鍋貼、麵條、打滷麵等麵食品於清中後期傳入，深受朝鮮人民歡迎。清代傳入朝鮮的中國麵食，大多為山東人傳去的。故當時中國菜飯在朝鮮半島以山東菜飯為主。

---

1   石毛直道：《中國飲食文化的海外傳播》，《第七屆中國飲食文化學術研討會論文集》，東京，2001年。

二、主食與魯菜的形成

（一）主食

清代的黃河下游地區仍然是典型的麵食區，傳統麵食品種相當豐富，主要有麵條、餄餎、餛飩、餃子、餡餅、包子、饅頭、燒賣、煎餅、烙餅、元宵、窩頭等。在調製各類麵團的成分、技藝上多有不同，比之前代有很大進步，已基本定型。比如當時調製各種麵條用的麵團，要分別加入有各種不同的動植物原料、調味品，採用不同的澆頭，形成不同品種的麵條。[1]按加工方法分，有刀切麵、掛麵、抻麵、拉麵、刀削麵等品種；按調味方式分，有打滷麵、炸醬麵、炒麵等品種；按熟製方式分，有水煮麵條、炒麵條等種類。

清初李漁介紹過的「五香八珍麵」，僅調味品就有醋、醬、花椒末、芝麻屑、蘑菇煮汁和煮蝦汁等多種。其中花椒末和芝麻屑和入麵團內，再以醬、醋、鮮汁三物和為一，充作和麵之水，不用另加冷水，擀成的麵條滋味鮮美。五香八珍面的澆頭中，原料稱作八珍的有：雞、魚、蝦肉；鮮筍、香菇、芝麻、花椒與鮮蝦汁共八種，能使麵條的滋味鮮香，別具一格。[2]

本地區的山東抻麵可與山西抻麵相媲美，清代福山縣的「福山抻麵」就極負盛名，能抻拉出扁、圓、三棱形麵條，在北京也很有影響。[3]各地食肆常見的還有炒麵、刀削麵等，也是有名的山東麵食。

（二）魯菜的形成

黃河下游地區依山傍海，物產豐富，經濟發達，為魯菜的形成提供了很好的條件。魯菜是黃河下游地區烹飪文化的代表，有「北方代表菜」之稱。它發端於春秋

1　邱龐同：《中國麵點史》，青島出版社，1995年，第194-195頁。
2　李漁：《閒情偶寄》，人民文學出版社，2013年。
3　林永匡、王熹：《中華文明史》第十卷，河北教育出版社，1994年版，第627頁。

戰國，發展於秦漢，形成於清代。它有完整的烹飪技法，以「爆」「塌」「扒」等技法見長。清人楊度曾寫：「京師人海，酒食徵逐，視為故常，……京中民國以前，大都系山東館。間有京中土著經營之菜館，雖為京菜，也多山東風味。」[1]臺灣學者張起鈞稱：當時「北京那些大館裡的京朝菜叫山東菜的原因，就是這些大館子毫不例外地都是山東人開的，……不僅技術口味好，而且格調高超，水準卓越。其風格大方高貴而不小家子氣，堂堂正正而不走偏鋒，它是普遍的水準高，而不是以一兩樣的菜或偏頗之味來號召，這可以說是中國的典型了」[2]。魯菜具有擅長的烹飪技法及鮮明的製作特色。

❶·「爆」製菜餚

魯菜講究熱油急火，快炒速成。從而使菜餚香、鮮、脆、嫩。代表性的「爆」法魯菜如「油爆雙脆」「油爆海螺」「爆雞丁」等菜餚。

❷·「塌」製菜餚

塌，是魯菜獨有的一種烹調方法，其特點在於塌菜的主料需烹前入味或夾入餡心，經掛糊、油煎成兩面金黃時，再投入調料、清湯，以慢火塌盡湯汁而成。「鍋塌黃魚」「鍋塌魚盒」「鍋塌豆腐」等都是魯菜中的代表菜。

❸·「扒」製菜餚

烹飪中，扒菜特別講究刀工、火候與調味、芡汁特點；還分外注重菜形完美。裝盤時，要運用「大翻勺」的技藝，將由幾種原料組成的一定造型的菜餚，來個離勺騰空，完好無損地接入勺內，再裝入盤中。代表性菜餚有「白扒通天翅」「扒三白」「扒蘆筍鮑魚」等。扒菜講究刀工，有「整扒」「散扒」「紅扒」「白扒」之分。

1　楊度：《都門飲食瑣記》，《楊度集》，湖南人民出版社，2009年。
2　張起鈞：《烹調原理》，臺灣新天地書局，1978年。

❹·製湯用湯是魯菜的重要特點

魯菜的湯有「清湯」「奶湯」之分，「清湯」清澈似鏡，「奶湯」濃白似乳，都是運用不同火力、不同處理手段煮製而成。

「清湯」菜餚：「清湯」煮製時，先將主料比如烏骨雞宰殺後，放淨血，用熱水去毛，剖腹，去內臟，急火焯煮後撈出；將烏骨雞加入各種調料添湯微火煮燉一個小時，以使主料中鮮味物質慢慢溶於湯中，直至湯清澈、味鮮醇時方能使用。「清湯燕菜」是其代表。

奶湯菜餚：「奶湯」煮製時，一般選用雞、鴨、豬肘子等容易讓湯色泛白的原料為主料，先滾水燙過，再放冷水旺火煮開，去沫，放蔥薑酒，文火慢滾至湯稠呈乳白色。「奶油八寶雞」「奶油蒲菜」等就是久負盛名的奶湯佳餚。

❺·擅長烹製海鮮

魯菜師傅多以烹製海鮮珍品見長。不論是參、翅、鮑、貝，還是蝦、蟹、螺、蛤，經廚師精巧烹製都可成為筵席珍品。僅膠東盛產的一種牙鮃魚，便可作出「爆魚丁」「溜魚片」「雙色魚卷」「滑炒魚絲」「烹炸魚條」「扒魚福」等上百道菜，並且色、香、味、形各具特色，千變萬化均在一魚。至於以小海鮮烹製的菜餚也頗見功力，有「炸蠣黃」「氽西施舌」「韭菜炒蟶子」「芙蓉蛤仁」「蟹黃魚翅」「扒原殼鮑魚」「繡球干貝」等都是可以上大席的高檔菜。

❻·多用蔥蒜調味

蒜黃、蒜薹、蒜苗、蒜瓣都可用來烹製菜餚，大蒜可用以製成蒜汁、蒜片、蒜泥、蒜米來調味。大蔥在魯菜中的應用更為廣泛，不論是爆、炒、烹、炸還是燒、熘、燜、燉，幾乎無一不用蔥來調味。蔥蒜既能調味助食，又能抑菌健體，值得倡導。

❼·以一菜多作見長

魯菜中，採用一種原料可讓客人領略到不同風味的菜餚。比如用一尾整魚剖成

兩扇，分別運用「蒸扒」「炸熘」等技法，可以烹製而成「兩吃魚」。放入盤中，一盤潔白如玉，一盤橙黃似金；一味鹹鮮，一味酸甜，讓客人賞心悅目，大飽口福。

具體來說，山東各地的物產資源和飲食習俗不盡相同，菜餚地方風味特色也各有千秋：魯西風味菜餚講究鹹鮮相醇、味重色濃、精於製湯，尤以烹製肉禽見長。以濟南為代表的名菜如紅燒肘子、九轉大腸、燒乳豬、德州扒雞、奶湯蒲菜、清湯燕菜等都是魯西風味的代表菜。以青島和煙台為代表的膠東風味，特點是清淡鮮嫩，擅烹海鮮，其代表作如清蒸加吉魚、油爆海螺、蔥燒海參、兩吃魚、三吃蝦等。曲阜、濟寧為代表的魯南風味，則加工細膩、擅烹河鮮。其中孔府菜為「陽春白雪」，其代表名菜是詩禮銀杏、神仙鴨子、蒜末甲魚、花攬鱖魚等。以上地方風味，形成魯菜統一的格調，組成了完整的體系。

三、衍聖公府的飲食生活

孔府，又稱「衍聖公府」，位於孔子誕生地山東曲阜闕裡，始建於宋寶元年間（西元1038-1040年），它是孔子後裔的府第。封建統治者出於以儒家思想維護統治的需要，對孔子的後裔實行了「推恩」政策，封為「聖人」以示尊孔。孔子後裔的封號歷代幾經變化，「衍聖公」始封於北宋仁宗至和二年（西元1055年），直到中華民國二十四年（1935年）一月十八日發布「以孔子嫡系裔孫為大成至聖奉祀官」的「國府令」，共歷三十一代，首尾延續了八八一年之久。「孔府菜」是孔子嫡傳長孫世襲衍聖公府中宴享菜餚的習慣稱謂，它是乾隆時期的官府菜。「衍聖公府」的飲食歷史悠久、氣派浩大、禮儀嚴格、隆重尊貴是其典型的文化特徵。

❶ · 食事功能

衍聖公府筵宴常年不斷，大致可分為祭祀宴、延賓宴和府宴三大類，具有國家政務性質，體現了服務於封建國家的責任和義務。其祭祀活動十分頻繁，每年不下七八十次。因而「祭祀宴」在衍聖公府飲食生活中占有非常重要的地位，每逢各種

名目的祭日，「多數都是大擺席數百桌」。孔子為祭祀食禮而做議論即是「齊必變食；居必遷坐；食不厭精，膾不厭細。食饐而餲，魚餒而肉敗不食；色惡不食；惡臭不食；失飪不食；不時不食；割不正不食；不得其醬不食；肉雖多，不使勝食氣；唯酒無量，不及亂；沽酒市脯不食；不撤薑食，不多食；祭於公，不宿肉；祭肉不出三日，出三日，不食之矣。食不語，寢不言，雖蔬食菜羹瓜祭，必齊如也。」[1] 趙榮光先生將其概括為「二不厭、三適度、十不食」。其中，孔子「食不厭精，膾不厭細」的主張，是孔子就當時祭祀狀況而發表的看法。「祭者，薦其時也，薦其敬也，薦其美也，非享味也」[2]。祭祀禮儀的要義在於「敬」與「誠」，故要求祭祀之食應「潔」「美」。在不考慮「美」的等級差別的條件下，實現敬意和誠意就剩下「潔」一個標準。所以只要祭品乾淨無塵染也能實現「誠敬」的要求，不必苛求食品的豐富和奢華。「二不厭、三適度、十不食」原則是對祭祀飲食的具體要求，顯而易見的是，孔子希望通過約定祭祀之禮來實現其道德與倫理教化的願望。「夫禮之初，始諸飲食。」[3] 祭祀是孔子所在時代的「禮」之大端，是社會生活的中心所在，所謂「國之大事在祀與戎」[4]；又曰「禮之用，和為貴」[5] 則祭祀宴可總結歸納為「祭

◀圖9-3 孔府菜「一品豆腐」

1　《論語註疏·鄉黨》，阮元：《十三經注疏》，中華書局，1980年。
2　《春秋穀梁傳·成公十七年》，阮元：《十三經注疏》，中華書局，1980年。
3　《禮記·禮運》，阮元：《十三經注疏》，中華書局，1980年。
4　《春秋左氏傳·成公十三年》，阮元：《十三經注疏》，中華書局，1980年。
5　《論語註疏·學而》，阮元：《十三經注疏》，中華書局，1980年。

祀之用，和為貴」。

　　衍聖公府在長久的祭祀、延賓以及府內食生活的管理實踐中，形成了傳統的管理制度與程序，確定了等級、類別繁多和風格各異的筵式。這些複雜多樣的筵式，既是中國歷史上集大官僚、大貴族、大地主於一體的衍聖公府一家的，也是中國封建制時代顯貴豪富階層共有的，因此也代表了歷史上官場和上層社會流行筵式的一般模式與風格。由於衍聖公府的世襲罔替性，使得他的家庭生活具有超越時代的穩定性。這個歷兩千餘年不衰家族的飲食生活，在習慣、傳統、系列上得以全面發展，並逐漸形成了鮮明的私家風格。

　　衍聖公府筵宴規模宏大、名目繁多。如前文所述，依照功能屬性，可將公府筵式分為：祭祀宴、延賓宴、府宴。每一種筵席又有諸多不同類型。而每一種不同類型的席面又存在頭菜、大菜、行菜、飯菜、麵點、果品、酒、茶、糖、菸的不同搭配。如此不同功能、種類的搭配給飲食者以良好的味覺享受，同時也能滿足其視覺美感體驗。「按班輪值，廚頭承包」是衍聖公府廚作制度建設的重要方式。歷史上，衍聖公府的內廚、外廚均是「三班制」。公府內外廚役一般都是世代相承的「廚師世家」，有利於烹調技藝代代相傳。公府實行「廚頭承包」的傭工制度，保證了廚作隊伍在組織、思想、技藝上的更新，使公府烹調能夠廣泛吸收他人他處之長。

　　炊餐器具是中國飲食文化的重要組成部分，它和飲食的完美搭配可為飲食生

▲圖9-4　乾隆三十六年（西元1771年）御賜衍聖公府禮食銀質全席食器

▲圖9-5　清代衍聖公府瓷製全席餐具

活增姿添色，是飲食美感的物質與精神的絕佳體驗。衍聖公府因其與皇族的政治聯繫及其自身強大的經濟實力，收聚了眾多價值不菲的美器。如乾隆皇帝賜予的「顏和順點銅錫禮食大宴食器」，器型齊備，無論就其質地、形制、套數規制，還是工藝水平風格，都是舉世無匹的上乘之作。名窯名款的瓷器餐具更是十分普遍，金、銀、玉、瑪瑙、玻璃、銅、錫、木、竹等助食器具一應俱全，餐桌椅等飲食配套器具也是華貴奇巧，如此美器再配上衍聖公府的豐盛肴饌真可謂賞心悅目。此等尊榮筵席，給食客的視覺、心理以和美體驗，顯示了衍聖公府的大家氣派。

❷ · 政治功能

孔子以「仁」「道」為治術的「和」思想，有利於封建統治者長治久安的需要，其終極目的是「和」，因此統治階級樂意藉助這種政治功能以達治世目標。

孔氏家族是皇家的座上賓。歷史上，孔家一直與皇族保持著千絲萬縷的關係。趙宋時期是孔氏與皇族密切程度的一個分水嶺。兩宋時期內憂外患不斷，趙宋政權在無能為力的情況下始終抱著苟安圖存的僥倖心理，所以在對內政策方面希望通過經文感化國人、發掘內心，而在對外方面卻拒絕開拓求索。如此，理學家們用直接的文字向人們發出了號召：「革盡人性，復盡天理」[1]。明清時期二者相互依賴的程度得到強化。隨著封建制度走向衰落，最高統治者需加強思想統治來鞏固政權，籠絡孔氏家族無疑是最佳選擇，孔府主人因此遊走於皇族府第。明洪武十七年（西元1384年）孔訥襲封衍聖公，「命禮官以教坊樂導送至國學，學官率諸生二千餘人迎於成賢街。自後，每歲入覲，給符乘傳。帝既革丞相官，遂令班文臣首」[2]，衍聖公「列文武班首」，表明朱元璋對孔子、儒學及其「形象大使」的尊崇達到了至高境地。清軍入關以後，清統治者對衍聖公的「優渥」政策明顯超越明朝，衍聖公府勢力達到歷史頂峰，康熙、乾隆二帝曾親臨曲阜祭孔，乾隆一人就去過八次之多。

1　黎靖德編：《朱子語類》卷十三，中華書局，1986年。
2　張廷玉等：《明史·儒林三》，中華書局，1974年。

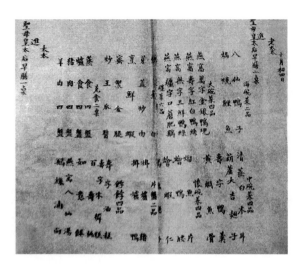

◀圖9-6　七十五代衍聖公夫人彭氏晉賀
慈禧皇太后60壽慶早膳膳單

　　衍聖公府是官場的融合劑。從某種意義上說，中國的上層社會可通過衍聖公府的姻親網絡得以管窺。與公府聯姻的基本是與之「門當戶對」的權貴之人，他們有的權傾朝野，有的富可敵國。如六十二代衍聖西元配李氏就是明代禮部尚書、太子太保、文淵閣大學士李東陽之女；六十四代衍聖西元配嚴氏就是當時首輔嚴嵩之女。「孔氏家族所以能歷久不衰、甚至歷久彌堅歷久愈旺，其實質就在於政治上相互需要、相互利用、相互依存的平等的政治交易能夠平靜和長久地進行」[1]。統治者抓住了孔家就擁有了安定天下的重要砝碼，孔家臣服於皇家就可保「富貴無頭」，此等「雙贏」之事，何樂而不為？封建國家只允許它「安分自守」「以為士民表率」，守好「不許思想的思想工具」的本分，「優渥」的本質即在於此，使孔府家族以神祕化的清高「禮賓」身分裝飾和服務於國家。

❸．食事文化的「和」價值

　　「與國咸休安富尊榮公府第，同天並老文章道德聖人家」，這幅出自《四庫全書》總纂紀昀之手的楹聯，正貼切反映了衍聖公府歷史上在經濟、政治、思想方面

1　趙榮光：《〈衍聖公府檔案〉食事研究》，山東畫報出版社，2007年。

的地位和作用。「衍聖公既有代表國家禮拜祭祀孔子的責任,又有交接宴待各級眾多拜謁孔廟及其他諸多公私事務人員的義務,因此衍聖公府成了中國歷史上一架罕見的食事機器,是中國歷史上飲食文化社會結構中『貴族飲食文化層』的典型代表」[1]。在長期發展過程中,以衍聖公府為代表的「貴族飲食文化層」與頂層的「宮廷飲食文化層」之間的輻射及影響作用從未間斷,是以衍聖公府所在的曲阜為中心的黃河下游地區與全國範圍的飲食文化交流。今天,「衍聖公府食事」作為非物質文化遺產,應在中國飲食文化發展中發揮特色。

(1)衍聖公府食事文化與黃河下游飲食文化交融互動　早在兩漢時,黃河下游地區飲食文化圈就是興「女工之業」「頗有桑麻之業」「通魚鹽之利」之地,富者「其俗彌侈」,下民「俗儉嗇」,「愛財,趨商賈」是農、工、商並作的文化發達地區。[2]這一地區民眾絕大部分倚重農業,近海地區仰賴魚鹽,城邑和近運

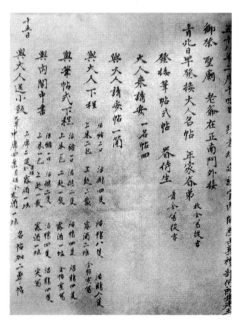

◀圖9-7　康熙五十八年(西元1719年)御祭欽差經筵講官內閣大學士兼禮部侍郎張廷玉一行在衍聖公府分別享用「上席」與「下席」的記錄

1　趙榮光:《〈衍聖公府檔案〉食事研究》,山東畫報出版社,2007年。

2　班固:《漢書・地理志》,中華書局,1962年。

河驛道之民較多經商。「普通百姓以五穀雜糧、尋常菜蔬為主副食，味喜五辛，習尚海產，俗尚簡樸之食。」[1] 日常飲食主要有煎餅、玉米餅子。此外，用小麥粉製成的饅頭、花捲、包子、餃子、麵條，以及用大米、高粱製成的飯、粥、糊等都是民眾喜愛之食。身處其中的衍聖公府飲食深受該地區飲食風格影響。雖然衍聖公府飲食生活的開放性對其食生活產生了融合作用，並在飲食風格中出現「滿席」「漢席」「北菜」「南菜」等多種面貌，但從深層次來看，衍聖公府飲食的基本特徵還是齊魯文化的。公府裡的廚師基本是山東人，這為保持菜品的地區特色提供了主觀上的重要保證。公府飲食所用的原料如糧食、蔬菜、水果等也出自山東，這是保持菜品地區特色的客觀原因。而作為「黃河下游地區飲食文化」中瑰寶的衍聖公府食事文化，也在吸收區域內優秀飲食文化的基礎上，對本地區食文化進步發展產生了不可低估的重要作用。

（2）衍聖公府食事文化與宮廷層飲食文化齊頭並進　宮廷飲食文化層與以衍聖公府為代表的貴族飲食文化層不但相互影響，並且聯手將整個社會的飲食文化水平帶進一個更高層次。上層社會飲食文化層的肴饌成就總是會在很大程度上對下層社會飲食產生開風導俗的作用，因此上層社會飲食文化的交流對社會飲食文化創造具有不可低估的重要意義。「衍聖公府與歷朝歷代皇權國家或中央政府的特殊職賓關係，決定了其具有易窺九重深宮之密的特殊身分與機緣，擁有能開天下風氣之先的基本條件與運行機制。」[2] 歷史上清王朝與衍聖公府關係的緊密和微妙程度，超過既往朝代。有清一代，皇帝、親王、皇子、太后、后妃，及其他宮室成員無數次來到曲阜。歷代衍聖公每逢朝賀之日，也都要去京城小住，其次數難以確計。如此頻繁交往給飲食文化的交流創造了有利條件，「滿漢席」的出現也就成為必然。

（3）衍聖公府食事文化與中國飲食文化和衷共濟　「衍聖公府檔案」是人類重要的非物質文化遺產，其中占重要地位的食事檔案亦是民族飲食文化領域裡的重要

1　趙榮光：《中國飲食文化史》，上海人民出版社，2006年。
2　趙榮光：《〈衍聖公府檔案〉食事研究》，山東畫報出版社，2007年。

遺產。它在一定意義上代表了中國幾千年飲食文化的重要成果，是勤勞的中國人民通過自己的點滴體驗總結的飲食感悟。故衍聖公府飲食文化也是人類飲食生活的重要經歷，是人類飲食文明的寶貴積累，是人類飲食文化的永久記憶。「衍聖公府食事」必定會和中國飲食文化一起，為中國和世界的飲食文明作出不可忽視的貢獻。

四、節令禮儀飲食習俗

❶·節令食俗

清代黃河下游地區的年節時令食俗，是我國黃河流域上千年歷史文化淀積而成的，內容非常之豐富。限於篇幅，本書只能介紹概要線索，以作為認識本地區年節時令的食俗索引。

（1）元旦（正月初一）　清代山東在元旦日前夜的食俗為祭祖上香、敬獻美食給長輩。在子時到達時刻燃放鞭炮，然後闔家團坐分食水餃，其間先由晚輩向長輩跪拜賀年。年夜餃子花色繁多，有的暗放銀幣，以卜個人利運，也是官俗人家之常見食俗。[1]

1　王謙益：《樂陵縣志》，刻本，1762年。

（2）春節家宴　全家喝春酒、吃春宴（稱為咬春）或儲神水等等。《招遠縣志》有記載：「立春……各官生戴花飲酒，謂之吃春宴。」春節官俗人家都要擺春盤，這個習俗仍盛。即將雞、豬肉（冷盤）和生菜、青韭、羊角蔥、麵醬碟等盛放盤中，由家人自己卷春餅吃，也稱「咬春」。

（3）上元節（即正月十五的元宵節）　過節時以全家聚會吃元宵為主。康熙時山東：「上元節……，又作麵盞十二，照月序蒸之，以卜水旱」，表達了百姓對新年風調雨順的願望。這些面盞燈在正月十五之後，照例是分而食之。[1]

（4）填倉節和青龍節（二月初二）　在清代，這天是祈求糧食豐收的節日。

二月初二日也稱填倉節，魯西多流行以下儀式：是日清早，人們用草木灰把穀場四圍撒圈。謂之「糧倉」，當中少放一點糧食，象徵填倉。還有些地方是日在糧囤前供奉饅頭、包子和麵魚，象徵著「保（包）險（餡），連年有餘（魚）」以祈吉福避凶險。而是日，糧食商販祭祀此節日是為祭倉神、求發財。城鄉百姓則為祈求上天保佑，家中米糧不缺。本地區許多地方還以煎餅裹雜菜，用以祭神或置倉中，稱為填倉。並於此日食糕，取「步步登高之意」。膠東一帶此日蒸窩頭，上插香敬神。[2]

二月初二日還被稱為「龍抬頭」日、「青龍節」日，明清時期在山東盛行。這一天，各地有煎餅熏蟲、炒蠍豆報捷等風俗活動，主要是期望以此活動來驅鼠和避免蟲災危害，同時表達祈盼豐收的願望。這天各地都有一些忌諱講究：如禁止婦女使用剪刀，怕「戳了龍眼」。魯南在這一天忌推磨，怕壓了龍頭；大多數地方，這天還要把已出嫁的女兒接回娘家住幾天，母女說說知心話。山東各地一般將青龍節這天作為春節系列節日的終止，此後停止娛樂活動，開始進入正常生產軌道。[3]

1　萬邦維、衛元爵：《萊陽縣志》，刻本，1678年。
2　包世臣：《安吳四種・閘河日記》，車吉心、梁自絜、任孚先主編：《齊魯文化大辭典》，山東教育出版社，1989年，第797頁。
3　包世臣：《安吳四種・閘河日記》，車吉心、梁自絜、任孚先主編：《齊魯文化大辭典》，山東教育出版社，1989年，第797頁。

（5）清明節　清明早晨，家長要帶子孫去祖墳添土；至午間，家中男子再次去祖墳祭祀，供祭各種祭祀食品，上香，焚化紙錢。

（6）寒食節　清代的寒食節要禁煙火（不能點火做飯）三日，寒食節，實際上處在春分與穀雨之間，與清明是不同的祀日。人們往往誤把它們混同為同一個節日，有人也在這一天進行祭祖活動。[1]

（7）穀雨節　乾隆十年（西元1745年）昌邑記載：「穀雨日，書符茶蠍」；萊陽有同類活動。咒語曰：「今稱穀雨大將軍，茶三盞，酒三巡，送蠍千里化為塵。」沿海漁民有殺豬祭海之俗。[2]

（8）端午節（五月初五）　黃河下游地區節日食俗仍與前代相同，但食粽子各地有自己的特色，其餘飲雄黃酒、懸艾蒿等習俗依舊。[3]

（9）雨節　農曆五月十三日為雨節，山東民間傳說這一天是「關老爺」磨刀的日子。如果這一天不下雨，有些地方就要舉行祈雨儀式。清朝時鄆城、鄄城一帶求雨最為隆重，上自知縣，下至一般百姓都要參加祈雨活動，以求神佛顯靈，讓甘霖降灑人間，使農業得到好收成。[4]

（10）曬衣節　每年農曆六月六日為曬衣節，明清時很流行。這一天人們除了把家藏的衣服、書籍拿出來曬以外，臨朐、滕州一帶這天還要祭山神，讓山神管住豹狼，使百姓免受野獸危害；濱州農民在這天要把紙錢掛於地頭莊稼上，稱「掛地頭」，以求豐收。魯西南一帶66歲老人要在這天過生日慶祝高壽。六月初六為「天貺節」，淄川有記載：「六月初六……作炒麵、蓄水、做麴。」日照縣一帶「此日喜採馬齒莧吃」。[5]

1　包世臣：《安吳四種・閘河日記》，車吉心、梁自絜、任孚先主編：《齊魯文化大辭典》，山東教育出版社，1989年，第797頁。

2　乾隆《昌邑縣志》，1735年。

3　包世臣：《安吳四種・閘河日記》，車吉心、梁自絜、任孚先主編：《齊魯文化大辭典》，山東教育出版社，1989年，第797頁。

4　包世臣：《安吳四種・閘河日記》，車吉心、梁自絜、任孚先主編：《齊魯文化大辭典》，山東教育出版社，1989年，第797頁。

5　淄川區地方史志編纂委員會編：《淄川縣志》，中華書局，2007年。

（11）乞巧節　七月七日，又稱七夕節。同治年山東即墨有記載：「七月初七日，七夕，婦女懸牛郎織女圖，陳瓜果牲饌，祀以乞巧。」招遠、榮成、武定一帶有「生巧芽」之俗：「七月初七日，女子以穀種浸水，曰生巧芽。」七夕婦女設盤案，列豆麥諸芽供於牛郎織女像前以乞巧。榮成一地還有喝「巧芽湯」、吃「巧芽包子」之俗。明清時期山東在七夕節要舉行各種活動，特別是婦女更重視七夕節。康熙年間，濟南府有「七月七日為七夕，婦女陳瓜果於庭中，結綵樓，穿針乞巧，有喜事網於瓜上為得巧，……牧童采野花插牛角，謂之賀牛生日」。這天婦女施展針線、刺繡等才能。

（12）入伏　乾隆二十六年（西元1761年）《嶧縣志》記載：「初伏食長麵，三伏作豆豉、麵醬。」《武定府志》記，鄉俗為：「初伏食麵及豆湯，棋餅，三伏造豆豉、麵醬、飲大麥茶，食炒麵避暑氣。」樂安有伏日造醋之俗；蓬萊長島漁村此日多吃打滷麵。臨沂部分地方給牛熬麥仁湯飲。

（13）中元節　農曆七月十五日為中元節，又稱「鬼節」，佛教稱為「盂蘭盆節」。乾隆《昌邑縣志》記有祭祀祖宗的放河燈習俗：「中元存心祭祖，寺僧募緣，施食，放河燈。」主要是各家各戶祭祀祖先。山東較為流行的作法是，在這天午後，帶著祭品上墳祭祖。除祭祖外，鄒平人還要祭禮后稷，淄川一帶要祭五穀神，一些地方要舉行盂蘭盆會和放河燈。運河兩岸放河燈十分隆重，中元之夜，人們把燈具和紙船放入河內，河上燈火通明，燈具順流水而下，猶如無數繁星移動，甚為壯觀，沿河百姓紛紛提燈觀覽。

（14）無醫節　農曆八月一日為無醫節，起源於宋代，明清時期山東也很盛行。康熙《濟南府志》記有民俗：八月初一日，取百草露和墨，用箸頭點肌膚，謂之天灸，可以消除百病，回家用禾米蒸飯含之，名為「來豐糕糜」。

（15）中秋節　亦稱仲秋節，團圓節，為農曆八月十五日。乾隆二十五年（西元1760年）《嶧縣志》：八月望日仲秋節，設瓜果月餅祭月，婚姻家饋送瓜餅為應節時物，會親朋月下歡聚宴賞。乾隆三十年（西元1765年）《濟陽縣志》：「仲秋設列月餅瓜果對月飲酒，謂之圓月。」咸豐九年（西元1859年）《金鄉縣志》：仲秋日晚

間聚飲玩月，俗呼「圓月」。本地區主要食俗是：闔家團聚，食用各色月餅和時令水果。清代山東的月餅品種多達幾十種。在各地農村，有用發酵麵團加棗子蒸餅或烤餅稱為月餅的。

（16）立秋　農業二十四節氣之一，康熙《萊陽縣志》，萊陽、招遠、即墨各縣，是日家家吃麵條，並有「立秋，戴楸葉」的習俗；諸城在立秋日，農家有做小豆腐吃的食俗。

（17）重陽節　九月初九稱「重九」，又稱「女節」。乾隆《平原縣志》記載：「重陽以花糕相饋，亦迎女節。」乾隆《嶧縣志》記載：「九月九日重陽節，登高遊玩，賞菊，飲茱萸酒，做麵糕、五雜錯，謂之重陽糕。」鄆城有吃大個焦餅以祭財神之習，昌邑一帶有喝蘿川酒之習。

（18）冬至日　也稱長至日，康熙十七年（西元1688年）《萊陽縣志》：「冬至日，士民宴午為樂，至夜祭先祖，……」章丘、鄒縣有「蒸冬」之習，膠南一帶，有吃地瓜麵大餃子之習，各地也有此日吃水餃之俗，俗稱「冬至餃子夏至麵」。

（19）臘八節　十二月八日為臘八節，起於北宋。是日喝「臘八」粥，又稱「臘八飯」。山東各地均在這一天吃用多種糧食和果品做成的臘八粥。乾隆七年《昌邑縣志》記載：「以米、豆、棗、李作粥。曰臘八粥」。萊陽、即墨等地用麥、米、花生米、綠豆等八種料煮成粥。傳說佛祖釋迦牟尼這天喝了粥出家，喝了佛祖喝的粥，象徵吉祥。

（20）過小年　明清時期，山東多有過小年的習慣，一般在臘月二十三或二十四。明代有「軍三民四」或「官三民四」之分，清代多在二十三日。過小年這天，山東各地都舉行祀灶活動，要將灶神畫像貼在鍋灶上。祀灶多用甜的食品或果品，如糖、棗、甜糕等，也有的地區供水餃、麵條。祭祀後，還要舉行歡送儀式，全家在灶王像前跪拜，燒紙人紙馬，為灶王爺送行。小年這天，祭灶後，各地居民開始置辦年貨，男人殺牛宰羊，置辦菜餚，婦女則蒸饅頭、包子、年糕並炸丸子，

以備春節食用。[1]

（21）忙年的食俗　光緒十八年（西元1892年）《鄒縣志》：田家「蒸起膠餅，作黍糕……取雪製醋，刉牛包，擊腸菹魚，臘八日忙年」。各地忙年的日期不一樣，單縣吃過「臘八」粥後就忙年；魯西南臘月二十午後始蒸饃、炸貨、籌祭品。

（22）廟會　廟會是明清時期盛行的一種民間貿易活動，也稱為「趕廟會、逛廟會、趕山」等，一般設在廟宇附近。廟會期間，四鄉居民紛紛前往，形成了集祭神、遊樂、貿易為一體的民間活動。在祭神以後開始貿易活動。廟會上的貿易內容大體有以下種類：

其一，山貨類。即由附近客商或百姓攜帶的各種土產品，這些商品比平日集市上要多出許多倍，花樣翻新、品種各異。

其二，擺攤推銷的飲食與玩具類。推銷者多為臨時而來的外地小商販，他們臨時搭起席棚吆喝叫賣。這些廟會飲食多具地方特色和季節特色，常見的有糖葫蘆、豆腐腦、糖塊、糖稀、涼粉、切糕等。海邊廟會則多賣海產品小吃，如海蠣子、對蝦等。[2]

（23）集市　山東各地集市在清代發展很快，每縣均有若干集市。山東人到集上做買賣稱為「趕集」「上集」，到集上閒逛稱之為「逛集」。各地集市日期均約定俗成，一般每五天一集，有逢一、六的，或逢二、七，或逢三、八，或逢四、九；還有大、小集之分，大集全天，小集半天。在交通要道上的大集市，一集往往有幾萬人之多。每個集上分為若干市與行，各市與行都有固定區域，一般有糧食市、菜蔬瓜果市、騾馬市及雜貨市等。[3]

1　包世臣：《安吳四種‧閘河日記》，車吉心、梁自絜、任孚先主編：《齊魯文化大辭典》，山東教育出版社，1989年，第797頁。
2　車吉心、梁自絜、伍孚先主編：《齊魯文化大辭典》，山東教育出版社，1989年，第796-802頁。
3　車吉心、梁自絜、任孚先主編：《齊魯文化大辭典》，山東教育出版社，1989年，第796-802頁。

❷ · 人生禮儀食俗

（1）婚姻食俗　婚姻食俗中包括很多內容，主要有：

奠雁禮：亦稱「下催妝禮」，清代《蓬萊縣志》有如下婚嫁習俗記載：將娶前一日，男家做古奠雁禮，用雞二，雌雄各一隻，又取席面肉果各一盤送女家，謂之「催妝」。其一催促女家快備嫁妝，免誤佳期。德州地區還寫「催妝貼」，備上四色禮（饅頭二十四隻、肉二斤、掛麵二封、大米二斤）由媒人持送女家。

撒帳禮：是黃河下游地區的結婚禮儀，當新人交拜天地送入洞房之後，雙雙坐在床沿；人們即將金錢彩果、棗、栗子、花生等向新人拋撒。清代《巨野縣志》有如下婚俗「撒帳」禮儀記載：「同拜天地訖，遂入新房，行合卺禮。男家以果品拋床上」，邊撒邊吟「撒帳歌」：「撒把栗子，扔地棗，來年生對大胖小」。並有將紅高粱、棗、栗子及「長命錢」用筷子填進新人枕頭、被角裡的做法，取吉祥之意。

拋豆穀：也是清代黃河下游地區的婚俗，新娘下轎後，由人們向她拋撒麩子、豆秸、高粱等物，意為驅散新人一路帶來的邪煞。[1]

送食飯：清代《鄒縣縣志》中有婚俗為：「三日拜公姑，⋯⋯母家饋食三日。」清代《樂陵縣縣志》載有婚嫁食俗為：「迎歸，男女交宴，女家帶水餃、麥麵，謂之送小飯。二日拜家廟及翁姑與夫家之尊長，女家送酒饌進舅姑饗之，謂之送大飯。」其他縣志亦有記載。

住對月：指女兒出嫁滿一月，回娘家看望父母。清代《蓬萊縣志》記載，女兒出嫁婚俗：「至九日，婦歸省，婦家設宴禮婿，謂之『搬九』。滿月婦又歸母家，謂之住對月，又設宴禮婿，俱有常儀。」

（2）誕育食俗　從嬰兒生下到週歲，要有幾次禮俗活動：

做滿月：這是嬰兒滿30天的慶祝活動（有的地方是女兒29天，男兒30天為滿月），中上等人家請酒席，親友攜食禮來賀。滿月之後，姥姥家接母子回家住一日或數日，有給嬰兒抱雞的習俗（取吉祥之意），女嬰抱公雞，男嬰抱母雞。[2]

1　車吉心、梁自絜、任孚先主編：《齊魯文化大辭典》，山東教育出版社，1989年，第796-802頁。
2　車吉心、梁自絜、任孚先主編：《齊魯文化大辭典》，山東教育出版社，1989年，第796-802頁。

過百歲：嬰兒出生一百天時要辦慶宴。清代《萊陽縣志》有記載：「小兒出生至百日，蒸棗饅頭百個，謂之過百歲。」清代《臨朐縣志》記習俗：嬰兒百日，「全家吃麵條」。臨沂盛行此日包餃子九十九隻；萊西縣食俗為此日送「百日禮」，要有一對細麵做的小老虎；有的地方做百歲糕插棗，送男一百塊，送女九十九塊。

抓周：亦稱「試兒」「試周」「晬歲」。清代《壽光縣志》記俗為：「生子晬歲，設矮几，置萬物，令嬰兒任意取之曰抓周。」《萊陽縣志》中同樣有類似記載：「……設各種物品，令其抓取……」膠東地區的「抓周」之物中，麵塑壽桃必不可缺，嬰兒往往首先抓取，「家長喜稱長命百歲」。

❸ · 日常食俗

鄉飲：是清代以來流行於本地鄉里的食俗之一。清光緒年《鄆城縣志》有記鄉飲習俗：「每歲於正月十五日、十月初一日舉行鄉飲酒禮。鄉飲酒禮及敬老尊賢之古制。」清宣統二年（西元1910年）《聊城縣志》記習俗為：「鄉飲酒禮，以孟春望日、孟春朔日舉行於學官，年六十以上有德者一人為賓，次一人為介，又次以賓；教官一人為司正，揚觶而語恭維……禮成而出。」可見，雖各地鄉飲時間有別，而敬老、尊賢、聯絡、增進感情，乃是主要目的。

上樑食俗：民間新房上樑擇吉日吉時舉行上樑儀式，山東各地食俗不一：一般在四壁建起、房架子尚未樹起時，選擇正午時分上樑；而山東省在海中的長島縣，則選在大海漲潮時分舉行，上樑時同時燃放鞭炮，由拉梁匠人唱戲歌，灑酒，同時由房上人向圍觀人「撒餑餑」（饅頭等），上樑後立即開午宴，請賀客與親友、匠人。[1]

食忌：黃河下游地區的飲食忌避習俗內容多有取吉避害之意，比如，醋為調味品，因避「醋意」而稱醋為「忌諱」；在沿海地區吃魚時，當吃光魚的一面需要把盤中的魚翻過來吃另一面時，不能說翻（忌翻船），而必須說「正過來」。

1　車吉心、梁自絜、任孚先主編：《齊魯文化大辭典》，山東教育出版社，1989年，第796-802頁。

食禮：有雞頭、元魚蓋敬獻老者之俗。[1]

❹・度荒食料

至清代，救荒飲食成為黃河下游地區特殊的飲食習俗。在清康熙年間（西元1662-1723年）蒲松齡所著《農桑經》的殘稿中，收集有當時流行的一些備荒、救荒食法，從中可以看出清初大災之年，人民尋求解救饑荒所採用的一些手段。

食草救飢：黑豆一升，去皮，貫仲、甘草各一兩，茯苓、吳術、砂仁各半兩，剉碎，以水五升同豆火慢熬，至水盡，去藥取豆，如泥丸，芡實大，瓷器盛之，密封，每嚼一丸，任食草木，甘如飯等。

行路不飢丸：芝麻一升，紅棗一升，糯米一升，共末，蜜丸彈大，每水下一丸，一日不飢。

以上兩方，只能在短時間內解決一時之飢，也不可能持久耐飢。若遇災荒之年，這些配方的原料也難以覓得了。

茯苓方：白茯苓十兩，乾菊花、松、柏各十兩，白芷十兩，共末，蜜丸如豆大；每十丸冷水下，百日不飢；連服三次，永不飢餓。

該食方所謂可「永不飢餓」，是完全不可能的。但是，該時期收集整理的救荒食料頗具價值。列舉如下：

（1）植物性食料　可按季節分為多種。

春季野菜：有香椿芽、薺菜、蕨菜、天香菜、蒿菜、刺兒菜、刺花、灰灰菜、地白菜、菫菜、蒲公英、隨軍菜、沙田菜、山刺菜、勞翁菜、筆管菜、香蒲菜、荇菜、假莧菜、水芹菜、野薄荷、榆樹錢、榆樹皮。[2]

夏季野菜：野刺菜、馬牙莧、車輪菜、水楊梅、仙鶴草、牛舍菜、酸湯菜、夏枯草、敗醬、地瓜兒苗、山豇豆、蕁麻、麵根藤、旋花、費菜、景天三七、豬毛菜、扁豬牙、蓴菜、牛皮菜、刺梨、木莓、草木樨、野蔥、睡菜、睡蓮、茴芹、水蓼、海蒿

1　車吉心、梁自絜、任孚先主編：《齊魯文化大辭典》，山東教育出版社，1989年，第796-802頁。
2　劉正才：《四季野菜》，四川科學技術出版社，2003年，第12-24頁。

子、羊棲菜、鹿角菜、龍鬚菜、槐、雙孢蘑菇、松蘑、香菇等。[1]

秋季野菜：有長壽菜、野菊、歪頭菜、山野豌豆、地瓜藤、仙人掌、野百合、刺莧菜、野莧菜、苦豆子、兔兒傘、珍珠菜、烏蘞莓、山薄荷、檸雞兒、鴉蔥、苜蓿、沙蓬、馬鞭梢、蕨麻、蘿藦、雞屎藤、金針菜、酸猴兒、梧桐子、柿葉、桂花。[2]

冬季野菜：香爐草、竹節菜、天蕎麥、冬寒菜、觀音莧、旱芹、鴨兒芹、西洋菜、鯰魚須、山蒜、山韭、忍冬藤、山萵苣、四季菜、酢漿草、冬筍、蕃薯葉、山蘿蔔、松針、臘梅花等。[3]

（2）動物性食料　有魚、蝦、蟹、鳥及鳥蛋、野雞、野鴨、桑蠶蛹、林蠶蛹、蝗蟲、蝗蟲卵、螞蟻、蚯蚓、蠍、蟬及其幼蟲。

（3）其他度荒食品　有海白菜、裙帶菜、海帶、角叉菜、作物秸稈、樹皮、草根、觀音土等。[4]

1　劉正才：《四季野菜》，四川科學技術出版社，2003年，第12-24頁。
2　劉正才：《四季野菜》，四川科學技術出版社，2003年，第12-24頁。
3　劉正才：《四季野菜》，四川科學技術出版社，2003年，第12-24頁。
4　劉正才：《四季野菜》，四川科學技術出版社，2003年，第12-24頁。

第十章　中華民國時期

一九一二年，中華民國臨時政府在南京成立，結束了中國兩千多年的封建君主專制制度。民國時期，各路軍閥相互混戰，社會環境複雜動盪，黃河下游地區處於南北交會之地，深受其害，經濟發展處於停滯狀態。但也曾努力引進歐美先進的農業技術，積極地推動本地區的農業發展，並取得一定成效，對該地區的飲食文化起到一定的恢復和促進作用。然而，隨著抗日戰爭以及之後解放戰爭的爆發，加之黃河氾濫，民生民食無法保障。因此總體來講，這一時期黃河下游地區的飲食文化處於停滯狀態。

第一節　民國前期的民食狀況

一、良種和新技術加速農業發展

❶·良種推廣效果顯著

黃河下游地區從民國成立至抗日戰爭爆發的25年中，政府通過興辦試驗農場、農桑學校和其他農業推廣機構，開展農業試驗、推廣良種和新技術；並根據當地的土壤情況、農業環境以及飲食習慣來制定農業政策，農業生產發展成效顯著。如一九一四年民國政府在山東設立了種子交換所之後，到一九一九年可供農戶換購的良種有140多種，包括棉花、菸草、小麥、穀子等作物的良種，並不斷引進、推廣。[1]到了一九三三年，青島農林事務所推廣分發優良麥種7000餘斤，提高了當地的小麥產量。[2]特別是齊魯大學推廣從美國引進的稍晚熟、抗病力強、不倒伏、產量高、品質佳的小麥良種，[3]經在歷城、龍山、周村推廣後，獲得顯著增產，深受農民歡迎。[4]

1　《山東農事試驗場民國八年成績報告書》，1920年，第68-70頁。
2　劉柏慶：《青島市農業推廣的現在和將來》，《中華農學會報》第121期，1934年2月。
3　《山東農事試驗場民國八年成績報告書》，1920年，第68-70頁。
4　劉柏慶：《青島市農業推廣的現在和將來》，《中華農學會報》第121期，1934年2月。

小麥的廣泛種植以及產量的提高，對於以麵食為主的黃河下游地區的飲食文化發展有著重要的影響。二十世紀三〇年代黃河下游地區的糧食種植面積以小麥為最多，僅山東省就有約500萬畝，平均畝產120市斤，總產量居我國各省首位；其次為大豆，種植面積260萬畝，平均畝產約1.33市擔；再次為高粱，面積約190萬畝，平均畝產1.79市擔，總產量僅次於河南，居全國前列。

❷·農業新技術的使用

二十世紀二、三〇年代，經示範推廣，施用化肥效果為農民所認識並接受，施用化肥從菸草擴展到棉花與小麥種植中。據統計，一九二五年青島硫酸銨進口945擔，到一九三一年各個口岸進口化學肥料增至141030擔。[1]在一九二一年前後，經山東農事試驗場和青島李村農場試驗，推廣溫湯浸種、硫酸銅浸種等新技術，防除穀子黑穗病和白髮病，使糧食損失減少5%～50%。[2]到一九三六年年末，山東省農業總產值、農作物總產量都達到了有史以來的最高水平。[3]黃河下游地區是我國優質冬麥主產區之一，由於小麥產量的充裕，促進了民國前期麵粉業的發達。據一九二四年年底調查，僅濟南就有新式麵粉廠10家，資本額共計590餘萬元。濟寧、青島也設立了新式麵粉廠。

❸·食品工業發展較快

抗戰前，山東省的食品工業有榨油業、麵粉業、釀酒飲料業、製菸業、製蛋業等。當時山東的豆油、花生油、棉油、麻油等加工業，在全國占有重要地位。民國以來，青島和濰縣（今濰坊）等地曾創辦新式榨油廠。青島花生油輸出量占全國輸出總額的一半左右。一九二七年至一九三一年之間，山東華商油廠共有1826家。油廠年產總值約為14873810元。花生油產量居全國第一位，豆油產量居第二位。

抗戰前，山東已經能生產葡萄酒、白蘭地、啤酒、白酒、汽水等。食品工業發

1　青島市檔案館：《帝國主義與膠海關》，檔案出版社，1986年，第206頁。

2　《山東鄉村建設研究農業改進實施報告》，謄寫本，1932年。

3　國民黨經濟計劃委員會編：《十年來中國之經濟建設》，1937年，第2-3頁。

展較快，煙台張裕釀酒公司已成為採用新法釀造的大規模近代工廠。民國前期其他食品手工業如醬園業、製蛋業等食品廠有260家，資本約61萬餘元，年產值約170多萬元；製蛋業以青島為多，[1]發展興旺。

二、漁業與鹽業發展艱難

一九一五年，日本人在青島設立「山東水產株式會社」「政昌公司漁業部」等機構，以機動船進行手操網和延繩釣魚作業，劫掠我黃海漁場的魚類資源。到一九一七年後，日本人在青島有機動漁船64艘，從業者700多人，年捕魚量達3.5萬斤。中國實業界受日本機動漁船在我沿海侵漁的刺激，一九二一年由國外購買機動單缸30馬力漁船2艘，開始手操網捕魚。當時為抵制日本侵漁行徑、促進山東省漁業發展，倡導水產科技教育，一九一七年，山東省當局在煙台設立《山東省立水產試驗場》。一九二二年，膠州灣歸還中國，青島漁業界組織「膠澳魚市場」。一九二三年，尉鴻模等在煙台創辦「山東省水產講習所」。有關各方面力圖與日本人的侵漁行為抗衡。一九二六年，金順昌、文昌盛等威海漁商，購買了日本造木殼30馬力柴油機舊漁船開始遠洋捕撈。一九二九年十一月，國民政府制定頒布了《漁業法》。一九三一年二月，山東省政府令沿海各縣督促漁民從速組織漁會，共圖漁業進步。從二十世紀三〇年代起，山東漁業已有較大發展：據一九三四年統計，山東沿海漁民有26662戶，共有機動漁船109艘，每艘裝機動力多在50馬力左右。年捕魚總量達到170萬擔左右。[2]

20世紀30年代中期，青島、煙台每年有春秋兩汛，山東和遼寧沿海漁船多集中於此。威海亦為山東沿海漁獲的重要集散地域。漁獲行銷於山東省內，主要經膠濟鐵路運輸。據該路運輸年報所載，由青島運銷省內各地的鹹魚、乾魚，一九二九年為3466噸，一九三〇年為5239噸，一九三一年達10683噸。經青島、

1　安作璋：《山東通史・現代卷》下冊，山東人民出版社，1994年，第536-538頁。
2　安作璋：《山東通史・現代卷》下冊，山東人民出版社，1994年，第567-581頁。

威海、煙台、龍口四港行銷外埠。據以上四處海關報告，一九二八年至一九三二年，每年出口外埠的水產已達十萬擔左右。[1]一九三六年，山東全省海洋漁業的產魚量為二百多萬擔。[2]

一九二八年後，山東省政府繼續大幅度提高鹽稅。一九三二年和一九三三年，省政府兩次提高鹽稅率。一九三四年省政府更換大秤，形成衡制改變而稅率卻不變，無形中使鹽稅提高四分之一。使鹽業工人減少收入，吃不上飯。一九三二年三月，省政府按中央鹽稅額的十分之四徵收地方附加費，從而增加財政收入二百萬元。為此在韓復榘主魯末期，食鹽竟比麵粉貴一倍，貧苦鹽民飲食生活陷入水深火熱。一九三四年五月，牟平縣曾爆發千餘人反提高鹽稅的鬥爭。[3]

第二節　抗戰時期的民食分析

一、飲食資源備受掠奪

一九三七年日寇發動全面侵華戰爭後，黃河下游地區大部分淪陷。日寇將農村作為掠奪的重點，不僅任意侵占土地，亂抓壯丁，且以「徵發」和「收購」手段大肆掠奪農產品。所謂「徵發」，即以偽政權向淪陷區人民任意徵用軍糧補給。所謂「收購」，是通過極低的「交易價」收購棉花、糧食、皮革等物資。日寇多以武力強占糧食。郯城、沂河兩岸，長期受日偽殘酷壓榨，每年麥收季節，偽軍憲警和「維持會」就來要糧要款。一九四四年夏季，每村被迫交小麥四五〇〇斤，僅四十個村莊就交納小麥一八二萬斤。一九三九年，偽「華北棉花改進會」「新民合作社」，在黃河下游地區設立棉花「收購站」等，對本地區的棉花

1　安作璋：《山東通史・現代卷》下冊，山東人民出版社，1994年，第567-581頁。
2　安作璋：《山東通史・現代卷》下冊，山東人民出版社，1994年，第567-581頁。
3　《山東革命歷史檔案資料選編》第22輯，山東人民出版社，1983年，第413-414頁。

低價強購、大肆掠奪，運往日本。[1]

以山東青島一九三九、一九四○兩年的統計數為例，這一時期，日本在黃河下游地區強行徵購的各類飲食資源有：一九三九年：麥糠13130噸，花生15685噸，花生餅4566噸，花生油629噸，牛肉5527噸，棉花4032噸，草製品3095噸，桐木4783噸，煙製品435噸，蔬菜及水果2620噸，棉布861噸，穀類1630噸，雞蛋360噸。一九四○年：麥麩610噸，花生21247噸，花生餅5050噸，花生油3974噸，牛肉834噸，棉花2174噸，草製品2264噸，桐木5678噸，煙製品559噸，蔬菜及水果3375噸，穀類630噸，雞蛋328噸。[2]殘酷的掠奪加深了山東農村的經濟危機：耕地減收，土地荒蕪，產量下降，勞動力流失，糧食奇缺，物價上漲，對本地區民生造成的災難罄竹難書。可想而知，當時民食是何等艱難。

二、漁業、鹽業的衰落

❶·侵略者對本地漁業的剝奪

日本占領黃河下游沿海地區後，日商在青島、煙台、威海等地分別設立「水產協會」「山東漁業株式會社」等機構，霸占山東沿海漁場。並以青島作為基地，集中大批的曳網漁輪，在黃海、渤海毫無顧忌地拚命劫掠中國水產資源。僅一九四二年日本人「在青島一地即捕撈4387萬餘斤水產品，價值1500餘萬元」[3]。使山東漁場當年的真鯛資源幾乎枯竭。山東民營漁船2/3以上不能出海作業。日本侵略者肆無忌憚地大肆侵漁，同時還窮凶極惡地竭力破壞山東漁民的船隻和捕撈工具。到一九四二年，山東沿海木帆漁船隻有15177只，比一九三六年減少163只。及至一九四五年，日本人在即將戰敗之際，搶走山東沿海的大量漁輪，給山東海洋漁業以毀滅性打擊。日本人占領期間，強迫收購當地漁民的漁獲，並收取高額稅費。使

1　章有義：《中國近代農業史資料》第3輯，三聯書店，1957年，第713頁。

2　章有義：《中國近代農業史資料》第3輯，三聯書店，1957年，第713頁。

3　張震東、楊金森等：《中國海洋漁業簡史》，海洋出版社，1983年。

沿海漁民收入極低，經常以吃海菜、草根、樹皮、穀糠度日，許多漁民家庭傾家蕩產，逃往關東。[1]

❷．侵略者猖狂掠奪本地區的鹽業資源

日本入侵山東後，山東鹽務機構已為日軍所掌握，廣大鹽場也被日軍占據。侵略者為掠奪中國鹽務資源，即強製鹽民生產，低價收購食鹽；並以抵押貸款、抵押借糧、配給糧食等手段，殘酷掠奪鹽民。將山東所產食鹽運銷日本、朝鮮的鹽稅降至每擔僅0.03元，而將運銷到山東內地的鹽稅增至每擔6.70元，殘酷地剝削山東百姓。一九四二年一月一日，日偽開始實行「新稅率」，又將內銷山東的鹽稅提高50%以上。一九三八至一九四五年，日寇僅經由青島從山東掠走的原鹽，就達到3873萬擔。[2]

然而，在黃河下游的非淪陷區，鹽業生產得到了恢復，至一九四四年，民眾已擁有鹽田六萬餘畝。抗日民主政府對鹽業採取扶植發展和公私兩利的方針，建立了新的食鹽運銷機構，使民眾可自由參加食鹽運銷，保持食鹽出場價格、出口價格的相對穩定，維護了鹽民和鹽商的合理利潤。從而保障了抗日根據地對各地的鹽業供應。鹽業發展，保證了抗日軍民的生活需要、增加了民主政府的財政收入，有力地支援了抗日戰爭。

第三節　民國時期的民食特點

一、苛捐雜稅多如牛毛

國民黨統治區域，田賦附加稅達到駭人聽聞的程度。以黃河下游主要地區山東

1　張震東、楊金森等：《中國海洋漁業簡史》，海洋出版社，**1983**年。

2　張震東、楊金森等：《中國海洋漁業簡史》，海洋出版社，**1983**年。

省為例，有「國稅」「省稅」「縣附稅」「特種稅」等12種之多，以及「地方或縣附稅」，計有：「教育田捐」「普教田捐」「農業改良捐」「公安局經費」「地方不敷費」等27種。附加稅已經超過正稅的7倍以上，其中冠云縣超過20倍以上。[1]曾有「人民不堪其苦，願受死刑以求免徵」，鬧出「以命完糧」的故事。[2]

二、戰亂、土匪危害民生

國民黨政府積極準備內戰，於苛捐雜稅外，還大肆徵兵、拉夫，在山東到處造成「閭裡為墟，居民流散」的悲慘情形。抗戰勝利後，當時山東駐軍號稱25萬人，除餉糈（xǔ）多年出自農民外，還到處拉夫，擾民程度已達「於民無法維持生活」的程度，大批飢民拋棄家宅，逃赴東北三省求生。[3]

流民們控訴山東當時三大害：「土匪、國軍和饑饉」[4]。「三大害」成為舊中國農民背井離鄉的重要原因。在山東一地「為土匪者，不計其數」[5]。據報載，僅東昌縣一帶就有「土匪一萬餘人，匪首三百餘」[6]。其他各地，有劉黑七[7]、孫美瑤、毛思忠[8]等土匪，禍害鄉民，臭名昭著。

三、水患頻發

民國時期的黃河下游地區災害頻繁。一九三三年八月上旬，黃河洪水在封丘決口，洪水自長垣、滑縣、濮陽入山東境內，在范縣、壽張、陽穀等縣，直至館陶城

1　胡希平：《徐海農村病態的經濟觀》，《農業週報》，1932年第3卷第47期，第996頁。

2　馬乘風：《最近中國農村經濟諸實相之暴露》，《中國經濟》，1933年4月第1卷第1期，第6頁。

3　集成：《各地農民狀況調查——山東省》，《東方雜誌》第24卷第16號，第136頁。

4　陶振譽編譯：《中國之農業與工業》，正中書局，1937年，第96頁。

5　朱新繁：《中國農村經濟關係及其特徵》，上海新生命書局，1930年，第305頁。

6　《時報》，1918年7月17日。

7　《時報》，1918年4月8日。

8　蔡少卿主編：《民國時期的土匪》，中國人民大學出版社，1993年，第48頁。

埠才匯歸正河。形成三百里長、十至五十里寬的一片汪洋。黃河南岸在蘭封小新堤決口，水面寬達十餘裡至六七十里不等。此外，黃河還在長垣南岸小龐莊決口，一併算來，黃河下游決口共達50餘處，受災涉及陝西、河南、河北、山東、江蘇等省，計65個縣受災、人口364萬，死亡約12700餘人；洪水還沖毀房屋169萬間、淹沒耕地85.3萬畝、損失牲畜63600頭。損失財產2.07億銀元。[1]

最為嚴重的是一九三八年，為了阻止侵華日本的進攻，蔣介石批准「以水代兵」的方案，派兵炸開花園口黃河大堤，造成二十世紀最嚴重的一次黃患：「澎湃動地，呼號震天，其驚駭慘痛之狀，………因而僅保餘生，大都缺衣少食，魄蕩魂驚。其輾轉外徙者，又以飢饉、疾病煎迫，……不為溺鬼，盡成流民。」[2]這次人為的大災，直接造成89萬人死亡，391萬人流離失所，直接經濟損失109176萬元。大水災患延續長達9年，還造成濱河、湖濱……為蝗蟲滋生繁衍環境。以後黃河下游地區多年中蝗災水災不斷，都與這次人為決堤所造成的黃河水患有關。[3]

四、逃荒謀生

黃河下游地區被天災、戰亂、苛政剝削而導致貧困化的農民們，由於生產生存條件不斷惡化，農民大量外出逃難。山東省府調查，僅沾化一縣，農民離村率就有8.7%。當時南開大學王藥雨教授在山東調查發現：「農民離村率最高為南部費縣、莒縣，可達60%左右。」[4]實際上農民離村率有的已占全村總戶數的70%以上。離村逃荒的農民流離失所、飲食無著、貧病交加經受了極大的苦難。[5]當時農民不但缺乏耕畜，而且一般農具的簡陋和殘缺也達到驚人的程度。民國前中期

1　駱承政、樂嘉祥：《中國大洪水——災害性洪水敘要》，中國書店，1996年，第157-160頁。
2　《時報》，1918年7月17日。
3　《時報》，1918年4月8日。
4　《中央日報》，1938年6月11日。
5　許滌新：《農村破產中底層農民生計問題》，《東方雜誌》，1935年第32卷第1號，第52頁。

黃河下游地區的農家，不少人連基本的簡陋農具也無力購置，[1]只有逃荒一條路。這些災民有如下主要去向：

「闖關東」。由於東北資源豐富，一九二二至一九三一年間，曾有山東流民走關東的狂潮。鐵路交通興起，為闖關東提供了有利條件。據《膠澳志》記載：「每逢冬令，膠濟鐵路必為移民加開一二次列車。而煙濰一路，徒步負戴，結隊成群，……恆在百萬以上；而移出之超過於歸還，年輒五六萬人不等，近數年……移出之數倍於往昔；且攜其妻子，為久居不歸之計」[2]。又據《東方雜誌》記載：「山東人口每年減少二百餘萬，據調查，每日乘膠濟車由青島轉赴東北者，約三十餘萬人」[3]。民國時期統計，山東入東北的流民達1836萬人，「是人類有史以來，最大的人口移動之一」[4]。

在大中城市覓食。二十世紀三〇年代有20%流民乞討為生。以山東省為例，惠民、墾利、陽信各縣，每遇災害便有大批農民湧入濟南、德州、淄博、濰坊等地進城乞討；甚至遠走天津、北京，乃至南下蘇北、南京、上海等地，以乞討或打短工為生。多在農閒季節進城作乞丐，或去經濟發達、生存環境較穩定的城市，依靠打短工、乞討來尋生存之機。[5]

下南洋謀生。當時移民潮中的一部分人是「下南洋」找飯吃。大部分華工都是以自由身分出國。所謂「自由身分」，也就是出洋流民，或被拐騙為「豬仔」「契約華工」。當年「海峽殖民地總督瑞天咸氏」曾謂：「馬來半島之有今日，皆華僑所造成。……無華僑，吾人將一無能為。由此可見華僑在世界近代史上之地位矣。」[6]山東青年男女離村後之去處所占百分比為：到城市工作、謀事47.9%，到城市求學

1　《中央日報》，1938年6月11日。
2　《民國膠澳志》第3卷，第130頁。
3　集成：《各地農民狀況調查——山東省》，《東方雜誌》第24卷第16號，第134-135頁。
4　《海關十年報告，1922-1931》第1卷，第254頁，詳見章有義：《中國近代農業史資料》第2輯，三聯書店，1957年，第638-639頁。
5　集成：《各地農民狀況調查——山東省》，《東方雜誌》第24卷第16號，第134-135頁。
6　李場傅：《中國殖民史》，上海書店，1984年，第19頁。

18.7%，到別村作僱農20.2%，到墾區開墾8.2%，其他5.0%。

當兵為「吃糧」。舊中國民眾在衣食無著，生命無法保證情況下，男青年毅然選擇投軍之路，一旦軍額被裁，只能再次漂泊就食於各方。若就食不得，則再次投軍。或因災荒蔓延，而更多地選擇從軍之路。舊中國願領取低下餉項的兵士，有「特權」種種：無票乘車、無償飲食、掠奪、凌污婦女、搾取人民和密賣鴉片等。[1]因此，一九二四年吳佩孚在山東招兵時，曹州、濟南滿街巷招兵旗，從軍者如潮。[2]《時報》描述了一九一三年山東飢民急切當兵的情形：「張勳之所部兵隊，多魯、徐、穎、壽之人，……希冀補入兵籍者，不下萬人。」[3]此外，有約四分之一的離村農民投身警界，只為可以吃飽飯。

第四節　民國時期的飲食習俗

一八四○年鴉片戰爭以後，拉開了中國近代史的序幕。中國人民經歷了軍閥混戰、抗日戰爭以及解放戰爭，艱苦備嘗，但是黃河下游地區的飲食文化在承繼歷史的基礎上還是有所發展。比如民國時期的濟南，與北京、天津並稱北中國的三大曲藝重鎮，當時的茶社、書茶館多達20餘家，賓客盈門，往往需要排隊。另外，在廣大農村地區，由於現代西方農業技術的引進，在一定程度上促進了社會經濟的發展，該地區的一些節令仍然保留了原有的飲食習俗。

1　長野朗：《中國社會組織》中譯本，光明書局，1930年，第371頁。
2　碩夫：《直系軍閥馬蹄下的山東人民》，《嚮導週報》第88期，第732頁。
3　蔡少卿：《民國時期的土匪》，中國人民大學出版社，1993年，第11頁。

一、節令飲食習俗

❶・春節

春節辭舊迎新，黃河下游地區的人們要祭天祭祖、走親訪友。特別是合家團圓的日子裡，無論富裕之家還是窮困之家，都會在這個時候準備比平時豐盛的食物，特別是在黃河下游的農村地區，春節期間講究飯食花色多變，且家家都會提前進行準備。進入臘月開始，首先就是準備臘八粥、過小年（辭灶日）時開始準備各種食物，比如歡喜團、年糕之類。

（1）年糕　年糕，取年年爭高（蒸糕）之意，表達百姓希望在新的一年當中年年進步。年糕主要是使用具有黏性的米麵用蒸籠蒸熟，並且加上黃河下游地區的棗來點綴，相傳其用意為棗與「早」同音，取吉利之意，在黃河下游地區的齊地還有使用具有黏性的黍米為原料的年糕。對於外形，黃河下游地區比較崇尚小而精，認為蒸得越小、摻棗越多越好吃。喜慶之意不言而喻。

（2）包子　春節的時候，黃河下游地區的人們喜歡做包子作為過春節的主食。包子餡的種類繁多，譬如韭菜、白菜、薹菜、茴香、馬齒莧、人莧菜、黃金菜、蒜薹、韭薹、茄子、南瓜、冬瓜、玉瓜、葫子、吊瓜、芸豆、豆角等。由於受到魏晉

◀圖10-1 民國時期黃河下游地區運河兩
　　　　岸的小吃攤販

以來游牧民族飲食風俗的影響，所以一般蔬菜都會配上肉食，比如豬肉、牛肉。另外，一些靠海地區因為漁業發達，所以也用魚肉、蝦肉、蟹肉作包子餡。濱州是著名的棗鄉，過年就比較流行蒸棗饅頭、棗泥包。過年的包子一是自己食用，二是待客，三是作為禮物贈送。

（3）白饃（餑餑）　白饃是黃河下游地區春節期間很重要的一種食物。按照傳統風俗，白饃都是在過年前蒸熟，到了春節拿來食用。同時白饃的好壞是體現掌廚媳婦是否賢惠的標準之一，從磨麵、發麵、揉麵、餳麵考驗媳婦的手藝，畢竟白饃是春節時期最重要的主食。有時候，為了讓白饃看上去不那麼單調，還會做成鯉魚、鳥、獸等動物樣式。

（4）餃子　春節吃餃子是黃河下游地區的基本飲食風俗，除夕之夜，一家老幼一起包餃子、煮餃子、吃餃子，與中國北方其他地區大同小異。餃子餡豐富多樣，除了豬肉以外，還有素餃子、糖餃子、豆腐餃子、元寶餃子等。素餃子寓意來年平安，糖餃子寓意來年甜蜜，更有甚者將硬幣包入餃子，誰能吃到寓意來年財源滾滾。這都表達了黃河下游地區百姓對於美好生活的追求。

（5）其他食品　炸扁豆，將用鹽滷過的扁豆在麵粉中一滾，有的在蛋麵糊中一

◀圖10-2 山東萊蕪地區春節製作的年糕

拖，有的還要夾上肉末餡兒，再過油一炸，其味道大不一樣。

炸花花，原料是麵粉加雞蛋，油炸，口感香脆。不但是春節時候走親訪友、祭祀祖先的上佳食品，亦是結婚時壓盒匣用的食品，可謂是下層百姓的高檔食物。

炸冬瓜條，冬瓜切條後拍粉拖糊、油炸，鬆脆而香，是鄉里人過節自吃或待客的一道好菜。

炸藕盒，炸藕盒是十分普遍的一道菜。藕脆而香，再加蔥花、韭菜、豬肉丁做成的餡，掛少許麵糊油炸，年來節到方便好吃，也常用來待客。

炸綠豆丸子、豆腐丸子，既是家常菜，也可用於節慶或待客。肉丸子不多時，就在盤底放些綠豆丸子、豆腐丸子，叫做添碗、添盤、墊底。

煎茄餅，用較大的茄子切成夾頁片，然後夾上韭菜肉泥餡，下油鍋煎熟。過去煎茄餅一般都是自家吃。

炸餜子，餜子是鄉間的上等炸貨。人們走親戚時手中錢少買不起別的，可以買上一斤餜子，也是讓娃娃們歡迎的一種禮品。因此，黃河下游地區到處都有餜子鋪。雖說到處都有餜子鋪，可是手藝不一樣，有的餜子炸得又鬆又脆，有的餜子炸成一條棍。濱州餜子最為出名。

❷・二月二

「二月二吃炒豆」是當地民間習俗。炒豆又稱料豆、蠍豆。黃河下游地區許多地方特別是沿海地區大部分為沙質土壤，當地即用沙土炒玉米花。將沙土放入大鐵鍋中燒熱作為傳熱介質，按比例加入曬乾的玉米繼續加熱。一會兒就會從鍋中傳出劈劈啪啪的響聲，不多時，一粒粒玉米脹開了花。過鐵篩後裝入罈子中，存放二十餘天仍然又香又脆。人們還要將自家的料豆贈與別家交換食用。孩子們裝在兜中，既可當零食又可炫耀於同伴。誰家的玉米花炒得好，誰家的媳婦就會得到誇獎。

❸・清明節

黃河下游地區特別是沿海地區，在清明的時候喜歡用紅皮雞蛋上墳做供品。陽信縣劉廟街的回民們有寒食節炸油香的習俗，並相互贈送。劉廟街是陽信縣最大的

回民居住區，明嘉靖年間，京城楊姓回族穆斯林遷此落戶、立村，建一清真寺，至一九一九年已發展為十三個自然村。[1]回族同胞的齋戒日、古爾邦節食品十分講究且富有特色，對當地漢民飲食有一定影響。回族人喜食牛羊肉，擅長製作各式清真點心，豐富了當地的食品種類。

清明節，黃河三角洲民間還有一種特殊食品——寒燕。寒燕是明清以後興起的一種食品。吃寒燕本是山西民俗，是紀念介子推的一種食品。明朝初期，大量山西移民遷至黃河三角洲，將寒燕帶到了黃河三角洲。在黃河三角洲，寒燕表達了移民們思念家鄉、不忘祖先的情懷。

❹ · 端午節

農曆五月初五被稱作端午節，傳統食品是用白麵做成的「捻轉」。農曆四月底，黃河三角洲小麥黃梢進入收麥期，五月初五前「小麥入倉，吃新糧」。麥收是黃河三角洲的重要季節，是新年後的第一次收成，是喜慶之日。小麥是上等糧食，收麥之後家家有麵，正是走親戚的好時節，人們用自家的白麵製成各種美食。五月端午過後便進入盛夏酷暑，黃河三角洲民間有「初伏餃子，中伏麵，末伏烙餅炒雞蛋」之俗。每一個節日因為有獨特的美食而過得有滋有味。

❺ · 中秋節

中秋節又稱仲秋節，是中國傳統文化意義上的團圓節，是中國人十分注重的節日。黃河下游地區的百姓亦是如此，每年的農曆八月十五，人們都會回到家中和家人團聚。和其他地域一樣，黃河下游地區的百姓在中秋節也流行吃月餅，是中秋必食之品。月餅品種繁多，主要有棗泥月餅、豆沙月餅、伍仁月餅、酥皮月餅等。

黃河下游地區的部分地區在中秋節除月餅外，最有特色的食品是冬瓜豬肉包，這是家家必備的食品。冬瓜豬肉包起於何朝何代無文字記載，屬於民間食藝。冬瓜豬肉包最好吃的當推燙麵冬瓜包，用發麵和死麵作皮則風味欠佳。把上等的白麵用開水

1　《山東農事試驗場民國八年成績報告書》，1920年，第68-70頁。

一燙，擀成皮，包出來的包子皮兒不硬也不軟，湯汁不外溢。好多人家祭月在擺放月餅、瓜果的同時，還要擺一盤冬瓜豬肉包，祈求月神多多賜福。

二、婚姻飲食習俗

婚禮的講究很多，在不同時代、不同地區和民族間，乃至不同的社會層次間，其規制習俗也不盡相同。黃河下游地區衍聖公府在一九三六年舉行的婚姻儀式中所採用的飲食，可以體現當時上層社會的一些婚姻食俗。

署名孔德懋先生的《孔府內宅軼事》記孔子七十七代孫、大成至聖先師奉祀官（1936年經國民政府由「衍聖公」改授）孔德成婚禮「親迎」一節的情景：「迎親隊伍也是舊式和新式相結合，有些地方還保留著祖傳的規矩……轎前有兩對白色吉羊，兩大彩繪罈子喜酒，由穿綠衣的小孩抱著……到新娘暫時借住的東五府，完全按照舊式的禮節由德成拉弓、射箭等等，才把新娘攙出來，從屋門口用花轎抬到東五府大門……（孔府內）開儀門，設彩亭，花轎從儀門進去，前上房院內擺著二十張繡圍鋪氈的長案，上擺龍鳳餅，喜鹽、棗、栗子、蓮子、花生、松子、桂元、鳳枝等果品，以及松柏長青枝……新娘穿著西式白紗長裙禮服，和德成行一跪四叩大禮拜天地，行完禮，攙扶新娘到後堂樓換裝。新娘穿著絲絨花的大紅旗袍，大紅緞鞋，梳髻，在新房坐帳，喝交杯酒。那天唱了三台戲……許多國民黨要人都參加了婚禮，……還有許多社會團體都送了禮……孔府的佃戶也前來賀喜送禮，招待佃戶是在大綠棚裡，由外廚房開飯，吃『拾大碗』。一次開一百桌席，一個『司席員』負責十桌，隨來隨吃，前來賀喜的絡繹不絕，從上午開飯到晚上十二點還沒有開完。演員和職工的飯由中廚開，貴賓和內宅親友的飯由內廚房開，廚房只管做菜。庶務處供應饅頭、酒。內廚房的酒席設在忠恕堂、紅蕚軒、花廳、前堂樓、後堂樓等等內宅各處，一次開十五桌，規格是三大件（四十多道菜）和九大件（一百多道菜）。第二天早晨，新娘要向伯母、大姐、我（作者孔德懋系孔德成胞姐——筆者），以及許多本家長輩們逐個請安。後面跟著

個老媽子，端著的大盤子上面放著許多盛有桂元的小蓋碗；新娘、新郎向長輩磕完頭，由新娘敬桂元湯。長輩們都要給見面禮，也無非是衣料之類。」

三、製醬習俗

中國醬種類繁多，依中國食品醸造工藝的基本分類方法，中國醬大約可以分為黃醬類、麵醬類、豆豉、甜醬類、蠶豆醬、辣椒醬、花生醬、芝麻醬、魚子醬、果醬、蔬菜醬、蝦醬、肉醬等十餘種類別。

黃醬，北方又俗稱為「大醬」，是黃河下游地區人們日常食用的調味品，民國時期的家庭傳統製作方法一直流傳到現在，其方法記述如下：

傳統是農曆二月初二日的下午，將大豆（黃豆）精選，剔除黑大豆（擔心黑皮影響醬色）、變質的豆粒和其他雜質，清水洗二至三遍，以淨為度，入大鍋中烀，待湯燀淨（切不可焦煳）、豆粒用手一捻極酥爛，熄火燜至次日上午（主要目的是將豆燜成呈紅色）。隨後，將豆入絞刀（一種鑄鋁的手動工具）絞成均勻豆泥，或在碾盤上反覆碾壓（大戶人家為大批傭工備常年所用，需醬量很大，故用碾子加工）成泥狀，也有直接在鍋中用粗乾麵杖搗成豆泥的（不過這樣的豆泥不易均勻）。醬泥乾濕適宜，過乾則難以團聚成坯，影響正常發酵；水分過多則醬坯過軟難以成形，坯芯易傷熱、生蟲、臭敗。醬坯大小一般以三斤干豆原料為宜，做成約為30釐米長的、橫截面積20平方釐米的柱體，易於發酵酶變。於室內陰涼通風處晾至醬坯外乾（約三五日），然後在醬坯外裹以一層毛頭紙（多用於糊窗戶）或牛皮紙（防止蠅蟲腐蝕、灰塵玷汙等），用繩繫懸於灶房椽上，下距鍋台約四五尺高。或擺放於室內溫暖通風處，坯件間距約一寸，醬坯多時可以分層摞起，但以黍秸或細木條隔開，約一週時間將醬坯調換位置繼續貯放如前。

待之農曆四月十八或二十八開始下醬。去掉外包裝紙後將醬坯入清水中仔細清洗，刷去外皮一切不潔物，然後將醬坯切成儘可能細小的碎塊放入缸中。缸要安置在窗前陽光充分照射之處，為避免地氣過於陰涼，一般要將醬缸安置於磚石之上。

隨即將大粒海鹽按二斤豆料、一斤鹽的比例用清淨的井水充分融化，去掉沉澱，注入缸中，水與碎醬坯大約是二比一的比例。然後用潔淨白布矇住缸口。三天以後開始打耙。大約堅持打耙一個月時間，每天早晚各打一次耙，每次二百下左右。直到將發勁兒（醬液表面生出的沫狀物）徹底打除為止。此間，要特別注意避免「捂了醬頭」——醬液發酵過勁兒而產生異味。為了通風防雨，缸口上要罩上一頂「醬缸帽子」。農村醬帽的傳統製法是就地取材用秫秸或葦子秸編成大草帽形狀，既透氣又防雨水。城裡的醬帽一般是用煮飯的大鐵鍋反扣在缸口上，為了通風則在缸口上用木條將缸撐起。

另外，還有一種是將玉米炒熟後用碾子碾粉，然後用沸水燙和，攢成直徑約十釐米的球狀，如豆醬坯一樣貯放酶酵；屆時按豆醬坯與玉米粉球各占一半的比例做醬。這種玉米豆醬的醬味甜於純豆醬，而之所以以玉米粉為原料，除了山東富產玉米之外，還因為大豆不是最主要的口糧穀物因而種植很少。清代時的山東人被俗呼為「山東棒子」，因為玉米在山東人的口糧結構中占有很高的比重；玉米結實，其形如棒，習稱為「玉米棒子」或「包米棒子」「包穀棒子」。

與此同時，黃河下游地區在民國時期有一些新興的醬園，諸如濟南有大興醬園和周立大醬園兼南貨店。青島有大興醬園，年產醬油一百二十萬斤至一百六十萬斤。又有一家萬通，年製醬五百多缸。至一九四四年又生產腐乳，由五千壇發展到二萬壇。連年獲利，並去徐州創辦分園，營業甚好，超過青島的總園萬通。這些醬園在山東頗負聲譽。

第十一章 中華人民共和國時期

一九四九年中華人民共和國成立以後，黃河下游地區的飲食文化發展進入了新的歷史時期，經歷了從追求溫飽到追求品質的歷史衍變過程。特別是改革開放以後，農業與商業的發展，推動了經濟的騰飛，糧食與食物來源獲得了保障。不僅傳統飲品、食品和菜品有了新的突破，飲食風俗、飲食觀念也表現出新的特徵。同時，形成了以黃河下游地區飲食文化圈為基點，周邊飲食文化圈互相影響的發展形態，飲食文化內容呈現出多元化的發展格局。

第一節　改革開放以前的飲食生活狀況

經歷抗日戰爭和解放戰爭後，一九四九年至一九五八年之間的黃河下游地區百廢待興。人們面臨著生產資料不足、資金匱乏、農業技術落後、糧食短缺、食物種類單一等困難。以一九四九年黃河下游地區的山東省耕地為例，水澆地面積僅386萬畝，[1] 糧食總產量僅為87億公斤，全省人均糧食占有量僅191.25公斤，[2] 這就直接導致了第一次糧食危機。黨和政府為瞭解決人民的溫飽問題，實行了統購統銷政策，對穩定社會秩序、規範經濟市場、保證民食、鞏固政權起到了重要作用。之後，長達20年的政治運動造成了長時間、全國範圍的缺糧和食物供應緊張，從而導致很多人始終掙紮在溫飽線上，飲食文化呈現凋零、停滯的狀態。特別是一九五九年至一九六一年的三年自然災害時期，黃河下游地區的飲食文化遭到了毀滅性的打擊。

一、三年自然災害時期的民食狀況

一九五九年初春，黃河下游地區春夏連旱，大部分地區降水只有100毫米至300毫米，年降水量比往年減少3-4成，而盛夏時期山東半島等地暴雨連綿，出現了短

中國飲食文化史　■　黃河下游地區卷

1　中共山東省委研究室：《山東省情》，山東人民出版社，1986年，第75頁、117頁。
2　中華人民共和國農業部：《中國糧食發展戰略對策》，農業出版社，1990年，第151頁。

時期的澇災。一九六〇年的春天，在上一年大旱的基礎上，魯西南和蘇北地區冬春雨雪奇缺，乾旱一直從一九五九年秋持續到一九六〇年初夏，連續六個月沒有一場透雨，降水量只有往年的2-3成。山東濰河、汶河等8條河流斷流，黃河下游范縣至濟南河段曾有40多天斷流，河床中的沙土含水量也在10%以下，七月下旬之後豫東和魯西南又因暴雨成災，農業損失巨大。在這段時期內，最主要的自然災害還是旱災。黃河下游魯西北地區在春播階段出現乾旱，小麥旺長時期又連續乾旱，濟南、德州、菏澤等地區春至夏竟滴雨未落。[1]然而，這一自然現像是黃河下遊歷史上經常發生的，從當時以山東為例的統計資料來看，一九五九年至一九六一年三年中，全省受災面積達2.7億畝，絕產面積為0.56億畝。[2]從一九五九年春開始，大饑荒開始在黃河下游地區蔓延，僅山東館陶縣就有13000多人外出逃春荒。[3]現代歷史上罕見的大饑荒爆發了。

本書作者李漢昌教授在一九九六年至一九九七年寒假時，布置學生利用假期回鄉過年的時機，對黃河下游地區的中心——山東省的14個地（市）縣在一九五八年各地大躍進歷史時期農村飲食狀況進行調查。根據200餘名學生的調查報告整理彙總，摘要介紹如下：山東各地在一九五八年實現人民公社化後，很快各地生產隊都成立了食堂，各家各戶停火不做飯。有許多地方的農民把自家的鍋全揭了，送去「大煉鋼鐵」。食堂最初幾個月，幾乎天天像過年，經常殺豬，吃好菜好飯；頓頓「敞開肚皮吃」，人們盲目樂觀地認為：「馬上就要進入共產主義社會了」，「一畝地就能產上萬斤小麥，再也不用愁吃穿了。」這種自上而下頭腦膨脹的狂熱心理，使大家把幾千年形成的「口糧必須乾稀搭配，忙時吃乾，農閒吃稀，糧蔬結合」的勤儉節約老傳統都給忘掉了。浪費糧食非常普遍。由於吃飯不要錢，「不吃白不吃，一天吃了三天的糧」，沒用幾個月就把集體糧食儲備吃光了。一九五八年由於忙於「大煉鋼鐵大會戰」，忽視田地中已經成熟了的莊稼，再加上秋天連續下雨，地瓜、

1　駱承政：《中國大洪水‧災害性洪水述要》，中國書店，1996年。
2　陳大斌：《飢餓引發的變革》，中共黨史出版社，1998年，第32-34頁。
3　中華人民共和國農業部：《中國糧食發展戰略對策》，農業出版社，1990年，第151頁。

玉米大多爛在地裡，沒收回來。到一九五九年春荒，食堂沒糧食了，只能散夥。而回家開伙家家面臨缺糧。只好千方百計四處找糧食。大饑荒，就在這樣毫無準備的情況下開始了。當時黃河下游地區的農村，大都沒有足夠的糧食儲備。雖然政府也在積極想方設法調集糧食、救濟災區，但因供需缺口太大，只好發動群眾努力實行「低標準，瓜菜代」，在人均每天吃不上半斤糧的情況下，千方百計想辦法來尋找各種度荒的代食品。

李漢昌教授又在一九九八年十二月至一九九九年三月，利用寒假組織約400餘名大學生，對山東二十世紀六〇年代大饑荒中民食情況進行了專題調查。學生們的調查資料經過統計歸納，摘其要點，分析介紹如下：

由於二十世紀六〇年代的大饑荒已經過去約40年（統計資料當年），調查比較困難，只有少部分學生獲得了災荒中人均口糧數的量化資料。按照從各個地區所獲得的調查資料經過統計分析發現：大饑荒時濰坊、諸城、安丘、坊子、臨朐等地農村，人均每日口糧僅僅為216克；日照、五蓮、東港、莒縣的5個村莊人均日口糧僅有180克；臨沂的蒙陰、河東區、蘭山區的3個村子，平均日口糧僅140克；濟南、章丘、長清等地的3個村子人平均日口糧僅100克；青島市所屬平度、膠州、即墨的7個村子每人的日均口糧僅250克；菏澤、鄆城、巨野、曹縣等地的4個村子平均日口糧僅152克。以上6個地區26個村莊，人均每日口糧平均只有122.38克。按玉米計算，人均每日通過口糧所獲得的熱量僅為437.9千卡，距世界衛生組織公認的人均溫飽水平：每日食物熱量應不低於2400千卡的標準相差甚遠。經計算：大饑荒中上述調查點26個村莊的人均口糧，平均每日食物熱量只能滿足溫飽水平所需食物熱量的18.25%。尚不足人類營養需要底線的五分之一。面對大饑荒，飢餓的農民紛紛走出家門，到山野、農地、池沼、海灘去尋找可以吃的東西，用以維持生命。

二、三年自然災害時期的度荒食物種類

在「低標準，瓜菜代」的號召和人類維持生命的期望中，黃河下游地區的人們

紛紛尋找一切可食的野生動植物資源。李漢昌教授亦曾組織學生300餘人對山東省展開調查，所得當年的度荒食物名單統計如下：

❶·可食用的植物性食料

十字花科植物：薺菜、白青菜、白菜幫、白菜根、蘿蔔葉。

豆科植物：野扁豆、槐樹葉、槐花、苜蓿葉、野豌豆、花生蔓、花生葉、花生殼、豆葉、豆秸、黑豆秧。

菊科植物：蒲公英、茵陳蒿、艾蒿、苦菜、野菊花、牛蒡根、蒼耳子、白蒿、青粒蒿、曲曲菜、曲曲芽、刺兒菜、米蒿、酸漿草。

百合科植物：黃花菜、野蔥、野蒜、野韭菜。

禾本科植物：茅草根、鹼蓬草、草籽、葦根、麥子苗、稗草種子、蘆葦根、玉米穗軸、玉米葉、玉米雄穗、玉米雌穗、玉米根、麥葉、麥根等。

藜科植物：灰菜、豬毛菜等。

莧科植物：莧菜、人莧菜等。

傘形科植物：野芹菜、雞芹菜、野芫荽、水芹菜等。

薔薇科植物：野梨、野杏等。

蓼科植物：辣菜、地環等。

五加科植物：五加皮、刺老芽等。

榆科植物：榆樹葉、榆樹錢、榆樹白皮等。

旋花科植物：甘藷、地瓜葉、地瓜蔓、地瓜乾、爛地瓜、牽牛花葉、牽牛花根等。

車前科植物：車前草、車前子等。

唇形科植物：野薄荷、地梨等。

各種樹葉、樹皮、花：桑葉、槐花、槐豆角、毛柳芽、柳樹葉、嫩柳枝、王母柳葉、楊樹葉、嫩楊枝、楊樹花、香椿葉、臭椿葉、梧桐葉、石榴葉、棗樹葉等。

其他可食用的度荒野菜：馬齒莧、青青菜、「拽倒驢」、蓬子菜、屌子花、蓖麻

葉、云樹菜、石榴菜、青蘴子、白胖菜、馬蜂菜、山棗、山枝子、謝香頭、板凳腿菜、破棉襖菜、地棗、浮萍、鐵扇頭菜、牛舌頭菜、水蓬菜、毛菜根、燕子衣、萩樹皮、豬卷草、蕨菜、沙楓菜、劉三姐菜、地衣、毛耳朵菜、燈籠稞菜、水藻、海藻、海菜、橡子麵、野山藥、兔兒傘等近百種。

農作物：莖葉、皮、殼、根、麥苗、豆秧等。

其他：棉子餅、穀糠、豆餅、花生餅、麥麩等（屬於高質量的副食，則由政府部門直接控制，只能少量用來救濟病號和老弱飢民）。

❷·可食用的動物性食料

野生脊椎動物：有野兔、刺蝟、野貓、狐狸、狼、黃鼬、田鼠、家鼠等。

野生爬行動物：青蛙、蟾蜍、田螺、蛇、蜥蜴、蚯蚓等。

昆蟲類：柞蠶、柞蠶蛹、桑蠶、桑蠶蹢、蟬及其幼蟲、豆蟲、螞蟻、蚱蜢、蝗蟲、蟋蟀、螳螂、天牛。

野生海洋動物：海紅、扇貝、牡蠣、沙蛤、文蛤；各類小型海魚、小蝦、海帶、海菜等。

野生鳥類動物：野雞、麻雀、烏鴉、貓頭鷹、喜鵲等野生鳥類。

死亡動物的屍體：餓死、病死的牛、馬、豬、羊、雞、鴨、鵝、狗等飼養動物。

❸·礦物質「食物」

人類不能食用、消化的礦物類如觀音土、煤炭、滑石粉等，也曾經被飢民挖來充飢。食用多者不久會由於消化道潰爛而死亡。

當年各地政府也曾積極推廣代食品：製作「玉米根粉」「小麥根粉」「玉米稈曲粉」甚至採用動物尿等作為培養基來培養「葉蛋白」「小球藻」「人造肉精」等，以及由群眾「創造」的用玉米秸、玉米芯破碎之後碾成粉，加火鹼或石灰處理，再用水淘洗過的人造食品——「人造澱粉」。其實這些「食品」是以纖維素為主和少數半水解的大分子碳水化合物組成的，能被人體消化吸收的營養物質極少，食用後會

造成排泄困難。一九六〇年到一九六一年春季，大範圍地出現了浮腫病人，其他因營養不良和患腸梗阻而死亡的居民也不在少數。[1]

三、賑災與大饑荒的歷史教訓

連續三年的饑荒，使曾經富饒的黃河下游土地一片蒼涼。以山東省為例，李漢昌教授在一九九八年十二月至一九九九年三月對山東部分市縣在大饑荒年代的人口情況進行調查中發現：當年在本地區的大多數農村，因為糧食太少不夠吃，多數人患有不同程度的營養不良性浮腫病。育齡婦女在大饑荒中多數絕經，絕大多數育齡婦女未能懷孕。幼兒和老人、病人因飢餓而營養不良，或發疾病，而致非正常死亡人數劇增。山東省菏澤的鄄城、泰安的肥城、青島的平度、即墨，臨沂的單縣、費縣、郯城、倉山，日照的東港、莒縣，威海的乳山、東營的廣饒、利津，德州的武城等地，由於嚴重饑荒發生了餓死人的情況，有的村子死亡人數超過百口，大部分地區出現青壯年外出逃荒的情況。調查所獲得的情況，與近年來國家所披露的材料相近。[2]

面對大饑荒，黨和政府採取了各種賑濟措施，一是設法調運部分糧食救荒；二是發動群眾「低標準、瓜菜代」和採集代食品；三是組織生產自救；四是組織移民去人少地多的地區。諸如山東組織大批農村青年支援黑龍江墾區的開發建設，部分地減輕了地方上的饑荒壓力。一九六〇年冬，黨中央開始糾正農村工作中的左傾錯誤，並對國民經濟實行「調整、鞏固、充實、提高」的方針。一九六二年一月，黨中央在召開的七千人大會上初步總結了大躍進中的經驗教訓，開展了批評和自我批評。由於上述正確的措施，一九六二年到一九六六年，國民經濟有了較順利的恢復和發展。黃河下游地區農業生產也有明顯回升，民食逐步開始恢復。

1　胡岳岷：《21世紀中國能否養活自己》，延邊大學出版社，1997年，第153-154頁。
2　彭尼・凱恩：《中國的大饑荒（1959-1961）》，轉引自胡岳岷：《21世紀中國能否養自己》，延邊大學出版社，1997年，第157-162頁。

正如胡岳岷所指出：「對於那段歷史，至少可以得出這樣的認識：當年的大饑荒，除了由於自然災害造成的農業歉收和蘇聯單方面撕毀合同、逼我還債外，在很大程度上是由於工作上的缺點錯誤造成的，可謂是三分天災，七分人禍。」[1]自然災害加之政策的失誤，直接導致了黃河下游地區本來能滿足人民基本需求的食物出現短缺，嚴重影響了本地區人民的飲食生活，很多人只能長時期處於飢餓之中。[2]在連溫飽都無法滿足的情況下，黃河下游地區的飲食文化只能處在凋零、停滯甚至倒退的狀態，民間原有的飲食禮儀、飲食風俗乃至飲食習慣都接近崩塌。

第二節　改革開放以後飲食文化的發展

一九七八年起，黨中央決定在農村開始實行聯產承包責任制，這一舉措有效地解放了農業生產力。再加上政府積極推廣科學種田，依靠現代科學技術使農林牧副漁諸業獲得全面發展。通過努力加強區域綜合治理，使黃河下游地區的農業生產條件有了很大改善，從而使得農業、畜牧業、儲藏加工業的產量、質量、效益持續提高；沿海養殖業、遠洋捕撈業也獲得了豐碩成果。與此同時，農副產品多次提價，農村市場開放，這些措施都極大地調動了農民的生產積極性，有力地推動了生產的發展，飲食產品也變得豐富多彩。

一、食品種類豐富

從食品的構成成分來看，黃河下游地區的食品市場大致有以下幾大類：糧食、

1　胡岳岷：《21世紀中國能否養活自己》，延邊大學出版社，1997年，第164-165頁。
2　山東農業廳種植區劃專業組：《山東省種植業的過去和將來區劃報告》，山東科技出版社，1990年，第64頁。

油料、肉類、蛋類、奶類、豆類、水產類、蔬菜類、水果類、零食類、調味品類、食品添加劑類、保健品類以及對食物進行初級加工的冷凍食品、方便食品、罐頭食品、飲料等。其中約有一半為新增食品種類，即使是原有的食品種類也新增了許多過去沒有的子類。例如零食類中的糕餅麵包，過去只侷限於桃酥、煎餅等有限的幾種，如今則是種類繁多，僅蛋糕餅乾的種類就不計其數。另外，食品加工行業也呈現出繁榮景象，原狀食品、淨菜食品、烹飪成品、烹飪半成品、熟食品、快餐食品的出現大大豐富了黃河下游地區的飲食文化。

二、膳食水平提高

筆者李漢昌教授在一九九九年組織了500名學生，對黃河下游地區的主要省份山東的20多個城市、70多個縣、500多個村鎮、近5000戶代表性農戶進行了調查，調查中發現，改革開放20多年來黃河下游地區的農村經濟發展很快，二十世紀末平均飲食水平已有大幅度提高。所調查農戶全部達到溫飽以上水平，其中50%以上農戶「已達到想吃什麼就可以吃什麼」的水平，三分之一農戶說：「與過去相比，現在的吃喝等於過去的天天過年。」有近一半的農戶家裡有半年以上的儲糧，有約30%農戶經常去集市或商店購買工業生產的食品，比如方便麵、肉類食品、酒類、飲料、調味品、兒童小食品。據調查資料統計發現：二〇〇〇年山東各地農民的人均膳食消費，全年可達958.2元。這還不包括自種瓜菜和養雞、養豬以及自產的菜、肉、蛋投入自家飲食中的價值；只計購買食品、燃料等的費用。據調查瞭解，一日兩餐制，目前在山東已基本不復存在，「忙時吃乾，閒時吃稀」的幾千年傳統，也因為糧食、副食品的豐富多樣而不再沿用。家庭中，飲食除對老人、兒童有專門的關照外，婦女的飲食營養水準與男人平等。具體統計數據如表11-1。

表11-1　山東各地人均收入與飲食支出比較表（根據大學生社會調查資料彙總）

地區	年收入	飲食支出	恩格爾係數	年收入	飲食支出	恩格爾係數
	1978年人平均每年（元）			1998年每人平均（元）		
地區	年收入	飲食費	占人均收入	年收入	飲食費	占人均收入
菏澤	195.2	128.9	66.0%	1591.1	597.5	37.6%
東營	165.0	120.0	72.7%	2071.4	613.0	29.6%
臨沂	211.7	170.8	87.7%	1575.0	608.7	38.6%
日照	252.8	186.8	73.9%	1590.4	708.7	44.6%
德州	370.4	238.0	64.3%	2150.0	780.3	36.3%
濟寧	298.8	196.2	65.7%	1954.0	944.3	48.3%
萊蕪	400.0	280.0	70.0%	2000.0	940.2	47.0%
聊城	206.3	173.5	84.1%	2250.0	1050.0	46.7%
淄博	166.6	132.0	79.2%	1833.3	991.7	54.1%
濰坊	236.9	173.4	73.2%	2411.0	775.2	32.2%
濟南	350.0	282.0	80.6%	2411.1	888.0	36.8%
煙台	248.6	194.2	78.1%	2539.6	943.7	37.2%
青島	356.8	196.7	55.1%	2825.0	117.0	39.5%
威海	442.2	238.6	54.0%	3145.0	1148.9	36.5%
平均	280.0	198.4	70.8%	2155.5	858.2	39.8%
比較	100%	100%	769.8%	432.6%	-31	%

　　從統計資料可看出，黃河下游地區改革開放20年來農村人均收入的增加和飲食改善的情況。

　　一九九八年年末和一九七八年年末相比，20年來農民人均收入大約增加了7-8倍，人均年飲食支出達到了858.2元，比一九七八年增加了4-5倍。經濟學理論認為，恩格爾係數低於40%，是脫離貧困進入溫飽、邁向小康的消費結構特徵。分析恩格爾係數下降的原因，一是計劃生育顯著控制了農村人口的增長；二是山東農民重視子女教育，大部分家庭子女受過初中以上教育，約有20%以上的農戶家庭供大中專學生讀書。在一九七八年以前，本地區農戶大多使用農作物秸稈和柴草樹葉作烹飪取暖燃料，少數季節性使用煤火做飯取暖。而目前，使用柴草為主的農戶已很少了，使用蜂窩煤爐作為冬季取暖、輔以烹飪用途的農戶占較大比例。

山東省的調查資料數據，進一步說明了黃河下游地區在改革開放以後，已經逐步解決了家庭溫飽問題，這是黃河下游地區飲食文化變遷的一個重要標竿。

三、飲食理念的變化

　　隨著生活水平的提高，人們的飲食健康理念逐漸加強，生態無污染的綠色食品因其新鮮、衛生而逐漸成為受黃河下游地區人們青睞的食物。為了調劑飲食生活，農村地區的農家樂也如火如荼地開展起來，人們可以自己動手採摘，穿梭在「田間地壟」，既體驗了勞動的樂趣，又保證了食品的綠色新鮮。這說明黃河下游地區的飲食文化呈現出新的特色，人們不但要滿足口腹之慾，對於飲食場所的環境亦有了更高的要求，既要有情調，還要享受人與大自然的結合，享受回歸自然、融入自然的生活需求。

　　隨著改革開放的不斷深化，黃河下游地區人們的經濟收入和生活水平大幅度提高，居住環境的改變為家庭飲食環境的極大改善提供了條件。人們不僅希望吃得好、吃得衛生、吃得科學，還希望吃得心情舒暢。在農村，以往「鍋台連著炕」的布局和廚房與房間相連的情況已經逐步改變。牆面、灶台和地面也鋪上了瓷磚。在廚具方面，電飯煲、微波爐、電冰箱等家用電器的使用已經很普遍。在城市裡，廚房已經開始逐步實現電器化操作，各種省時、方便、快捷的廚具被廣泛使用，中等收入家庭中普遍具有抽油煙機、電冰箱、電飯煲、微波爐、煤氣灶、電餅鐺、攪拌機、熱水器、消毒櫃、不粘鍋等現代烹飪工具。

　　從一九九九年一月至二月李漢昌教授組織學生在黃河下遊山東地區調查的結果來看，山東的大中城市冰箱、燃氣灶、抽油煙機普及率已近100%；農村的燃氣灶普及率已過半數，但冰箱普及率在農村還不高，地區間差別較大。在大中城市的郊區和膠東、魯中富裕縣市的農村，農家冰箱普及率達20%-40%不等；在魯西北、魯西南等欠發達地區，冰箱普及率在10%上下，有個別村甚至一台也未見。至於燃料，約10%的農戶自建了沼氣發酵池，烹飪使用沼氣。膠東各地九〇年代中期以後，部

第十一章　中華人民共和國時期

分農戶在新建的樓房中自置小型暖氣設備，也是冬季的烹飪熱源。

餐具方面，美觀、藝術且原料多樣的餐具為黃河下游地區的人們所接受並廣泛使用，諸如玻璃、陶瓷、鋼化玻璃、不鏽鋼等不同材質的器皿；以及圓形、方形，甚至有各種動物造型的各式餐具；花色圖案豐富多變，光亮透明，而且潔淨衛生。另外種類繁多的用於清潔廚房、廚具的潔淨劑與清洗餐具和蔬菜水果的洗潔劑廣泛使用，說明黃河下游地區的人們越來越注重廚房的衛生。另外，蒸籠的使用與以前相比已經逐步減少，蒸鍋已逐步取代了蒸籠。

家庭的食物原料在改革開放之後發生了巨大變化，從原來的以麵食為主、大米為輔，配以少量蔬菜的飲食結構，逐步開始向多元化的飲食結構轉變，原本只有過年才能吃到的美味佳餚開始在日常生活中都能吃到了。隨著市場經濟的發展、交通的便利，黃河下游地區的日常百姓家庭能吃到各地的食物，並且吃到許多反季節性的食物，同時主食與副食平分秋色的狀況使該地區的飲食呈現主食不主、副食不副的特點。副食原料的產地不僅有新鮮的當地蔬菜，還有各地的時令蔬菜，甚至進口蔬菜，加上豐富的肉禽蛋類，人們的選擇餘地擴大了，日常飲食結構更加趨於多樣化。在製作品種上更趨豐富，比如饅頭的品種就有白麵饅頭、黑麵饅頭、棗饅頭等，烹飪手法從原來的粗、多、大，向細、少、精的方向發展。雖然還是普遍喜歡鹹鮮、蔥香的口味，並大量使用各色醬來作為調味品，但是已經出現了追求口味、

◀圖11-1 現代孔府旁的小吃街

色澤與健康，在三者之間尋求平衡的飲食觀念。黃河下游地區家庭飲食習慣中主副食結構與口味的變化，是這一地區飲食質量、飲食生活水平提高的重要標誌之一。

在城市裡，飲食理念更加追求程序簡單化、方便化、快捷化，食品更趨豐富。隨著家庭收入的增加和食品工業的發展，城市家庭季節性貯冬菜已取消，家庭醃製鹹蛋、小菜的傳統，以及擀麵、蒸饅頭、烙餅等廚作，大部分代之以市場採購。李漢昌教授組織學生假期家庭調查的統計發現，當今城市主婦廚作時間已經大幅度減少（見表11-2）。更多時候人們可以從市場上買到各種已經烹飪完成的主食，副食品也出現半成品化甚至成品化的特點。另一方面，各種各樣的電器化廚具逐步代替了手工製作，如家用排油煙機、電冰箱、冷凍櫃、家用高壓鍋、電飯鍋、電炒鍋、微波爐、光波爐、電磁爐、電烤箱、全自動烤麵包機、全自動洗碗機、家用多功能果汁機、家用豆漿機等的使用，方便了飲食加工。同時，在加工烹飪過程中更加注重營養吸收、膳食搭配的合理性、菜餚的適口性，提升了生活品質。家庭烹飪已不同於傳統的只滿足基本生理需求，而是呈現出一種既快捷又娛樂的飲食生活特點。可見，此時的飲食過程已經昇華到了文化的層次，家庭烹飪開始逐步追求一種享受和鑑賞食文化的過程，追求對家庭生活品質的提升。

表11-2　黃河下游地區城市主婦廚房營作時間調查（平均小時/日）

年代	採購時間（小時）	準備時間（小時）	加工時間（小時）	合計
60年代	2	2	1	5
70年代	2	2	1	5
80年代	1.5	1.5	1	4
90年代	1以下	1以下	0.5	2.5
2000年	0.5左右	0.5	0.5以下	1.5

四、飲食風俗新趨向

❶ · 年夜飯的新方式

「年夜飯」在傳統食俗中是一年之中家庭飯局的壓台戲，是全家團圓、親人團聚的象徵。各個家庭到了年底便開始忙碌，買肉、買魚，葷的、素的都要準備。到做飯時，小家庭往往是丈夫妻子齊上陣；如果兒孫們都聚集到老人身邊，人多了，做這頓飯更有了難度。因此，每年做「年夜飯」都忙得不亦樂乎，一頓飯下來非常疲憊。

改革開放以來，隨著人們生活水平的提高，年夜飯習俗悄然發生著變化。這種變化在城市最為明顯，人們為了擺脫勞累，有的家庭開始主要採集半成品來做，這樣不但節省時間，也不失下廚的樂趣；也有一些家庭則是請廚師上門，調劑一下口味，保證飯菜的專業和精美；還有一部分家庭則將年夜飯預訂在飯店，省時省力，既品嚐到美食，還能享受周到的服務。近幾年來，在飯店吃年夜飯，越來越成為城市年夜飯的時尚。從年夜飯的變化中，我們能看到改革開放以後，黃河下游地區人們飲食水平的提高和進步。不過，黃河下游地區農村的年夜飯習俗基本還保留著，大部分還是會在家吃。宴席間無數的問候、聲聲祝福和觥籌交錯寄予的溫情依舊，但因受到城鎮化的影響，也開始逐步改變。

◀圖11-2 山東煎餅

❷ · 國外飲食的時興

改革開放以來，黃河下游地區的人們特別是居住在城市裡的年輕消費群體，越來越多地開始接受國外的飲食，比如遍地開花的麥當勞、肯德基、德克士、必勝客等連鎖快餐店，以及日本、韓國料理，加之星級酒店中的自助餐等。特別是雙休日以及特定的節假日，這些地方都座無虛席。同時許多年輕人將這樣的一種飲食習慣和飲食行為稱為「小資」的生活方式，加之麥當勞、肯德基、必勝客外送業務的拓展，以及諸多白領開始在家辦公卻又不想下廚的行為增加，使國外飲食的快捷、方便成為一種飲食優勢不斷擴張，衝擊著黃河下游地區傳統的飲食習慣。

❸ · 粗糧成為美食

隨著改革開放以後人民生活水平的提高，日常主食逐步細糧化，大米、白麵成為百姓餐桌上的基本主食。但伴隨而來的「都市文明病」、心血管病、糖尿病、肥胖症等疾病也日益增加，因而人們需要多吃粗、雜糧平衡營養。隨著人們保健意識的增強，粗糧又逐漸回到了人們的飲食生活中，甚至成為新的美食。這種現像在黃河下游地區也比較突出。

黃河下游地區是玉米、地瓜等粗糧的主要產區。因為粗糧生長時極少使用農藥、化肥，結果成了具有特殊食療食補作用的天然綠色食品；此外，粗糧中含有大量的纖維素，纖維素本身會對大腸產生機械性刺激，促進腸蠕動，使大便變軟暢通。這些作用，對於預防腸癌和由於血脂過高而導致的心腦血管疾病都有好處。比如，用粗細糧混合製作花捲、玉米麵條、玉米煎餅、蕎麥饅頭、小米麵饅頭等。人們開始注意乾稀搭配，如油條配豆漿，饅頭、花捲配玉米粥，小米粥配窩頭等；葷素搭配，口味清淡，營養均衡。多吃青菜等素菜成為一種健康飲食的時尚。總之，粗糧、蔬菜的回歸，反映了黃河下游地區人民對健康飲食的追求，同時也是黃河下游地區人民飲食生活跨越性發展的標誌。

❹・注重飲食營養

中國自古以來就講究「醫食同源」。隨著改革開放人們生活水平的不斷提高，飲食也由「溫飽型」向「保健養生型」轉變，人們追求食品的個性化和健身功能，從而為保健食品帶來了生機。據統計，到二○○二年四月底，經衛生部批准生產的保健食品有3720種，衛生部已確定了22項保健功能。根據實際情況來看，我國保健食品的主要功能集中在免疫調節、調節血脂和抗疲勞三項，約占總數的60％左右。黃河下游地區的保健食品種類主要是野生保健食物，如海參、蜂蜜、人參、鹿茸、枸杞、靈芝等；另外保健酒很受歡迎，如人參酒、枸杞酒等；還有飲品，如人參蜂王漿等；此外，以中藥材為原料的藥膳在黃河下游地區許多飯店也十分紅火。實際上，保健食品的出現，反映了改革開放以後黃河下游地區人們在飲食上追求健康和營養觀念的變化。

同時，我們也應當看到，在飲食文化繁榮發展的過程中，也出現了奢侈之風、鋪張浪費之風、鬥富之風，以及通過「吃」而出現某些官員的腐敗現象。其中公款吃喝消費的現象最為明顯，衍生出了具有負面效應的酒桌飲食文化，成為權錢交易以及財務腐敗的重災區。不僅助長了奢侈之風，更是腐敗的溫床，還浪費了巨大的國家資源。當前中央反腐倡廉，很重要的一點就是從官員們的「吃」上下手，號召節儉，並且於二○一二年出台了「八項規定」，明確了上下級黨和政府之間的接待標準。在社會上關閉各種奢靡的消費娛樂場所。這一舉措，引發了全民反思，為自上而下地遏制奢靡浪費之風起到了積極而深遠的影響，引導人們追求正常、合理的餐桌文化，提倡健康的餐飲消費形式，促進了社會的和諧發展。

第三節　黃河下游地區的飲食文化學

黃河下游地區豐厚的歷史文化底蘊奠定了黃河下游地區飲食文化學的基礎。近年來，黃河下游地區飲食文化圈、魯菜的興盛、社會生活史與飲食人類學研究

方興未艾，相關研究蓬勃發展，有逐漸形成具有本地區獨有的飲食文化學的趨勢。

黃河下游地區飲食文化史的研究重點應是歷代黃河下游地區飲食文化的發展史及其對全國範圍的影響，傳承黃河下游地區悠久的飲食文化，探索黃河下游地區與中國其他地區乃至周邊國家的飲食文化交流與融合的情況。黃河下游地區飲食文化學具有跨學科、跨領域、跨時段研究的特點，主要涉及歷史學、文化人類學、民俗學、社會學、考古學、經濟學、管理學、生態學、環境學、醫學、保健學等相關學科。同時，研究方法又具有長時段、跟蹤研究的特點，大致體現在歷史研究與現實應用相銜接，以及飲食文化悠久歷史傳統的形成與變遷、飲食文化的合理繼承、現實應用與嬗變發展等方面。

一、飲食文化學的基礎構建

黃河下游地區飲食文化學的研究，早在二十世紀初期即已開始，當時更多的附屬於其他專業學科的研究，如一九一五年出版的中華民國財政部鹽務署《中國鹽政沿革史》、一九二六年田秋野等出版的《中華鹽業史》、一九二七年歐宗佑的《中國鹽政小史》，以及一九三二年郎擎霄的《中國歷代民食政策》、一九三四年出版的《中國民食史》、一九三四年吳敬恆的《中國民食史》等，它們的內容都涉及了黃河下游地區的飲食文化發展情況，對於瞭解黃河下游地區的飲食文化歷史態勢有重要作用。其中，一九三七年鄧雲特的《中國救荒史》就大量記載了黃河下游地區的救荒政策，介紹了庶民的自救方法，比較分析了黃河下游地區無災荒之年和災荒之年的飲食對比，而且重點介紹了黃河下游地區亦如其他地區一樣，災荒時期經常有施粥、居養、鬻子這類現象。

同時，黃河下游地區飲食文化學的構建，也引起了國外學者的關注。如，二十世紀中期日本學者在研究中國飲食文化的過程中，也都涉及了黃河下游地區的飲食文化研究，特別重視《齊民要術》《食療本草》、衍聖公府的飲食文化價值。諸如青木正兒《中國的麵食歷史》（《東亞的衣和食》，京都，1946年）、《用匙吃飯的中國

古風俗》（《學海》第1集，1949年）、《華國風味》（1949年）、筱田統《白乾酒——關於高粱的傳入》（《學芸》第39集，1948年）、《向中國傳入的小麥》（《東光》第9集，1950年）等。

二、飲食文化學研究的科學化

改革開放以後，隨著餐飲業服務面向大眾的變化，飲食研究的目的性也越顯突出。實際需求的變化必然引起飲食文化研究內容的調整。這一時期，飲食文化研究環境有了很大改變，如社會飲食觀念的轉變，大專院校飲食文化課程的設置等。使飲食文化逐漸作為一門系統學科受到越來越多的人關注，其研究工作亦逐漸走上科學化道路，研究成果也較以往更為豐富。

這一時期，在全面研究飲食史以及飲食文化史的著作中，涉及黃河下游地區飲食文化的著作非常多，其中有一些精品，諸如《中國人吃的歷史：中國食物史》（劉華康，1986年）、《中國飲食文化探源》（姚偉鈞，1989年）、《中國人的飲食世界》（王學泰，1989年）、《中國飲食文化》（梅方，1991年）、《中國飲食文化》（林乃燊，1989年）等。斷代飲食史著作中涉及黃河下游地區的亦不少，諸如《漢魏飲食考》（張孟倫，1988年）、《清代飲食文化研究》（林永匡等，1990年）、《唐宋飲食文化發展史》（陳偉明，1995年）等。專題研究黃河下游地區飲食文化的書籍亦較為豐富，具有代表性的有孫嘉祥《中國魯菜文化》（2009年）、桑邑《齊地味之旅》（2007年）、姚吉成等《黃河三角洲民間飲食文化研究》（2006年）、梁國楹《齊魯飲食文化》（2004年）、朱正昌《齊魯特色文化叢書——飲食》（2004年）等。此外，還有一些飲食考古類的文章，具有代表性的有何德亮《山東史前居民飲食生活的初步考察》、秦炳貞《山東方志所見歲時飲食習俗的文化解讀》，趙建民《齊魯飲食風俗對山東人群體性格的影響》、廉明輯《山東方志飲食禮俗摭拾》等。

第四節　黃河下游地區的主要菜系

一、當代魯菜的新發展

　　黃河下游地區主要的菜系是山東菜，簡稱魯菜。中國的菜系無論是分為「八大菜系」還是「四大菜系」，魯菜均居首位，它是黃河流域尤其是黃河下游地區烹飪文化的代表，屬於飲食文化的重要組成部分。它對北京、天津、華北、東北地區乃至整個北方及全國烹調技術的發展有很大影響。

　　魯菜的形成和發展與山東地區的文化歷史、地理環境、經濟條件和習俗有關。山東是中國古文化發祥地之一，地處黃河下游，氣候溫和，膠東半島突出於渤海和黃海之間；境內山川縱橫，河湖交錯，沃野千里，物產豐富，交通便利，文化發達。其糧食產量居全國第三位；蔬菜種類繁多，品質優良，是「世界三大菜園」之一，如膠州大白菜、章丘大蔥、蒼山大蒜、萊蕪生薑蜚聲海內外。魯菜飲食文化是中華飲食文化的重要組成部分，歷史悠久、源遠流長、內涵豐富，形成了以孔府菜為代表的官府菜、以膠東海鮮為主的膠東海鮮菜、以濟南為代表的宮廷菜三大流派。

　　另外，魯菜的核心思想是孔子的飲食理論，其中「和」的思想賦予了山東飲食的最高境界；選料精細、割烹得宜，「食不厭精」「膾不厭細」「失飪不食」等強調了合理飲食的重要性；合理搭配，謹和五味，「不撤薑食」「不得其醬不食」體現了對食物搭配與調味的認識；飲食有節，平衡膳食，「不時不食」「不多食」「食無求飽」「肉雖多，不使勝食氣」體現了對進食規律性、有節制性的要求；講究飲食衛生，「魚餒而肉敗，不食。」「色惡，不食。」「臭惡，不食。」「瀝杯而食，洗爵而飲。」等強調了飲食須講衛生的前提；注重飲食禮儀，「食不語」「有盛饌，必變色而作。」「席不正，不坐。」等表現出對飲食過程的重視。以上飲食思想無一不符合中國傳統的養生之道，其中有禮有節有度、清潔衛生的飲食習慣是維護健康的基本

要求，結構合理、烹製得當、五味調和的食物是養生保健的最佳選擇，與魯菜崇尚純正、不走偏鋒、重視營養、精於刀工、注意衛生等特點有密切的關係。

二、魯菜的各地風格特色鮮明

（1）濟南　濟南菜是魯菜的重要組成部分，其歷史可以追溯到春秋戰國時期，其特點是以湯著稱，擅長爆、炒、燒、炸，成為濟南烹飪文化的核心。濟南飲食文化兼收齊魯飲食文化，特別是儒家文化的影響甚深，且輻射影響力巨大，如北京「全聚德烤鴨」就源於山東濟南。其代表飲食有泉城大包、糖醋鯉魚、九轉大腸、鍋塌豆腐、宮保雞丁、打滷麵、燒餅、細饊子等。

（2）濱州　濱州飲食文化是齊地飲食文化的重要特色，具有鮮明的地域性，其主食以粉食為主，擅長發麵食品，以蒸或烙為主要烹飪方式。糧食作物以五穀為主，小麥是主要食用的作物，三餐之中必須頓頓有粥，品種有小米粥、大米粥、玉米麵粥。濱州飲食文化講究長幼尊卑，並且待客有一整套座次禮儀，提倡「和」為貴的飲食理念。其傳統名小吃有鍋子餅，相傳此餅乃清末西關邢姓店家製作，又稱「邢家鍋子餅」。先用軟麵做兩個小餅，在鏊子上烙黃備用，再用雞蛋、熟肉、豆腐、香菜製餡捲入餅中，稍煎，切成塊食。其餘還有沾化冬棗、陽信鴨梨、無棣金絲小

◀圖11-3 山東周村燒餅

棗、黃河刀魚、武定醬菜、芝麻酥糖等。

（3）淄博　淄博博山是魯菜的發源地，被稱為魯中派系，其歷史發端於西周齊國之時。博山菜作為淄博菜的代表，既有著一般魯菜鮮鹹脆嫩的特點，又獨具特色，自成一格。淄博主要以博山四四席、周村燒餅、大鍋全羊、博山豆腐箱、紅燒魚唇、醬汁鴨方、博山烤肉等美食最具特色。

（4）萊蕪　萊蕪菜是魯菜的重要組成部分，特色小吃有金家羊湯、雪野魚宴、棋山炒雞、口鎮香腸、萊蕪三辣、陳樓糖瓜等，其中「陳樓糖瓜」還與灶王文化有著緊密的聯繫。

（5）臨沂　臨沂物產豐富、食俗久遠，流傳下來許多獨具特色的食品，如糝、六姐妹煎餅、莒南鍋餅、沂水豐糕、郯城挎包火燒等，都是沂蒙獨有的地方小吃，比如糝就是用肉類、麥米、蔥、鹽、麵粉、醬油、胡椒粉、味精、五香粉、香油、醋等多種調料調製而成的一種肉羹，講究熱、辣、香、肥；比較著名的特色菜有光棍雞、莒南爐肉、兔頭等；蘭陵美酒也是酒中上品，其歷史可以追溯到上古時期，其主要原料是黍米和小麥，總共要經過11道工序，其工藝獨特，酒品味美、濃郁；八寶豆豉是臨沂的特產，始見於清道光年間，具有近200年的歷史。

（6）東營　東營最該品嚐的便是「利津水煎包」，始於清代，揚名於民國年間。為發麵煎包，分葷、素餡兩種，包子下鍋後經煮、蒸、煎三道工序而成。其特色在於兼得水煮油煎之妙，色澤金黃，一面焦脆，三面嫩軟，皮薄餡大，香而不膩。

（7）濟寧　濟寧是魯菜的發源地之一，地方小吃種類繁多，特色鮮明。尤其是孔府菜、孔府糕點和微山湖全魚宴等地方飲食，在海內外具有較高的聲譽，是不可不嘗的美味佳餚。

（8）青島　青島盛產名貴的海參、扇貝、鮑魚、海螺、梭蟹、石夾紅蟹、魚、黃花魚、琵琶蝦（撒尿蝦）、大對蝦、加吉魚等，這就決定了青島烹飪以海味原料為主的特點。

（9）煙台　以煙台「福山菜」為代表的「膠東菜」是魯菜的三大支柱之一，煙

台福山市被命名為「魯菜之鄉」，同時也是我國著名的「四大烹飪之鄉」之一。煙台境內山丘眾多，又瀕臨海洋，資源豐富，為「福山菜」提供了優質的原材料。福山菜以清鮮、脆嫩、原汁原味為特點，另外，福山的麵食也非常出名，「福山大麵」「叉子火食」與「硬麵鍋餅」並稱為福山「三大名食」。煙台的名菜、麵食和可口的特色小吃有：八仙宴、碧綠羊排、芙蓉干貝、海腸子、紅燒大蝦、蓬萊鹵驢肉、蓬萊小麵、糖酥槓子頭火食、鮮魚水餃、油爆雙脆等。

（10）濰坊　濰坊在古代屬齊國之地，當時，齊菜和魯菜在口味上就有著比較大的差別。時至今日，濰坊在飲食方面頗有齊菜之風，具有口味鹹鮮、注重刀法、烹飪方法多樣等特點。濰坊菜在魯菜三大支柱的影響下，雖然並不出名，但當地有很多具有特色的風味小吃歷來被人們稱道。如朝天鍋、景芝小炒肉、密州烤鴨、諸城辣絲子、槓子頭火燒等都是濰坊的著名菜品和小吃。

（11）聊城　聊城位於黃河中下游地區，曾為京杭大運河沿岸的著名商埠，南北物資交流頻密，文化薈萃，飲食風味亦大受影響，形成以「醬香、醋香、椒香、酸香」為特色，以濃香見長的魯西菜風格。

（12）菏澤　菏澤物產豐富、食俗久遠，擁有許多獨具特色的食品，如烤扁土豆、單縣羊肉湯等都是當地非常有特色的地方小吃，比較著名的特色菜有曹縣烤牛肉、成武白酥雞等。飲食風格基本遵循魯菜的傳統口味，口感濃郁，菜品顏色明豔，引人食慾。

（13）德州　德州飲食文化是黃河下游地區飲食文化的重要組成部分，而「德州扒雞」就是德州最具代表性的特產，具有300多年的歷史，是雞饌中的精品，其工藝嚴謹，還突出了養生之道。

綜上所述，黃河下游地區的飲食文化具有悠久的歷史，豐富的文化底蘊，依託儒家文化，其飲食文化的價值深深影響著中國飲食文化，體現了黃河下游地區人們溫和、善良、豪爽的性格，以「和」為貴，遵守著傳統的飲食禮俗和飲食道德規範，可謂中華飲食文化中的閃亮明珠。

三、魯菜的發展與傳播

二十世紀末，由於一些原因使得魯菜發展緩慢。近些年來川菜、湘菜、滬菜等諸多菜系紛紛走出家門，風靡大江南北。西方的肯德基、麥當勞，東方的韓餐、日本料理及其他洋菜系占據了大量市場份額，並形成穩固的發展態勢，競爭日趨激烈。而魯菜，作為一個流傳幾百年的老字號品牌，緩慢前行，難尋其蹤。

為促進魯菜的對外傳播和發展，首先應該做的就是傾力打造「魯菜」文化品牌。由於魯菜的覆蓋面較廣，消費者對魯菜特徵在認知上有差異，各地出現了對魯菜的不同解釋，使魯菜在文化層面上沒有形成一個完整的品牌形象。所以，我們首先應該從魯菜發源地正本清源，提煉出魯菜本來的風貌，真正樹起魯菜文化品牌的大旗，以正廣大餐飲消費者的胃口與視聽。

山東省烹飪協會下設「山東省魯菜研究所」，每月出版一期《魯菜研究》雜誌，各地市及大型餐飲企業都相繼成立了魯菜研究會和相應的魯菜研發機構。從文化的大背景下，梳源理流，統一認識，對傳統的魯菜進行深層次的整合，給予魯菜以合理的定位，傾力打造「魯菜」完整而清晰的形象。無論膠東、濟南、濟寧以及孔府菜，均應在「魯菜」的統一旗幟下，凝聚成為一個強有力的品牌形象。同時在與其他地方菜系的交融碰撞過程中，「取其精華、去其糟粕」，吸取其他菜系新的做法，使其融入到「魯菜」大家庭中，以更加完善魯菜的製作工藝，如「大舜宴」「名泉宴」「桃花宴」「八景宴」「金瓶梅宴」等都是在繼承的基礎上新推出來的。唯有如此，才能樹立起魯菜應有的市場地位和無限的影響力，才能在當今的餐飲市場上征服廣大的消費者，並贏得人們對魯菜應有價值的認同，創造魯菜更加燦爛的明天。

其次，應大力推進魯菜產業化發展。魯菜以其無窮的美味魅力贏得了世人的青睞。但由於長期以來在人們的心目中，餐飲經營只不過是某些人開店謀生的一種手段，而忽略了餐飲業在現代經濟領域的重要地位，至今人們依然習慣於個人開店、小本投入，而沒有從宏觀上將餐飲業視為一個很大的產業來對待。魯菜要在新世紀中實現突飛猛進的發展，就必須大力推進魯菜產業化的發展。

魯菜產業化的實施過程是一個系統工程。從產業化的角度來定位魯菜，應該走規模擴張、結構升級、要素優化之路，通過魯菜的發展來帶動其他相關行業的發展。諸如制定魯菜標準、人才的培養與技術人才的輸出計劃、原料的生產與供應策略、產品研製與開發計劃等。如果「魯菜產業化」得以順利推進，就會在山東省內外形成以魯菜為龍頭，繼而帶動農業、水產業、副食品加工業、酒茶業、運輸業等相關產業的發展，從而形成一條較為完善的產業鏈，所產生的社會、經濟效益是可想而知的。據有關專家研究表明，這將是未來中國烹飪餐飲業謀求發展的一大趨勢。對此，魯菜在其發展進程中不可視而不見。近幾年，魯菜傳播到了天南地北。目前，淨雅、倪氏、藍海等大型餐飲企業在北京、濟南取得了可喜的成績，另有幾家餐飲企業已準備進軍上海、廣東等地，投資建設以魯菜為主打的菜館，已初步形成了產業規模化的趨勢。

魯菜的發展需要有一支整體文化素質高、技術素養高、管理意識強的專業化隊伍。然而，目前魯菜市場上的餐飲從業人員的情況卻恰恰相反。這種情況的出現既有歷史的原因，也有認識上的原因。但是，在全面促進魯菜發展的過程中，必須下大力氣改變這一弱點。從長遠發展看，必須加大職業教育投入，培養一大批專業素質高的餐飲經營群體，同時企業本身也要加大對人才的培訓力度，使從業人員的文化、技術等素質得到不斷的提高，以適應魯菜在新時代的發展需要，也為魯菜進一步向國際餐飲市場進軍打下堅實的基礎。

第五節　居民膳食營養問題

一、飲食營養結構不合理

食物營養結構的組成，是指居民飲食結構中主要食物種類和比例的結構性。它與地區生產、流通狀況、當地人口的營養與消費習慣、地方食俗風尚、多年飲食習

慣有關。黃河下游地區日常食用的動物性食品所占比重較高，以山東為例，山東人均占有肉、蛋居全國第一位。調查發現，在本地區城市中，一九九八年的人均消費蛋類數量已經超過日本；肉類消費每年人均早已經超過10千克，富裕農村也已達到每年20千克以上的水平；蛋類消費，城鄉人均「每日一蛋」已經實現，人年均消費雞蛋在22.5千克左右，富裕地區甚至可達30千克以上水平；黃河下游地區海岸線長，海水養殖發展較快，人均水產品年消費量因地區而異，平均每人每年大約10千克，而沿海地市人均水產品年消費量，則達到30千克或更高的水平。肉、蛋類食品增加本是好事，但與此同時，也出現了營養結構不合理的問題。日常飲食種類構成中肉食（含水產、蛋、奶）比例增加，使本地區農村居民中高血壓、高血脂、動脈硬化、超體重人口開始增多。飲食中多肉食、高脂肪、高鹽引起的健康問題已經不容忽視，故應根據人體營養需要，由營養專家提出合理的膳食結構模式和若干膳食指導原則來正確調整膳食結構，減少「文明病」的發生。

二、人均食物熱量超標的原因

根據一九五九年和一九八二年兩次全國營養調查，按照調查對象的年齡、性別、生理狀態和勞動強度折合成參考係數加以估計，每人平均攝入食品熱量（能量），平均每日應不少於2400千卡。但一九八四年的調查表明，平均每人每日能量攝入量已達2484千卡。主要原因之一是食量過多。具體說來可歸納為以下幾點：

❶‧過量的碳水化合物飲食

黃河下游地區的城鄉飲食，依多年習慣主食食量仍比較多。農村人均糧食消費量為毛糧150千克上下，城市淨糧在120千克上下。碳水化合物食物（麵製品、米飯、米粥等）容易消化吸收，米麵製品經消化以單雙糖形式進入人的血液，它們是促進人體胰島素分泌的刺激劑，胰島素還能夠促進人體脂肪的合成和貯藏。麵粉製品和蔗糖的精製食品是最容易被人消化吸收的，一旦食用過量就會以脂肪形式在人

體中積存，主食過量是黃河下游地區人們發胖的主要原因。

❷ · 過量的脂肪飲食

以山東地區為例，人均占有食用油已達到35.36千克／年，而標準油脂消費水平應當控制在人均6千克／年左右才好。但是據李漢昌教授在本地區的調查發現，黃河下游地區（以山東城鄉為例）實際消耗已達到8-10千克／人·年。植物油食用過量會導致脂肪堆積，會很快在人體臟器表面和皮下積累而導致發胖，高脂肪食物往往會損壞人體對其他碳水化合物的利用。其後果往往會導致血脂過高等問題。[1]

❸ · 過量營養攝入

李漢昌教授在近年的調查中發現，在黃河下游地區的城市中，嬰幼兒多通過奶瓶餵奶，容易過量攝入營養造成肥胖幼兒增多的現象，並有逐年增高的趨勢。蛋白質脂肪營養攝入過量除引起早期肥胖外，還有其他不良作用。

也有許多兒童除正餐外，有吃零食、冷飲的習慣，厭食蔬菜和水果、薯類，造成體內熱量過多而引起肥胖。

❹ · 飲食口味過重

以近年來在山東的調查為例，有自東向西口味漸重（食物中含鹽量漸增）的傾向。現代營養科學認為，大蒜、大蔥、醬、芥末、辣椒、糖、鹽、酒等調味品，能促進人們過量飲食，是食俗上的一個容易導致過食肥胖的因素。營養學界和保健醫學界普遍認為，鹽的食用量與高血壓和腎臟病相關。而本地區多年來口味偏重，對高血壓和由它所引起的腦溢血、冠心病都有很大的關聯。所以應合理減少飲食中食鹽的攝入量。

❺ · 飲酒過量

黃河下游地區釀酒歷史悠久，如山東蒸餾白酒廠遍布各市縣。白酒帶來了糧食

1　A.H.恩斯明格等：《疾病與飲食》（第3輯），農業出版社，1986年，第22-25頁。

深加工的附加利潤，但也產生了負面作用。宴席酒風盛行，逢事必飲，且名目繁多，參與者多半要大喝特喝，且非白酒「不能表達盛情」。因此當前脂肪肝、肝硬化、高血壓、糖尿病是酒客常見病。酒風已成為影響社會風氣的重要癥結。

　　總之，改革開放30多年來，黃河下游地區飲食文化發生了質的飛躍。以孔孟食道為代表的飲食之風尚存，其文化內涵不斷豐富。與此同時，黃河下游地區人民在創造自身飲食文明的同時，亦海納百川、兼收並蓄，傳遞著古老大地的生機。隨著黃河下游地區飲食文化的進一步傳播，會有更多的人瞭解、熟悉這一區域的文化特徵。

參考文獻[※]

一、古籍文獻

〔1〕戰國策・上海：上海古籍出版社，2011．

〔2〕司馬遷・史記・北京：中華書局，1959．

〔3〕桑弘羊，等・鹽鐵論・王利器，註釋・北京：中華書局，1992．

〔4〕班固・漢書・北京：中華書局，1962．

〔5〕崔寔・四民月令輯釋・繆啟愉，輯釋・萬國鼎，審訂・北京：農業出版社，1981．

〔6〕王充・論衡校讀箋識・馬宗霍，校釋・北京：中華書局，2010．

〔7〕應劭・風俗通義校注・王利器，校注・北京：中華書局，2010．

〔8〕范曄・後漢書・北京：中華書局，1965．

〔9〕陳壽・三國志・北京：中華書局，1959．

〔10〕房玄齡・晉書・北京：中華書局，1974．

〔11〕張華・博物誌・上海：上海古籍出版社，2012．

〔12〕劉義慶・世說新語箋注・劉孝，標註，余嘉錫，箋注・北京：中華書局，1983．

〔13〕蕭統・文選・李善，注・上海：上海古籍出版社，1986．

〔14〕沈約・宋書・北京：中華書局，1974．

〔15〕蕭子顯・南齊書・北京：中華書局，1972．

〔16〕姚思廉・梁書・北京：中華書局，1973．

〔17〕姚思廉・陳書・北京：中華書局，1972．

〔18〕賈思勰・齊民要術校釋・繆啟愉，校釋・北京：農業出版社，1982．

〔19〕楊衒之・洛陽伽藍記校箋・楊勇，校箋・北京：中華書局，2006．

〔20〕酈道元・水經注校證・陳橋驛，校證・北京：中華書局，2007．

〔21〕魏收・魏書・北京：中華書局，1974．

〔22〕李百藥・北齊書・北京：中華書局，1972．

※ 編者註：本書「參考文獻」，主要參照中華人民共和國國家標準**GB/T 7714-2005**《文後參考文獻著錄規則》著錄。

〔23〕令狐德棻・周書・北京：中華書局，1971・

〔24〕李延壽・北史・北京：中華書局，1974・

〔25〕李延壽・南史・北京：中華書局，1975・

〔26〕虞世南・北堂書鈔・北京：學苑出版社，2003・

〔27〕魏徵・隋書・北京・中華書局，1973・

〔28〕封演・封氏聞見記・北京：中華書局，2008・

〔29〕杜佑・通典・北京：中華書局，1988・

〔30〕段成式・酉陽雜俎・北京：中華書局，1981・

〔31〕劉餗・朝野僉載・北京：中華書局，1979・

〔32〕李吉甫・元和郡縣圖志・北京：中華書局，1983・

〔33〕圓仁・入唐求法巡禮行記・顧承甫，何泉達，點校・上海：上海古籍出版社，1986・

〔34〕孟詵・食療本草譯註・張鼎，增補・鄭金生，張同君，譯註・上海：上海古籍出版社，2007・

〔35〕韓鄂・四時纂要校釋・繆啟愉，校釋・北京：農業出版社，1981・

〔36〕劉昫・舊唐書・北京：中華書局，1975・

〔37〕王溥・唐會要・上海：上海古籍出版社，2012・

〔38〕陶穀・清異錄・上海：上海古籍出版社，2012・

〔39〕樂史・太平寰宇記・北京：中華書局，2007・

〔40〕王欽若・冊府元龜・北京：中華書局，1960・

〔41〕李昉，等・太平廣記・北京：中華書局，1961・

〔42〕李昉，等・文苑英華・北京：中華書局，1966・

〔43〕宋祁，歐陽修，等・新唐書・北京：中華書局，1975・

〔44〕歐陽修・新五代史・北京：中華書局，1974・

〔45〕王存・元豐九域志・北京：中華書局，1984・

〔46〕司馬光・資治通鑑・北京：中華書局，2011・

〔47〕莊綽・雞肋編・北京：中華書局，1983・

〔48〕孟元老・東京夢華錄箋注・伊永文，箋注・北京：中華書局，2006・

〔49〕吳自牧・夢粱錄・杭州：浙江人民出版社，1980・

〔50〕李燾・續資治通鑑長編・北京：中華書局，1979・

〔51〕徐夢莘・三朝北盟會編・上海：上海古籍出版社，2008・

〔52〕陳直，壽親養老新書·鄒鉉，續增·北京：人民衛生出版社，2007·

〔53〕脫脫，等·宋史·北京：中華書局，1977·

〔54〕脫脫，等·金史·北京：中華書局，1975·

〔55〕王禎·東魯王氏農書譯註·繆啟愉，繆桂龍，譯註·上海：上海古籍出版社，2008·

〔56〕大司農司·農桑輯要校釋·繆啟愉，校釋·北京：農業出版社，1988·

〔57〕忽思慧·飲膳正要·揚州：廣陵書社，2010·

〔58〕馬端臨·文獻通考·北京：中華書局，2011·

〔59〕宋濂，等·元史·北京：中華書局，1976·

〔60〕高濂·遵生八箋·北京：人民衛生出版社，2007·

〔61〕徐光啟·農政全書·陳煥良，羅文華，校注·長沙：岳麓書社，2002·

〔62〕宋應星·天工開物譯註·潘吉星，譯註·上海：上海古籍出版社，2008·

〔63〕何良俊·四友齋叢說·北京：中華書局，1959·

〔64〕施耐庵，羅貫中·水滸全傳·長沙：岳麓書社，2006·

〔65〕蘭陵笑笑生·金瓶梅·濟南：齊魯書社，1990·

〔66〕嘉靖青州府志·天一閣藏明代方志選刊·

〔67〕嘉靖濮州志·天一閣藏明代方志選刊·

〔68〕嘉靖山東通志·天一閣藏明代方志選刊·

〔69〕嘉靖高唐州志·刻本，1553（明嘉靖三十二年）·

〔70〕嘉靖臨朐縣志·天一閣藏明代方志選刊·

〔71〕嘉靖淄川縣志·天一閣藏明代方志選刊·

〔72〕萬曆兗州府志·刻本，1573（明萬曆元年）·

〔73〕萬曆平原縣志·刻本，1590（明萬曆十八年）·

〔74〕萬曆恩縣志·刻本，1598（明萬曆二十六年）·

〔75〕萬曆東昌府志·刻本，1600（明萬曆二十八年）·

〔76〕萬曆泰安州志·刻本，1602（明萬曆三十一年）·

〔77〕萬曆青州府志·刻本，1616（明萬曆四十三年）·

〔78〕萬曆福山縣志·刻本，1619（明萬曆四十六年）·

〔79〕隆慶兗州府志·天一閣藏明代方志選刊·

〔80〕崇禎鄆城縣志·天一閣藏明代方志選刊·

〔81〕李漁·閒情偶寄·杭州：浙江古籍出版社，2011·

〔82〕劉廷璣·在園雜誌·北京：中華書局，2005·

〔83〕陳世元·金薯傳習錄·北京：農業出版社，1982·

〔84〕彭定求，等·全唐詩·北京：中華書局，1960·

〔85〕張廷玉，等·明史·北京：中華書局，1974·

〔86〕阮元·十三經注疏·北京：中華書局，1980·

〔87〕王培荀·鄉園憶舊錄·濟南：齊魯書社，1993·

〔88〕徐松·宋會要輯稿·北京：中華書局，1957·

〔89〕徐宗亮，等·黑龍江述略·哈爾濱：黑龍江人民出版社，1985·

〔90〕趙爾巽，等·清史稿·北京：中華書局，1977·

〔91〕康熙壽張縣志·刻本，1662（清康熙元年）·

〔92〕康熙聊城縣志·刻本，1663（清康熙二年）·

〔93〕康熙滋陽縣志·刻本，1672（清康熙十一年）·

〔94〕康熙濮州志·刻本，1673（清康熙十二年）·

〔95〕康熙堂邑縣志·刻本，1679（清光緒十八年）·

〔96〕康熙章丘縣志·刻本，1691（清康熙三十年）·

〔97〕順治登州府志·增刻本，1695（清康熙三十三年）·

〔98〕乾隆昌邑縣志·刻本，1742（清乾隆七年）·

〔99〕乾隆臨清州志·刻本，1749（清乾隆十四年）·

〔100〕乾隆泰安縣志·刻本，1760（清乾隆二十五年）·

〔101〕乾隆曲阜縣志·刻本，1774（清乾隆三十九年）·

〔102〕乾隆臨清直隸州志·刻本，1785（清乾隆五十年）·

〔103〕乾隆濟寧直隸州志·刻本，1785（清乾隆五十年）·

〔104〕嘉慶山東鹽法志·刻本，1808（清嘉慶十三年）·

〔105〕道光青州府志·刻本，1814（清道光十九年）·

〔106〕道光安丘縣志·刻本，1843（清道光二十三年）·

〔107〕道光滕縣志·刻本，1846（清道光二十六年）·

〔108〕咸豐寧陽縣志·刻本，1852（清咸豐二年）·

〔109〕同治即墨縣志·刻本，1872（清同治十一年）·

〔120〕光緒登州府志·刻本，1881（清光緒七年）·

〔121〕光緒鄒縣志·刻本，1892（清光緒十八年）·

〔122〕光緒郾城縣志・刻本，1893（清光緒十九年）・

〔123〕光緒費縣志・刻本，1896（清光緒二十二年）・

〔124〕光緒嶧縣志・刻本，1904（清光緒三十年）・

〔125〕光緒平度州鄉土志・刻本，1908（清光緒三十四年）・

〔126〕光緒膠州直隸州鄉土志・刻本，1908（清光緒三十四年）・

〔127〕宣統聊城縣志・刻本，1910（清宣統二年）・

二、現當代著作

〔1〕田原天南・膠州灣・大連：滿洲日日新聞社，1914・

〔2〕東亞同文會・支那省別全志・1915・

〔3〕杉山五郎・最近山鐵沿線事情・1916・

〔4〕山東農事試驗場民國八年成績報告書，1920・

〔5〕張棟銘・山東省勸業委員會視察各縣實業報告書，1926・

〔6〕馬羅立・饑荒的中國・上海：民智書局，1929・

〔7〕朱新繁・中國農村經濟關係及其特徵・上海：新生命書局，1930・

〔8〕長野朗・中國社會組織・上海：光明書局，1930・

〔9〕山東鄉村建設研究農業改進實施報告，謄寫本，1932・

〔10〕馮和法・中國農村經濟資料・上海：黎明出版社，1935・

〔11〕楊賓・柳邊紀略・上海：商務印書館，1936・

〔12〕國民黨經濟計劃委員會編・十年來中國之經濟建設，1937・

〔13〕陶振譽・中國之農業與工業・南京：正中書局，1937・

〔14〕山東省檔案館藏檔案臨2-10-2，山東省農村推廣計劃，1947・

〔15〕李文治，章有義・中國近代農業史資料・北京：三聯書店，1957・

〔16〕萬國鼎・五穀史話・北京：中華書局，1961・

〔17〕李劍農・魏晉南北朝隋唐經濟史稿・北京：中華書局，1963・

〔18〕隋樹森・全元散曲・北京：中華書局，1964・

〔19〕勞費爾・中國伊朗編・林筠因，譯・北京：商務印書館，1964・

〔20〕中共中央編譯局・馬克思恩格斯全集・北京：人民出版社，1971・

〔21〕山東省文物管理處，濟南市博物館・大汶口：新石器時代墓葬發掘報告・北京：文物出版

社，1974．

〔22〕大公報編輯部．大公報在港復刊三十週年紀念文集．香港：香港大公報出版社，1978．

〔23〕中國社會科學院歷史研究所清史研究室．清史論叢：第1輯．北京：中華書局，1979．

〔24〕佟屏亞．農作物史話．北京：中國青年出版社，1979．

〔25〕史沫特萊．偉大的道路．上海：三聯書店，1979．

〔26〕趙天．哈爾濱市飲食服務業資料簡編，哈爾濱：哈爾濱市服務局資料室（內部資料發行），
　　　1980．

〔27〕伊茲勃蘭特・伊台斯，亞當・勃蘭．俄國使團使華日記（1692-1695）．北京：商務印書館，
　　　1980．

〔28〕薛暮橋．舊中國的農村經濟．北京：農業出版社，1980．

〔29〕王仲犖．北周地理志．北京：中華書局，1980．

〔30〕梁方仲．中國歷代戶口、田地、田賦統計．上海：上海人民出版社，1980．

〔31〕山東省文物考古研究所，等．曲阜魯國故城．濟南：齊魯出版社，1982．

〔32〕山東省博物館，山東省文物考古研究所．山東漢畫像石選集．濟南：齊魯出版社，1982.

〔33〕李林發．山東畫像石研究．濟南：齊魯書社，1982．

〔34〕道森．出使蒙古記．呂浦，譯．周良霄，注．北京：中國社會科學出版社，1983．

〔35〕張震東，楊金森，等．中國海洋漁業簡史．北京：海洋出版社，1983．

〔36〕王金林．簡明日本古代史．天津：天津人民出版社，1984．

〔37〕文物編輯委員會．中國古代窯址調查發掘報告集．北京：文物出版社，1984．

〔38〕李璠．中國栽培植物發展史．北京：科學出版社，1984．

〔39〕山東革命歷史檔案館．山東革命歷史檔案資料選編．濟南：山東人民出版社，1984．

〔40〕李場傅．中國殖民史．上海：上海書店，1984．

〔41〕洪光住．中國食品科技史稿．北京：中國商業出版社，1984．

〔42〕張博泉．金史簡編．瀋陽：遼寧人民出版社，1984．

〔43〕戴逸．簡明清史．北京：人民出版社，1984．

〔44〕中國社會科學院歷史研究所清史研究室．清史論叢：第2輯．北京：中華書局，1985．

〔45〕張起鈞．烹調原理．北京：中國商業出版社，1985．

〔46〕吳慧．中國歷代糧食畝產研究．北京：農業出版社，1985．

〔47〕王仁興．中國飲食談古．北京：輕工業出版社，1985．

〔48〕A・H・恩斯明格，等．疾病與飲食．北京：農業出版社，1986．

〔49〕唐啟宇‧中國作物栽培史稿‧北京：農業出版社，1986‧

〔50〕郭儒林‧元朝史‧北京：人民出版社，1986‧

〔51〕青島市檔案館‧帝國主義與膠海關‧北京：檔案出版社，1986‧

〔52〕中共山東省委研究室‧山東省情‧濟南：山東人民出版社，1986‧

〔53〕陳橋驛‧中國歷史名城‧北京：中國青年出版社，1986‧

〔54〕張博泉，等‧金史論稿‧猛安謀克制度的研究‧長春：吉林文史出版社，1986‧

〔55〕篠田統‧中國食物史研究‧高桂林，等，譯‧北京：中國商業出版社，1987‧

〔56〕托馬斯‧哈定，等‧文化與進化‧韓建軍，等，譯‧杭州：浙江人民出版社，1987‧

〔57〕中國農業科學院蔬菜研究所‧中國蔬菜栽培學‧北京：農業出版社，1987‧

〔58〕臺灣「中央研究院歷史語言研究所」‧明清史料：丙編‧北京：中華書局，1987‧

〔59〕高敏‧魏晉南北朝社會經濟史探討‧北京：人民出版社，1987‧

〔60〕中國社會科學院考古研究所‧膠縣三里河‧北京：文物出版社，1988‧

〔61〕許嘉璐‧中國古代衣食住行‧北京：北京出版社，1988‧

〔62〕趙朴初‧佛教常識答問‧南京：江蘇古籍出版社，1988‧

〔63〕吳慧‧中國歷代糧食畝產研究‧北京：農業出版社，1988‧

〔64〕曾縱野‧中國飲饌史‧北京：中國商業出版社，1988‧

〔65〕梁家勉‧中國農業科學技術史稿‧北京：農業出版社，1989‧

〔66〕車吉心，等‧齊魯文化大詞典‧濟南：山東教育出版社，1989‧

〔67〕Ａ‧Ｈ‧恩斯明格，等‧食物營養百科全書‧北京：農業出版社，1989‧

〔68〕趙榮光‧中國飲食史論‧哈爾濱：黑龍江科學技術出版社，1990‧

〔69〕國家文物局考古領隊培訓班‧兗州西吳寺‧北京：文物出版社，1990‧

〔70〕中國第一歷史檔案館‧滿文老檔‧中社科院歷史所，譯註‧北京：中華書局，1990‧

〔71〕中華人民共和國農業部‧中國糧食發展戰略對策‧北京：農業出版社，1990‧

〔72〕盧浩泉，周才武‧山東泗水縣尹家城遺址出土動、植物標本鑑定報告──泗水尹家城‧北京：文物出版社，1990‧

〔73〕山東農業廳種植區劃專業組‧山東省種植業的過去和將來區劃報告‧濟南：山東科技出版社，1990‧

〔74〕王仁湘‧民以食為天──中國飲食文化‧台北：臺灣中華書局，1990‧

〔75〕田中靜一‧中國飲食傳入日本史‧霍風，等，譯‧哈爾濱：黑龍江人民出版社，1991‧

〔76〕中國烹飪協會，中國飲食文化研究會‧首屆中國飲食文化國際研討會論文集‧1991‧

〔77〕陳文華·中國古代農業科技史圖譜·北京：農業出版社，1991·

〔78〕膠南縣史志辦·膠南縣志·北京：新華出版社，1991·

〔79〕石毛直道·飲食文明論·趙榮光，譯·哈爾濱：黑龍江科學技術出版社，1992·

〔80〕孫祚民·山東通史·濟南：山東人民出版社，1992·

〔81〕游修齡·稻作史論集·北京：中國農業科技出版社，1993·

〔82〕王發渭，等·家庭藥茶·北京：金盾出版社，1993·

〔83〕鄒逸麟·黃淮海平原歷史地理·合肥：安徽教育出版社，1993·

〔84〕蔡少卿·民國時期的土匪·北京：中國人民大學出版社，1993·

〔85〕王仁湘·飲食與中國文化·北京：人民出版社，1994·

〔86〕宋鎮豪·夏商社會生活史·北京：中國社會科學出版社，1994·

〔87〕范楚玉，等·中華文明史·石家莊：河北教育出版社，1994·

〔88〕丁守和·中國歷代奏議大全·哈爾濱：哈爾濱出版社，1994·

〔89〕趙榮光·趙榮光食文化論集·哈爾濱：黑龍江人民出版社，1995·

〔90〕邱龐同·中國麵點史·青島：青島出版社，1995·

〔91〕錢穆·國史大綱·修訂本·北京：商務印書館，1996·

〔92〕劉雲·中國箸文化大觀·北京：科學出版社，1996·

〔93〕吳存浩·中國農業史·北京：警官教育出版社，1996·

〔94〕向斯，王鏡輪·中國歷朝皇宮生活全書·北京：華文出版社，1996·

〔95〕駱承政，樂嘉祥·中國大洪水——災害性洪水敘要·北京：中國書店，1996·

〔96〕夏亨廉，等·漢代農業畫像磚石·北京：中國農業出版社，1996·

〔97〕史衛民·元代社會生活史·北京：中國社會科學出版社，1996·

〔98〕王仁湘·中國史前飲食史·青島：青島出版社，1997·

〔99〕郭墨蘭·齊魯文化·北京：華藝出版社，1997·

〔100〕馬新·兩漢鄉村社會史·濟南：齊魯書社，1997·

〔101〕趙榮光·中國古代庶民飲食生活·北京：商務印書館國際有限公司，1997·

〔105〕胡岳岷·21世紀中國能否養活自己·延邊：延邊大學出版社，1997·

〔103〕嚴文明·史前考古論文集·北京：科學出版社，1998·

〔104〕陳大斌·飢餓引發的變革·北京：中共黨史出版社，1998·

〔102〕黎虎·漢唐飲食文化史·北京：北京師範大學出版社，1998·

〔106〕楊愛國·不為觀賞的畫作——漢畫像石和畫像磚·成都：四川教育出版社，1998·

〔107〕邱國珍・三千年天災・南昌：江西高校出版社，1998・

〔108〕李根蟠・中國古代農業・北京：商務印書館，1998・

〔109〕張新海，文武・老新聞・北京：華藝出版社，1998・

〔110〕朱大渭，等・魏晉南北朝社會生活史・北京：中國社會科學出版社，1998・

〔111〕朱瑞熙，等・遼宋西夏金社會生活史・北京：中國社會科學出版社，1998・

〔112〕鄧云特・中國救荒史・北京：商務印書館，1998・

〔113〕郭文韜，陳仁瑞・中國農業經濟史論稿・南京：河海大學出版社，1999・

〔114〕中國社會科學院考古研究所・山東王因——新石器時代遺址發掘報告・北京：科學出版社，2000・

〔115〕山東省文物考古研究所・山東省高速公路考古報告集：1997年・北京：科學出版社，2000・

〔116〕王利華・中古華北飲食文化的變遷・北京：中國社會科學出版社，2000・

〔117〕董愷忱，范楚玉・中國科學技術史・農學卷・北京：科學出版社，2000・

〔118〕郭文韜，嚴火其・賈思勰王禎評傳・南京：南京大學出版社，2001・

〔119〕孟祥才，胡新生・齊魯思想文化——從地域文化到主流文化・濟南：山東大學出版社，2002・

〔120〕秦大河，等・中國人口資源環境與可持續發展・北京：新華出版社，2002・

〔121〕倪根金・梁家勉農史文集・北京：中國農業出版社，2002・

〔122〕尚志鈞・本草拾遺輯釋・合肥：安徽科學技術出版社，2003・

〔123〕劉正才・四季野菜・成都：四川科學技術出版社，2003・

〔124〕梁國楹・齊魯飲食文化・濟南：山東文藝出版社，2004・

〔125〕青木正兒・中華名物考（外一種）・范建明，譯・北京：中華書局，2005・

〔126〕王廣陽，王京陽，王盼，等・王毓瑚論文集・北京：中國農業出版社，2005・

〔127〕王思明，陳少華・萬國鼎文集・北京：中國農業科學技術出版社，2005・

〔128〕許倬云・漢代農業——中國農業經濟的起源及特性・王勇，譯・桂林：廣西師範大學出版社，2005・

〔129〕葛劍雄・中國人口史・上海：復旦大學出版社，2005・

〔130〕郭墨蘭，呂世忠・齊文化研究・濟南：齊魯書社，2006・

〔131〕成淑君・明代山東農業開發研究・濟南：齊魯書社，2006・

〔132〕姚吉成，等・黃河三角洲民間飲食文化研究・濟南：齊魯書社，2006・

〔133〕高建軍・山東運河民俗・濟南：濟南出版社，2006・

〔134〕趙榮光・中國飲食文化史・上海：上海人民出版社，2006・

〔135〕李憑・北朝研究存稿・北京：商務印書館，2006・

〔136〕趙榮光・衍聖公府食事檔案研究・濟南：山東畫報出版社，2007・

〔137〕劉宗賢・魯文化研究・濟南：齊魯書社，2007・

〔138〕嚴昌洪・20世紀中國社會生活變遷史・北京：人民出版社，2007・

〔139〕蒙思明・魏晉南北朝的社會・上海：上海人民出版社，2007・

〔140〕張波・中國農業通史・戰國秦漢卷・北京：中國農業出版社，2007・

〔141〕陳文華・中國農業通史・夏商西周春秋卷・北京：中國農業出版社，2007・

〔142〕石聲漢・石聲漢農史論文集・北京：中華書局，2008・

〔143〕曾雄生・中國農學史・福州：福建人民出版社，2008・

〔144〕劉長江，等・植物考古：種子和果實研究・北京：科學出版社，2008・

〔145〕邱龐同・飲食雜俎——中國飲食烹飪研究・濟南：山東畫報出版社，2008・

〔146〕滿長征・運河文化主題餐飲體驗・桂林：廣西師範大學出版社，2008・

〔147〕王蕊・齊魯家族聚落與文化變遷・濟南：齊魯書社，2008・

〔148〕姚偉鈞・中國飲食禮俗與文化史論・武漢：華中師範大學出版社，2008・

〔149〕張景明・中國北方游牧民族飲食文化研究・北京：文物出版社，2008・

〔150〕游修齡・中國農業通史・原始社會卷・北京：中國農業出版社，2008・

〔151〕安作璋・山東通史（全10冊）・北京：人民出版社，2009・

〔152〕王利華・中國農業通史：魏晉南北朝卷・北京：中國農業出版社，2009・

〔153〕裴安平，張文緒・史前稻作研究文集・北京：科學出版社，2009・

〔154〕游修齡，曾雄生・中國稻作文化史・上海：上海人民出版社，2010・

〔155〕李玉潔・黃河流域的農耕文明・北京：科學出版社，2010・

〔156〕王賽時・中國酒史・濟南：山東大學出版社，2010・

〔157〕張劍光・唐五代農業思想與農業經濟研究・上海：上海三聯出版社，2010・

〔158〕姚偉鈞・中國飲食典籍史・上海：上海古籍出版社，2011・

〔159〕孫機・漢代物質文化資料圖說・上海：上海古籍出版社，2011・

〔160〕秦永洲・山東社會風俗史・青島：山東人民出版社，2011・

〔161〕張景明・中國飲食器具發展史・上海：上海古籍出版社，2011・

〔162〕俞為潔・中國食料史・上海：上海古籍出版社，2011・

〔163〕彭世獎・中國作物栽培簡史・北京：中國農業出版社，2012・

三、期刊、報紙

〔1〕集成・各地農民狀況調查——山東省，東方雜誌，1927・24（16）・

〔2〕劉增冕・防旱淺說，山東建設月刊，1930（6）・

〔3〕魯省水利建設之成績，水力月報：第3卷，1932（5～6）・

〔4〕胡希平・徐海農村病態的經濟觀，農業週報1932・3（47）・

〔5〕馬乘風・最近中國農村經濟諸實相之暴露，中國經濟，1933，1（1）・

〔6〕劉柏慶・青島市農業推廣的現在和將來，中華農學會報，1934（121）・

〔7〕許滌新・農村破產中底層農民生計問題，東方雜誌，1935，32（1）・

〔8〕陳寅恪・論韓愈，歷史研究，1954（2）・

〔9〕萬國鼎・中國古代對土壤種類及其分布知識，南京農學院學報，1956（1）・

〔10〕安徽省博物館・安徽新石器時代遺址的調查，考古學報，1957（1）・

〔11〕胡悅謙・安徽新石器時代遺址的調查，考古學報，1957（1）・

〔12〕於省吾・商代的穀類作物，東北人民大學人文科學學報，1957（1）・

〔13〕裴文中・中國原始人類的生活環境，古脊椎動物與古人類（卷2），1960（1）・

〔14〕湖南博物館・長沙五里牌古墓葬清理簡報，文物，1960（3）・

〔15〕中國科學院考古研究所安陽發掘隊・1958-1959年殷墟發掘簡報，考古，1961（2）・

〔16〕夏鼐・略談蕃薯和薯蕷，文物，1961（8）・

〔17〕金善寶・淮北平原的新石器時代小麥，作物學報，1962（1）・

〔18〕山東省博物館・曲阜九龍山漢墓發掘簡報，文物，1972（5）・

〔19〕門大鵬・《齊民要術》中的豆豉，微生物學報，1977（1）。

〔20〕劉云彩・中國古代高爐的起源和演變，文物，1978（2）・

〔21〕王振鋒・漢代冶鐵鼓風機的復原，文物，1978（2）・

〔22〕趙希濤・中國東部兩萬年來的海平面變化，海洋學報，1979，1（2）・

〔23〕南京博物院・銅山小龜山西漢崖洞墓，文物，1980（2）・

〔24〕煙台地區文管組等・山東萊西縣岱墅西漢木槨墓，文物，1980（2）・

〔25〕李家文・中國蔬菜作物的來歷，中國農業科學，1981（1）・

〔26〕萬樹瀛・滕縣後荊溝村出土不期簋等青銅器群，考古，1982（2）・

〔27〕李長年・略述我國穀物源流，歷史研究：第二集，北京：農業出版社，1982・

〔28〕吳詩遲・山東新石器時代農業考古概述，農業考古，1983（2）・

〔29〕中國社會科學院考古研究所山東隊・山東滕縣北辛遺址發掘報告，考古學報，1984（2）・

〔30〕山東社科院考古所・山東棲霞楊家圈遺址的發掘簡報，史前研究，1984（3）・

〔31〕傅衣凌・明代經濟史上的山東與河南，社會科學戰線，1984（3）・

〔32〕徐淑彬，等・山東日照沿海發現舊石器地點，人類學學報：卷3，1984（4）・

〔33〕山東考古所・齊故城五號東周墓及大型殉馬坑的發掘，文物，1984（9）・

〔34〕蔡蓮珍，仇士華・碳十四測定和古代食譜研究，考古，1984（10）・

〔35〕張鎮洪，等・遼寧海城小孤山遺址發掘簡報，人類學學報，1985，4（1）・

〔36〕馬洪路・再論我國新石器時代的穀物加工，農業考古，1986（2）・

〔37〕周魁・中國古代的農田水利，農業考古，1986（1）・

〔38〕何德亮・論山東地區新石器時代的養豬業，農業考古，1986（1）・

〔39〕黃慰文，等・海城小孤山的骨製品和裝飾，人類學學報，1986，5（3）・

〔40〕甘肅居延考古隊・居延漢代遺址的發掘和新出土的簡冊文書，文物，1987（1）・

〔41〕穆祥桐・從《齊民要術》看魏晉南北朝時期的烹飪技術，農業考古，1987（2）・

〔42〕逄振鎬・東夷及其史前文化試論，歷史研究，1987（3）・

〔43〕山東考古研究所・山東莒縣陵陽河大汶口文化墓葬發掘簡報，史前研究，1987（3）・

〔44〕胡阿祥・晉宋時期山東僑州、郡、縣考志，中國歷史地理論叢，1989（3）・

〔45〕王仁湘・中國古代進食具匕箸叉研究・匕篇，考古學報，1990（3）・

〔46〕張學海・揭開城子崖考古之謎，走向世界，1990（5）・

〔47〕姚偉鈞・三國魏晉南北朝的飲食文化，中南民族學院學報，1994（2）・

〔48〕陳金標・《齊民要術》中的「餅法」，揚州大學烹飪學報，1994（3）・

〔49〕王賽時・中國古代的粉食，四川烹飪，1994（3）・

〔50〕逄振鎬・史前東夷飲食生活方式，中國農史，1994，13（4）・

〔51〕肖克之，張合旺・《齊民要術》中反映的南北朝飲食文化，古今農業，1996（1）・

〔52〕濟寧市文物考古研究室・山東濟寧市張山遺址的發掘，考古，1996（4）・

〔53〕東海縣尹晚漢墓簡牘，文物，1996（8）・

〔54〕張輝・向奢侈浪費行為開刀，明鏡月刊，1998（8）・

〔55〕趙榮光・孔孟食道與中華民族飲食文化，1998世界華人飲食科技與文化交流國際研討

會論文，1998．7．

〔56〕姚偉鈞．漢唐飲食制度考論，中國文化研究，1999（1）．

〔57〕靳桂云，呂厚遠，魏成敏．山東臨淄田旺龍山文化遺址植物硅酸體研究，考古，1999
（2）．

〔58〕邱龐同．魏晉南北朝菜餚史——《中國菜餚史》節選，揚州大學烹飪學報，2001（2）．

〔59〕楊堅．我國古代大豆醬油生產初探，中國農史，2001（3）．

〔60〕嚴火其．我國農業以種植業為主原因探析，中國農史，2001（4）．

〔61〕趙榮光．中國傳統膳食結構中的大豆與中國菽文化，飲食文化研究（香港），2002（2）．

〔62〕趙建民．《齊民要術》之餅食文化，揚州大學烹飪學報，2003（1）．

〔63〕楊堅．中國豆腐的起源與發展，農業考古，2004（1）．

〔64〕楊堅．《齊民要術》中的肉食初探，南寧職業技術學院學報，2004（2）．

〔65〕楊堅．《齊民要術》所記載的肉食加工與烹飪方法初探，中國農史，2004（3）．

〔66〕姚偉鈞，王玲．漢唐時期北方胡漢飲食原料之交流，南寧職業技術學院學報，2004（3）．

〔67〕王玲．《齊民要術》與北朝胡漢飲食文化的融合，中國農史，2005（4）．

〔68〕王娜，張鹽，朱宏斌．《齊民要術》中的胡食及其製作方法研究，安徽農業科學，2005
（12）．

〔69〕何德亮，張云．山東史前居民飲食生活的初步考察，東方博物，2006（2）．

〔70〕楊堅．《齊民要術》中的飯食淺議，南寧職業技術學院學報，2007（2）．

〔71〕楊堅．《齊民要術》中的粥食淺議，南寧職業技術學院學報，2008（1）．

〔72〕張景明．北方游牧民族的飲食結構與飲食風味，飲食文化研究，2008（1）．

〔73〕王靜．魏晉南北朝的移民與飲食文化交流，南寧職業技術學院學報，2008（4）．

〔74〕薛世平．古籍《齊民要術》中所記載的烹飪法，福建師範大學福清分校學報，
2009（2）．

索引※

※　編者註：本書「索引」，主要參照中華人民共和國國家標準**GB/T 22466-2008**《索引編製規則（總則）》
　　編製。

後記

　　黃河下游地區飲食文化歷史悠久、風格獨特。但在以往的飲食文化史研究中，人們往往比較關注長江三角洲這類經濟發達地區，而對於黃河下游這樣經濟次發達地區的研究顯得較少。其實，從一定意義上說，黃河下游地區飲食文化的變遷在全國更具有代表性，只有進一步研究該地區的飲食文化，才有助於全面評價中國傳統飲食生活史的發展變化。這是因為：黃河下游地區飲食文化的特點具有多樣性、複雜性特點；「孔孟食道」的創立對於該地區飲食文化以及中華飲食文化有重要影響；《齊民要術》一書充分反映了黃河下游的飲食文化；明清時期，隨著新物種諸如玉米、花生、蕃薯等進入中國，並且在黃河下游地區廣泛種植，對於餐桌上食料與飲食結構產生了重大的影響，玉米在一定程度上成為黃河下游地區僅次於小麥的重要主食；通過對衍聖公府食事的研究，能較為完整地認識明清時期貴族飲食文化層的飲食風貌。

　　這部書用了近兩年才完成，現在終於呈現在讀者諸君面前，我對所經歷的艱辛難免感慨系之。首先是時間緊迫，雖然之前已經進行了大量文獻收集和實地調查等準備工作，但是動筆之後，卻感到光陰荏苒，歲月如梭；其次，國內對於黃河下游地區的研究相對比較薄弱，研究系統性不夠，大部分都是通俗性介紹文章，而從專業角度對其進行全面考察與探究的論著較為貧乏，參考文獻十分有限，給我們的寫作帶來了一定困難。不過，為了給後人留下這部中國飲食文化史研究的階段性成果，我們三人努力克服諸多困難，通力合作，排除各種干擾，反覆修改，悉心推敲，力求字字有據，最終完成了心中牽掛已久的學術目標。

　　在本書完成之際，我們要感謝中國輕工業出版社的大力支持，特別是馬靜老師，她為這套叢書的順利出版可謂是殫精竭慮，此外還有方程老師，他們經常來信、來電，給予具體幫助指導，儘可能提供方便，並對我們這本書提出了許多建設性的寶貴意見，使得我們這本書避免了許多問題和錯誤。我願借此機會，向他們表示衷心的感謝。

　　付梓在即，我們內心仍惴惴不安，由於我們的學力有限，本書可能存在著一些問題，希望廣大讀者給予批評指正。

姚偉鈞

2013年春於武昌桂子山

為了心中的文化堅守
——記《中國飲食文化史》（十卷本）的出版

　　《中國飲食文化史》（十卷本）終於出版了。我們迎來了遲到的喜悅，為了這一天，我們整整守候了二十年！因此，這一份喜悅來得深沉，來得艱辛！

（一）

　　談到這套叢書的緣起，應該說是緣於一次重大的歷史機遇。

　　一九九一年，「首屆中國飲食文化國際學術研討會」在北京召開。掛帥的是北京市副市長張建民先生，大會的總組織者是北京市人民政府食品辦公室主任李士靖先生。來自世界各地及國內的學者濟濟一堂，共敘「食」事。中國輕工業出版社的編輯馬靜有幸被大會組委會聘請為論文組的成員，負責審讀、編輯來自世界各地的大會論文，也有機緣與來自國內外的專家學者見了面。

　　這是一次高規格、高水準的大型國際學術研討會，自此拉開了中國食文化研究的熱幕，成為一個具有里程碑意義的會議。這次盛大的學術會議激活了中國久已蘊藏的學術活力，點燃了中國飲食文化建立學科繼而成為顯學的希望。

　　在這次大會上，與會專家議論到了一個嚴肅的學術話題——泱泱中國，有著五千年燦爛的食文化，其豐厚與絢麗令世界矚目——早在一百七十萬年前元謀（雲南）人即已發現並利用了火，自此開始了具有劃時代意義的熟食生活；古代先民早已普遍知曉三點決定一個平面的幾何原理，製造出了鼎、鬲等飲食容器；先民發明了二十四節氣的農曆，在夏代就已初具雛形，由此創造了中華民族最早的農耕文明；中國是世界上最早栽培水稻的國家，也是世界上最早使用蒸汽烹飪的國家；中國有著令世界傾倒的美食；有著製作精美的最早的青銅器酒具，有著世界最早的茶學著作《茶經》……為世界飲食文化建起了一座又一座的豐碑。然而，不容迴避的現實是，至今沒有人來系統地彰顯中華

中國飲食文化史　　黃河下游地區卷

民族這些了不起的人類文明，因為我們至今都沒有一部自己的飲食文化史，飲食文化研究的學術制高點始終掌握在國外學者的手裡，這已成為中國學者心中的一個痛，一個鬱鬱待解的沉重心結。

這次盛大的學術集會激發了國內專家奮起直追的勇氣，大家發出了共同的心聲：全方位地占領該領域學術研究的制高點時不我待！作為共同參加這次大會的出版工作者，馬靜和與會專家有著共同的強烈心願，立志要出版一部由國內專家學者撰寫的中華民族飲食文化史。趙榮光先生是中國飲食文化研究領域建樹頗豐的學者，此後由他擔任主編，開始了作者隊伍的組建，東西南北中，八方求賢，最終形成了一支覆蓋全國各個地區的飲食文化專家隊伍，可謂學界最強陣容。並商定由中國輕工業出版社承接這套學術著作的出版，由馬靜擔任責任編輯。

此為這部書稿的發端，自此也踏上了二十年漫長的坎坷之路。

（二）

撰稿是極為艱辛的。這是一部填補學術空白與出版空白的大型學術著作，因此沒有太多的資料可資借鑑，多年來，專家們像在沙裡淘金，爬梳探微於浩瀚古籍間，又像春蠶吐絲，絲絲縷縷傾吐出歷史長河的乾坤經綸。冬來暑往，飽嘗運筆滯澀時之苦悶，也飽享柳暗花明時的愉悅。殺青之後，大家一心期待著本書的出版。

然而，現實是嚴酷的，這部嚴肅的學術著作面臨著商品市場大潮的衝擊，面臨著生與死的博弈，一個繞不開的話題就是經費問題，沒有經費將寸步難行！我們深感，在沒有經濟支撐的情況下，文化將沒有任何尊嚴可言！這是苦苦困擾了我們多年的一個苦澀的原因。

一部學術著作如果不能靠市場賺得效益，那麼，出還是不出？這是每個出版社都必須要權衡的問題，不是一個責任編輯想做就能做決定的事情。一九九九年本書責任編輯馬靜生病住院期間，有關領導出於多方面的考慮，探病期間明確表示，該工程必須下馬。作為編輯部的一件未盡事宜，我們一方面八方求助資金以期救活這套書，另一方面也在以萬分不捨的心情為其尋找一個「好人家」「過繼」出去。由於沒有出版補貼，遂被多家出版社婉拒。在走投無路之時，馬靜求助於出版同仁、老朋友——上海人民出版社的李偉國總編輯。李總編學歷史出身，深諳我們的窘境，慷慨出手相助，他希望能削減一些字數，並答應補貼十萬元出版這套書，令我們萬分感動！

但自「孩子過繼」之後，我們心中出現的竟然是在感動之後的難過，是「過繼」後的難以割捨，是「一步三回頭」的牽掛！「我的孩子安在？」時時襲上心頭，遂「長使英雄淚滿襟」——它畢竟是我們已經看護了十來年的孩子。此時心中湧起的是對自己無錢而又無能的自責，是時時想「贖回」的強烈願望！至今寫到這裡仍是眼睛濕潤唏噓不已⋯⋯

經由責任編輯提議，由主編撰寫了一封情辭懇切的「請願信」，說明該套叢書出版的重大意義，以及出版經費無著的困窘，希冀得到飲食文化學界的一位重量級前輩——李士靖先生的幫助。這封信由馬靜自北京發出，一站一站地飛向了全國，意欲傳到十卷叢書的每一位專家作者手中簽名。於是這封信從東北飛至西北，從東南飛至西南，從黃河飛至長江⋯⋯歷時一個月，這封滿載著全國專家學者殷切希望的滾燙的聯名信件，最終傳到了「北京中國飲食文化研究會」會長、北京市人民政府食品辦公室主任李士靖先生手中。李士靖先生接此信後，如雙肩荷石，沉吟許久，遂發出軍令一般的誓言：我一定想辦法幫助解決經費，否則，我就對不起全國的專家學者！在此之後，便有了知名企業家——北京稻香村食品有限責任公司董事長、總經理畢國才先生慷慨解囊、義舉資助本套叢書經費的感人故事。畢老總出身書香門第，大學讀的是醫學專業，對中國飲食文化有著天然的情愫，他深知這套學術著作出版的重大價值。這筆資助，使得這套叢書得以復甦——此時，我們的深切體會是，只有餓了許久的人，才知道糧食的可貴！⋯⋯

在我們獲得了活命的口糧之後，就又從上海接回了自己的「孩子」。在這裡我們要由衷感謝李偉國總編輯的大度，他心無半點芥蒂，無條件奉還書稿，至今令我們心存歉意！

有如感動了上蒼，在我們一路跌跌撞撞泣血奔走之時，國賜良機從天而降——國家出版基金出台了！它旨在扶助具有重要出版價值的原創學術精品力作。經嚴格篩選審批，本書獲得了國家出版基金的資助。此時就像大旱中之雲霓，又像病困之人輸進了新鮮血液，由此全面盤活了這套叢書。這筆資金使我們得以全面鋪開精品圖書製作的質量保障系統工程。後續四十多道工序的工藝流程有了可靠的資金保證，從此結束了我們捉襟見肘、寅吃卯糧的日子，從而使我們恢復了文化的自信，感受到了文化的尊嚴！

（三）

我們之所以做苦行僧般的堅守，二十年來不離不棄，是因為這套叢書所具有的出版

價值——中國飲食文化是中華文明的核心元素之一，是中國五千年燦爛的農耕文化和畜牧漁獵文化的思想結晶，是世界先進文化和人類文明的重要組成部分，它反映了中國傳統文化中的優秀思想精髓。作為出版人，弘揚民族優秀文化，使其走出國門走向世界，是我們義不容辭的責任，儘管文化堅守如此之艱難。

季羨林先生說，世界文化由四大文化體系組成，中國文化是其中的重要組成部分（其他三個文化體系是古印度文化、阿拉伯—波斯文化和歐洲古希臘—古羅馬文化）。中國是世界上唯一沒有中斷文明史的國家。中國自古是農業大國，有著古老而璀璨的農業文明，它是中國飲食文化的根基所在，就連代表國家名字的專用詞「社稷」，都是由「土神」和「穀神」組成。中國飲食文化反映了中華民族這不朽的農業文明。

中華民族自古以來就有著「五穀為養，五果為助，五畜為益，五菜為充」的優良飲食結構。這個觀點自兩千多年前的《黃帝內經》時就已提出，在兩千多年後的今天來看，這種飲食結構仍是全世界推崇的科學飲食結構，也是當代中國大力倡導的健康飲食結構。這是來自中華民族先民的智慧和驕傲。

中華民族信守「天人合一」的理念，在年復一年的勞作中，先民們敬畏自然，尊重生命，守天時，重時令，拜天祭地，守護山河大海，守護森林草原。先民發明的農曆二十四個節氣，開啟了四季的農時輪迴，他們既重「春日」的生發，又重「秋日」的收穫，他們頌春，愛春，喜秋，敬秋，創造出無數的民俗、農諺。「吃春餅」「打春牛」「慶豐登」……然而，他們節儉、自律，沒有掠奪式的索取，他們深深懂得人和自然是休戚與共的一體，愛護自然就是愛護自己的生命，從不竭澤而漁。早在周代，君王就已經認識到生態環境安全與否關乎社稷的安危。在生態環境嚴重惡化的今天，在掠奪式開採資源的當代，對照先民們信守千年的優秀品質，不值得當代人反思嗎？

中華民族篤信「醫食同源」的功用，在現代西方醫學傳入中國以前，幾千年來「醫食同源」的思想護佑著中華民族的繁衍生息。中國的歷史並非長久的風調雨順、豐衣足食，而是災荒不斷，迫使人們不斷尋找、擴大食物的來源。先民們既有「神農嚐百草，日遇七十二毒」的艱險，又有「得茶而解」的收穫，一代又一代先民，用生命的代價換來了既可果腹又可療疾的食物。所以，在中華大地上，可用來作食物的資源特別多，它是中華先民數千年戮力開拓的豐碩成果，是先民們留下的寶貴財富；「醫食同源」也是中國飲食文化最傑出的思想，至今食療食養長盛不衰。

中華民族有著「尊老」的優良傳統，在食俗中體現尤著。居家吃飯時第一碗飯要先奉給老人，最好吃的也要留給老人，這也是農耕文化使然。在古老的農耕時代，老人是

農耕技術的傳承者，是新一代勞動力的培養者，因此使老者具有了權威的地位。尊老，是農耕生產發展的需要，祖祖輩輩代代相傳，形成了中華民族尊老的風習，至今視為美德。

中國飲食文化的一個核心思想是「尚和」，主張五味調和，而不是各味單一，強調「鼎中之變」而形成了各種復合口味，從而構成了中國烹飪豐富多彩的味型，構建了中國烹飪獨立的文化體系，久而昇華為一種哲學思想——尚和。《中庸》載「和也者，天下之達道」，這種「尚和」的思想體現到人文層面的各個角落。中華民族自古崇尚和諧、和睦、和平、和順，世界上沒有哪一個國家能把「飲食」的社會功能發揮到如此極致，人們以食求和體現在方方面面：以食尊師敬老，以食饗友待客，以宴賀婚、生子以及陞遷高就，以食致歉求和，以食表達謝意致敬……「尚和」是中華民族一以貫之的飲食文化思想。

「一方水土養一方人」。這十卷本以地域為序，記述了在中國這片廣袤的土地上有如萬花筒一般絢麗多彩的飲食文化大千世界，記錄著中華民族的偉大創造，也記述了各地專家學者的最新科研成果——舊石器時代的中晚期，長江下游地區的原始人類已經學會捕魚，使人類的食源出現了革命性的擴大，從而完成了從矇昧到文明的轉折；早在商周之際，長江下游地區就已出現了原始瓷；春秋時期筷子已經出現；長江中游是世界上最早栽培稻類作物的地區。《呂氏春秋‧本味》述於二千三百年前，是中國歷史上最早的烹飪「理論」著作；中國最早的古代農業科技著作是北魏高陽（今山東壽光）太守賈思勰的《齊民要術》；明代科學家宋應星早在幾百年前，就已經精闢論述了鹽與人體生命的關係，可謂學界的最先聲；新疆人民開鑿修築了坎兒井用於農業灌溉，是農業文化的一大創舉；孔雀河出土的小麥標本，把小麥在新疆地區的栽培歷史提早到了近四千年前；青海喇家麵條的發現把我國食用麵條最早記錄的東漢時期前提了兩千多年；豆腐的發明是中國人民對世界的重大貢獻；有的卷本述及古代先民的「食育」理念；有的卷本還以大開大闔的筆力，勾勒了中國幾萬年不同時期的氣候與人類生活興衰的關係等等，真是處處珠璣，美不勝收！

這些寶貴的文化財富，有如一顆顆散落的珍珠，在沒有串成美麗的項鏈之前，便彰顯不出它的耀眼之處。如今我們完成了這一項工作，雕琢出了一串光彩奪目的珍珠，即將放射出耀眼的光芒！

中國飲食文化史 ■ 黃河下游地區卷

（四）

　　編輯部全體工作人員視稿件質量為生命，不敢有些許懈怠，我們深知這是全國專家學者二十年的心血，是一項極具開創性而又十分艱辛的工作。我們肩負著填補國家學術空白、出版空白的重託。這個大型文化工程，並非三朝兩夕即可一蹴而就，必須長年傾心投入。因此多年來我們一直保持著飽滿的工作激情與高度的工作張力。為了保證圖書的精品質量並儘早付梓，我們無年無節、終年加班而無怨無悔，個人得失早已置之度外。

　　全體編輯從大處著眼，力求全稿觀點精闢，原創鮮明。各位編輯極儘自身多年的專業積累，傾情奉獻：修正書稿的框架結構，爬梳提煉學術觀點，補充遺漏的一些重要史實，匡正學術觀點的一些訛誤之處，並誠懇與各卷專家作者切磋溝通，務求各卷寫出學術亮點，其拳拳之心殷殷之情青天可鑒。編稿之時，為求證一個字、一句話，廣查典籍，數度披閱增刪。青黃燈下，蹙眉凝思，不覺經年久月，眉間「川」字如刻。我們常為書稿中的精闢之處而喜不自勝，更為瑕疵之筆而扼腕嘆息！於是孜孜矻矻、秉筆躬耕，一句句、一字字吟安鋪穩，力求語言圓通，精煉可讀。尤其進入後期階段，每天下班時，長安街上已是燈火闌珊，我們卻剛剛送走一個緊張工作的夜晚，又在迎接著一個奮力拚搏的黎明。

　　為了不懈地追求精品書的品質，本套叢書每卷本要經過四十多道工序。我們延請了國內頂級專家為本書的質量把脈，中華書局的古籍專家劉尚慈編審已是七旬高齡，她以古籍善本為據，為我們的每卷書稿逐字逐句地核對了古籍原文，幫我們糾正了數以千計的舛誤，從她那裡我們學到了非常多的古籍專業知識。有時已是晚九時，老人家還沒吃飯在為我們核查書稿。看到原稿不盡如人意時，老人家會動情地對我們喊起來，此時，我們感動！我們折服！這是一位學者一種全身心地忘我投入！為了這套書，她甚至放下了自己的個人著述及其他重要邀請。

　　中國社會科學院歷史研究所李世愉研究員，為我們審查了全部書稿的史學內容，匡正和完善了書稿中的許多漏誤之處，使我們受益匪淺。在我們圖片組稿遇到困難之時，李老師憑藉深廣的人脈，給了我們以莫大的幫助。他是我們的好師長。

　　本書中涉及各地區少數民族及宗教問題較多，是我們最擔心出錯的地方。為此我們把書稿報送了國家宗教局、國家民委、中國藏學研究中心等權威機構精心審查了書稿，並得到了他們的充分肯定，使我們大受鼓舞！

　　我們還要感謝北京觀復博物館、大連理工大學出版社幫我們提供了許多有價值的歷

史圖片。

為了嚴把書稿質量，我們把做辭書時使用的有效方法用於這部學術精品專著，即對本書稿進行了二十項「專項檢查」以及後期的五十三項專項檢查，諸如，各卷中的人名、地名、國名、版圖、疆域、西元紀年、諡號、廟號、少數民族名稱、現當代港澳臺地名的表述等，由專人做了逐項審核。為使高端學術著作科普化，我們對書稿中的生僻字加了注音或簡釋。

其間，國家新聞出版總署貫徹執行「學術著作規範化」，我們聞風而動，請各卷作者添加或補充了書後的參考文獻、索引，並逐一完善了書稿中的註釋，嚴格執行了總署的文件規定不走樣。

我們還要感謝各卷的專家作者對編輯部非常「給力」的支持與配合，為了提高書稿質量，我們請作者做了多次修改及圖片補充，不時地去「電話轟炸」各位專家，一頭卡定時間，一頭卡定質量，真是難為了他們！然而，無論是時處酷暑還是嚴冬，都基本得到了作者們的高度配合，特別是和我們一起「摽」了二十年的那些老作者，真是同呼吸共命運，他們對此書稿的感情溢於言表。這是一種無言的默契，是一種心靈的感應，這是一支二十年也打不散的隊伍！憑著中國學者對傳承優秀傳統文化的責任感，靠著一份不懈的信念和期待，苦苦支撐了二十年。在此，我們向此書的全體作者深深地鞠上一躬！致以二十年來的由衷謝意與敬意！

由於本書命運多舛遷延多年，作者中不可避免地發生了一些變化，主要是由於身體原因不能再把書稿撰寫或修改工作堅持下去，由此形成了一些卷本的作者缺位。正是我們作者團隊中的集體意識及合作精神此時彰顯了威力——當一些卷本的作者缺位之時，便有其他卷本的專家伸出援助之手，像接力棒一樣傳下去，使全套叢書得以正常運行。華中師範大學的博士生導師姚偉鈞教授便是其中最出力的一位。今天全書得以付梓而沒有出現缺位現象，姚老師功不可沒！

「西藏」「新疆」原本是兩個獨立的部分，組稿之初，趙榮光先生殫精竭慮多方奔走物色作者，由於難度很大，終而未果，這已成為全書一個未了的心結。後期我們傾力進行了接續性的推動，在相關專家的不懈努力下，終至彌補了地區缺位的重大遺憾，並獲得了有關審稿權威機構的好評。

最令我們難過的是本書「東南卷」作者、暨南大學碩士生導師、冼劍民教授沒能見到本書的出版。當我們得知先生患重病時即趕赴探望，那時先生已骨瘦如柴，在酷熱的廣州夏季，卻還身著毛衣及馬甲，接受著第八次化療。此情此景令人動容！後得知冼先

生化療期間還在堅持修改書稿，使我們感動不已。在得知冼先生病故時，我們數度哽咽！由此催發我們更加發憤加快工作的步伐。在本書出版之際，我們向冼劍民先生致以深深的哀悼！

在我們申報國家項目和有關基金之時，中國農大著名學者李里特教授為我們多次撰寫審讀推薦意見，如今他竟然英年早逝離我們而去，令我們萬分悲痛！

在此期間，李漢昌先生也不幸遭遇重大車禍，嚴重影響了身心健康，在此我們致以由衷的慰問！

（五）

中國飲食文化學是一門新興的綜合學科，涉及歷史學、民族學、民俗學、人類學、文化學、烹飪學、考古學、文獻學、地理經濟學、食品科技史、中國農業史、中國文化交流史、邊疆史地、經濟與商業史等諸多學科，現正處在學科建設的爬升期，目前已得到越來越多領域的關注，也有越來越多的有志學者投身到這個領域裡來，應該說，現在已經進入了最好的時期，從發展趨勢看，最終會成為顯學。

早在一九九八年於大連召開的「世界華人飲食科技與文化國際學術研討會」，即是以「建立中國飲食文化學」為中心議題的。這是繼一九九一年之後又一次重大的國際學術會議，是一九九一年國際學術會議成果的繼承與接續。建立「中國飲食文化學」這個新的學科，已是國內諸多專家學者的共識。在本叢書中，就有專家明確提出，中國飲食文化應該納入「文化人類學」的學科，在其之下建立「飲食人類學」的分支學科。為學科理論建設搭建了開創性的構架。

這套叢書的出版，是學科建設的重要組成部分，它完成了一個帶有統領性的課題，它將成為中國飲食文化理論研究的扛鼎之作。本書的內容覆蓋了全國的廣大地區及廣闊的歷史空間，本書從史前開始，一直敘述到當代的二十一世紀，貫通時間百萬年，從此結束了中國飲食文化無史和由外國人寫中國飲食文化史的局面。這是一項具有里程碑意義的歷史文化工程，是中國對世界文明的一種國際擔當。

二十年的風風雨雨、坎坎坷坷我們終於走過來了。在拜金至上的浮躁喧囂中，我們為心中的那份文化堅守經過了煉獄般的洗禮，我們坐了二十年的冷板凳但無怨無悔！因為由此換來的是一項重大學術空白、出版空白的填補，是中國五千年厚重文化積澱的梳

理與總結，是中國優秀傳統文化的彰顯。我們完成了一項重大的歷史使命，我們完成了老一輩學人對我們的重託和當代學人的夙願。這二十年的泣血之作，字裡行間流淌著中華文明的血脈，呈獻給世人的是祖先留給我們的那份精神財富。

我們篤信，中國飲食文化學的崛起是歷史的必然，它就像那冉冉升起的朝陽，將無比燦爛輝煌！

《中國飲食文化史》編輯部

二〇一三年九月

亮點書系・中國文化通史 A1002012

中國飲食文化史・黃河下游地區卷

主　　編　趙榮光
版權策畫　李　鋒
責任編輯　楊婉慈

發 行 人　林慶彰
總 經 理　梁錦興
總 編 輯　張晏瑞
編 輯 所　萬卷樓圖書股份有限公司
臺北市羅斯福路二段 41 號 6 樓之 3
電話 (02)23216565
傳真 (02)23218698

出　　版　昌明文化有限公司
桃園市龜山區中原街 32 號
電話 (02)23216565
發　　行　萬卷樓圖書股份有限公司
臺北市羅斯福路二段 41 號 6 樓之 3
電話 (02)23216565
傳真 (02)23218698
電郵　SERVICE@WANJUAN.COM.TW

ISBN 978-986-496-150-4
2018 年 1 月初版
定價：新臺幣 380 元

如何購買本書：
1. 劃撥購書，請透過以下郵政劃撥帳號：
　帳號：15624015
　戶名：萬卷樓圖書股份有限公司
2. 轉帳購書，請透過以下帳戶
　合作金庫銀行　古亭分行
　戶名：萬卷樓圖書股份有限公司
　帳號：0877717092596
3. 網路購書，請透過萬卷樓網站
　網址 WWW.WANJUAN.COM.TW
大量購書，請直接聯繫我們，將有專人為您
服務。客服：(02)23216565 分機 610

如有缺頁、破損或裝訂錯誤，請寄回更換
版權所有・翻印必究
Copyright©2016 by WanJuanLou Books CO., Ltd.
All Rights Reserved　　**Printed in Taiwan**

國家圖書館出版品預行編目資料

中國飲食文化史. 黃河下游地區卷 / 趙榮光
著.-- 初版.-- 桃園市：昌明文化出版；臺北
市：萬卷樓發行, 2018.01
　冊；　公分
ISBN 978-986-496-150-4(平裝). --
1.飲食風俗 2.中國
538.782　　　　　　　　　　　107001754

本著作物經廈門墨客知識產權代理有限公司代理，由中國輕工業出版社授權萬卷樓圖
書股份有限公司出版、發行中文繁體字版版權。